元児童福祉司
安道 理
Ando Satoshi

アイエス・エヌ株式会社

本書は、2016年8月にメディアイランドから発売された『走れ！児童相談所』を、アイエス・エヌから装丁を変えて再発行したものですので、内容はまったく同じです。

はじめに

この度、『走れ!児童相談所』が再版されることは、私にとって、この上ない喜びである。

この小説は、児童相談所の本当の姿を広く世間の方々に知っていただきたいという思いと、児童相談所で日々奮闘する職員へのオマージュをこめて綴ったものだ。

出版後、現役の児童相談所の職員の方々をはじめ、児童相談所についてはほとんど知らなかったとおっしゃる一般の方々に至るまで、多くの方々から共感のメッセージをいただいた。そうしたメッセージのおかげで、児童相談所の活動をより一層深く掘り下げた、続編である『光に向かって』が出版されるに至ったことにも、心から感謝している。

さて、本書が出版されて以降、法律の改正等が次々に施行された。児童相談所の職員の大幅な増員等、児童相談所の機能強化を図るために様々な手立てが加えられてきたところである。こうした動きは、マンパワー不足で疲弊する児童相談所を援助するうえで、確かに大切な動きであると思う。しかしながら、児童相談所において、しっかりと活動できるケースワーカーを育てるということは容易なことではない。

なぜなら、児童相談所のケースワーカーは、座学研修を何日か受講したからといって、すぐに務まるものではないし、資格取得者だからといって、すぐに児童相談所の独特なケースワークができるわけでもないからだ。

児童相談所でしっかりと活動できるケースワーカーになるためには、実践的な研修が絶対的に必要である。

私自身も、一般行政職として児童相談所に異動となり、座学研修はもちろん、先輩ワーカーの面接に同席させていただいたり、家庭訪問に同行させていただいたり、職権による一時保護や、立ち入り調査等、様々な現場に同席・同行することを繰り返し、やっとの思いで児童相談所独特のケースワークを徐々に習得していった経験を持っている。

初めて児童相談所に配属された未経験者が、しっかりと働けるケースワーカーになるには相当な実戦的経験が必要なのである。

　現在、全国的に児童相談所に多くの一般行政職が配属されているが、彼らの多くは、私が経験したようなしっかりとした実践的研修を受けぬままケースワーカーとして働いている。これがどれほど精神的に過酷なことかは容易に想像できる。

　こうした状況は経験の浅いケースワーカーにとっても、クライエントにとっても不幸な状況を生み出すことになりかねない。マンパワーの強化につなげるためには、児童相談所に配属された未経験者が、配属された児童相談所において、実践的な研修を積みながらケースワーカーとして独り立ちできるようなシステムが必要だ。そうしたシステムを機能させるための、新しい組織作りを今の児童相談所は求めていると思う。現場の困窮にしっかりと耳を傾け、ワーカーがバーンアウトしないような健全な組織づくりこそ、喫緊の課題だろう。

　その意味でも児童相談所のケースワーカーとはどのようなものかを多くの人々に知っていただくことが大切である。

　この小説が児童相談所のケースワーカーの仕事について、

一人でも多くの人々に知っていただくための一助となることを切に願う。

二〇二二年一月

安道（あんどう） 理（さとし）

改装版
走れ！児童相談所

目次

登場人物

里崎聡太郎　一般行政職として県庁に勤務していたが、人事異動に伴い福祉専門職中心の児童相談所で働くことに。持ち前の熱い心を唯一の武器に、ケースワーカーとして、一人の人間として成長していく。

田丸真理子　里崎と同期入庁の福祉専門職。姉御肌(あねごはだ)で気は強いが、優しい心の持ち主。現在、児童相談所を管轄する本庁の児童家庭課に勤務。里崎の良きアドバイザー。

緑川　桐子　児童相談所に勤務する福祉専門職。田丸にケースワーカーとして鍛え上げられた実力派。里崎の天敵。

後藤　桜子　緑川と同期の福祉専門職でやはり田丸に鍛え上げられた一人。長閑(のどか)な口調とは裏腹な実力派。里崎の天敵2。

長谷部課長　どんな状況にも決して動じない、まさに鈍感力の人。
里崎を温かく見守る存在。

司馬係長　児相の理論的支柱のような臨床心理士。シニカルで冷めた口調が特徴。しかし、心の中は誰よりも熱い思いが詰まっている。

中山係長　児相の若手ケースワーカーのまとめ役。クライアントの状況を見抜く鋭い洞察力の持ち主。長谷部の右腕的存在。

前山次長　児相一筋三十年のベテラン。あらゆるケースを経験した生き字引。

東村所長　里崎と同じ一般行政職。穏やかな性格だが、児相が組織として行ったことはすべて自分が責任を取るという気概を持っている。

人事異動

「動いてるぞ、里崎。希望してたのか？」

「動いてるって、僕が異動してるってことですか？　冗談でしょ、吉田さん」

県庁においては、毎年三月末のある日、翌年度の人事異動が一斉に発表される。一般的に県庁の事務職員は、二年から四年ごとに人事異動に絡み、その都度、違う職場に配属され、四月一日からは、前日までと全く違う業務を淡々とこなさなくてはならない。

「白々しいな。最近の若いのは忙しいとすぐに本庁から逃げてくんだからな。出先でゆっくりしたいってか」

「異動の希望なんてしてませんよ！　本当に異動してるんですか？　観光課に来てまだ二年目ですよ。それに、今、蓮華山への外国人旅行者急増計画を考えてるところなのに。吉田さんだって、僕がこの事業をどれだけ必死に作ってきたか知ってるでしょう！」

「はいはい。まあ、ともかく異動してることは間違いねえんだから、ちゃんと仕事の引継書作っとけよ」

「それより吉田さん、僕は一体どこに異動してるんですか？」

「どこって……なんだここ、聞いたことねえな。三和県中央子ども家庭センターだとさ」

「中央子ども家庭センター？　なんの仕事してるとこですか？」

「お前、馬鹿か？　聞いたこともねえ出先が何やってるか知るわけねえだろう。まあ、子ども家庭センターだから子どもと家庭に関する仕事すんだろ」

「見たままじゃないですか。吉田さん、もう主任クラスなのに本当に聞いたこともないんですか？　中央ってことは同じようなセンターが県内にいくつかあるのかなあ？」

「さあな。ただ、名前からすると、保健福祉部だろうな。子ども家庭センターだから、児童家庭課の出先だったりして。さすがに安直（あんちょく）過ぎるか。はははははは」

まったく、どうして今年俺が異動に絡むんだよ。異動の希望なんて一言も口にしてないのに。課長も課長だ！　この前、人事ヒアリングの際に、この仕事にどれほど熱意を持っているか、あれだけ強く伝えたのに！　こんな中途半端な状態で仕事を放棄させて、出先にほっぽり出すなんて！　しかも、子ども家庭センターって誰も聞いたこともないような出先に……。人事課もどうかしてるぜ！

里崎は理不尽な異動に強い憤りを覚えた。

「里崎さん、児童家庭課の田丸さんから電話が入ってますよ。そっちに回しますね」

田丸は里崎と同期入庁の福祉専門職だ。胆力（たんりょく）がある勝ち気な女性で、なんでも率直に意見を言うタイプで里崎とは馬が合い、入庁以来の友人である。

「はい、さとざ……」

「ちょっと、どういうことよ！　事務屋のエリートがなんで児相に配属されてんのよ。児相がどんなとこだか知ってるの？　私たち福祉専門職でも覚悟のいる職場なのよ。福祉の仕事も興味があるっていうのは聞いてたけど、どうしてよりによって児相を希望したりしたのよ！」

マシンガンから放たれた弾丸のように、怒りの言霊が受話器を突き破ってきた。

「田丸、田丸、落ち着けよ。ちょっと、ちょっと俺の話も聞けよ」

「何よ、早く言いなさいよ」

「田丸、あのな、さっきからお前、ジソウ、ジソウって言ってるけど、そのジソウってなんのことだかさっぱりわからないんだけど……」

「児相って何って馬鹿じゃないの！　児相っていったら児童相談所に決まってるでしょう！　自分で希望したのにそんなことも知らないの？」

「田丸、田丸、待て、ちょっと待て。頼むから落ち着いてくれ。まずはじめに、俺が異動したのは、児童相談所じゃなくて、三和県中央子ども家庭センターってところだ。だから、今お前が興奮している児童相談所には異動していないということをまず理解してくれ。それから、俺は異動の希望は出してないんだ。俺自身、異動したことに驚いてるんだ。だから、俺が望んだ人事じゃないってことも理解してくれ。わかったか、わかったか？」

「もう、何言ってんのよ！　中央子ども家庭センターっていうのが、いわゆる児童相談所のことでしょ。あんた本当に何も知らないの……？　異動の希望も出してないって言ったわよね、今……。あっ、そうだ、庶務があったんだ。あははは……。ごめん、ごめん。私の早合点だわ。ごめーん。ちょっと怖かった？　だって、事務屋のくせに児相に希望を出したのかと思ってびっくりしちゃって。あんたちょっと変わったところあるから。ふふふ。ごめん、ごめん。忘れて。じゃあ、庶務頑張ってね」

「……」

忘れてって……。あんなに興奮して電話をしてきておいて、自分で勝手に納得して忘れてって言われてもなあ。田丸のあのあせり具合は尋常じゃなかったな。普段すごく冷静なのに。ずいぶん驚いてるというか、心配してくれてるようだったけど……。

里崎は田丸らしからぬ感情の乱れた電話を訝しく思った。

要するに、子ども家庭センターの庶務以外の仕事を俺がやると思って心配して電話してきたってことか。でも、逆に考えると、子ども家庭センターで事務屋の俺がする仕事は、庶務以外に考えられないってことだよな。だから、田丸は勝手に納得したわけだし……。まあ、どうでもいいか。どうせわけのわからん出先だし、大した仕事をさせられることもないだろう。あーあ、この前までモチベーションも高かったのにな。庶務なんて経験済みだし。モチベーション維持するだけでも大変そうだ。何にしても、これ以上ごちゃごちゃ考えるのは非論理的で、時間の無駄ってものか。子ども家庭センターの業務については具体的な情報も少ないわけだし。

田丸からの不可思議な電話に多少の不安は残ったが、情報の少ない現状で、これ以上取り留めもなく考えを巡らすことは、里崎には無意味に思われた。

実は、人事課が里崎を児童相談所に配属した理由は、里崎のこの性格に着目したからなのだ。里崎という男は、大らかで、心が熱く、感動しやすいという一面と、物事を論理的に考え、難しい局面に直面しても、状況を冷静に整理し乗り越えるという一面を兼ね備えた、複雑で面倒くさい男だった。しかし、適度に自分の感情を放出もできるし、難局には論理的に向き合えるこの性格は、とてもストレスに強いという特性を持っていた。

普通の人間なら、田丸からあんな不可思議な電話をもらえば、児童相談所という職場は一体どんな仕事をする所なのかと不安に感じ、誰彼構わず聞きたくなるものである。しかし、里崎は自分なりに勝手に状況を分析し、十分な情報がないと判断してしまうと、それ以上にディテールを気にしたりはしないし、過度の心配もしないのである。

人事課はかねてより、児童相談所から、福祉専門職が足りないなら、事務職でもいいからストレス耐性の高い屈強な男がほしいという強い要望を受けていた。そこで、人事課が白羽の矢を立てたのがこの里崎であった。つまり、人事課は里崎が思っているよりずっといい仕事をしているのである。

そして、この人事異動により、里崎はそれまでの人生で経験したことのないような強大なストレスと、大きな感動の波にもまれる、新たな生活をスタートさせることになる。

そう、彼が全く知らない、児童相談所という地方公務員の職場としてはきわめて特殊で、異質な世界の中で。

言い知れぬ憂鬱(ゆううつ)

いよいよ、四月一日。里崎が新しい職場である三和県中央子ども家庭センター、つまり、児童相談所に着任する日がやってきた。

アパートのドアを開けると、爽(さわ)やかな春風が里崎の頬(ほお)を撫(な)でた。向かいの土手にある桜の大木は今まさに満開を迎えている。柔らかい朝日の中を薄桃色の花びらが右へ左へと舞う姿は、何とも心を和ませる美しい景色だった。いい朝だ。里崎は、そう思いながら車のエンジンをかけた。児童相談所は県庁より北に8キロほどの静かな郊外に位置している。里崎は、アパートを出発して半時間ほどで新たな職場に到着した。

鉄筋コンクリートの二階建てで、壁は薄いダックエッググリーンで塗装されている。建物はまだ新しいらしく、塗装の剝げた部分や、クラックは見当たらない。

正面入り口の自動ドアの前で、里崎は一つ大きく深呼吸をした。異動初日は、誰しも多少は緊張するものだ。どんな職場で、どんな面子が仕事をしているのか、行ってみないことにはわからない。

たかが出先で庶務をやるだけだが、初日は緊張するもんだな。いい職場でありますように。

里崎は心の中で小さくそう呟いた。

しかし、そんな里崎の勝手な予想はいきなり修正を余儀なくされる。

「おはようございます。四月からお世話になる里崎です」

「ああ、里崎さんね。観光課から来た」

「はい、そうです」

「じゃあ、里崎さん、二階に行ってください。相談課長が所長、次長に紹介してくれますから」

「相談課長ですか？　僕は総務課付きでは？」

「違いますよ、里崎さんは相談課に配属されてます。二階に行ってください」

総務課にいた中年女性は、とても事務的な口調で里崎にそう伝えると、そそくさと部屋の奥に引っ込んでしまった。

おかしいな。田丸の話だと、俺は総務課で庶務をやるはずだったのに。相談課にも事務屋の仕事が何かあるということか……。まあ、二階に行きゃあわかるか。

里崎は少し不審に思いながら薄暗い階段を上がっていった。

「おはようございます。里崎と申しますが。相談課長さんはいらっしゃいますか？」

「ああ、ちょっと待ってくださいね。課長！　里崎さんが着任されました」

部屋の奥に座っていた五十歳前後の女性が、その声かけに反応して立ち上がった。赤いフレームの洒落たメガネをかけた、とても優しそうなその女性は、ひまわりを彷彿させるような笑顔をたたえながら、里崎に近づいて来た。

「あら、里崎さん、来てくれたの。どうもはじめまして、相談課長の長谷部です。いやあ、里崎さん、背が高いし、体もがっちりしてるからいいわ。良かったわ。うちは男の人が少ないから、いろいろ困ってたのよ。助かるわ。所長と次長を紹介するわね。所長室に来てくれる」

「あ、はい」

なんで体がでかいといいのかな？　別に肉体労働してる雰囲気もないのに。それに、課長を筆頭にずいぶん女性が多い職場だな。男は係長級が一人と兵隊二人の三人か。女性は課長、係長級を含めて十四人、まさに女の園だなこりゃ。てことは、ここの仕事を支えてるのは女性ってことか。だったら、どうして田丸はあんなに心配して俺に電話してきたんだろう。わかんないなあ……。まあ、いいか。

里崎は改めて田丸のかけてきた電話の内容に不可思議さを覚えていた。

所長室では、昔話に出てくる正直爺さんのようなグレーの髪に、優しさ溢れる目をした小柄な男性と、野武士を思わせるような眼光鋭い大柄な男性が待っていた。

「里崎さん、はじめまして、所長の東村です。里崎さんは事務屋さんでしたね。慣れるまではいろいろ大変だと思うけど、私も同じ事務屋で何とかやってますから、頑張ってくださいね。困ったときは、次長の前山さんに相談するといいですよ。前山さんは児童相談所歴三十年の超ベテランですから」

正直爺さんの後ろに控えていた野武士が一歩前へと踏み出した。

「こんにちは、次長の前山です。人事課に要求してたとおりの立派な体格の人が来てくれて喜んでます。まあ、ハードな職場ですが、里崎さんならできると思いますからしっかり頑張ってください。仕事の内容については、長谷部課長から聞いてください。では、期待してますからよろしくお願いします」

「はい、頑張ります」

えらく優しそうな所長と、ずいぶん頑固そうだけど、純朴な笑顔を見せる次長だな。この二人は信頼できそうな気がする。前山次長はハードな仕事って言うけど、その割に長谷部課長は妙に明るいし、なんとも楽しそうに笑ってるよな。どんな仕事をするのかわからないけど、課長もいい人そうだし、職場としては快適そうだ。

新しい職場の面々の優しそうな雰囲気は、里崎が抱いていた漠然とした不安感を和らげた。

「じゃあ里崎さん、みんなに紹介するから来てくれる」

「はい」

里崎は、長谷部課長に続いて所長室を出た。所長室のドアが閉まりきらないうちに、長谷部課長は所員に向けて里崎の紹介を始めた。

「みなさん、観光課から、うちのセンターに着任された里崎さんです。里崎さんは事務職なので、うちの仕事はあまりわからないと思うから、みんな十分フォローしてあげてくださいね。頼みますよ」

「里崎です。一生懸命頑張りますので、よろしくお願いします」

なんか、みんなむちゃくちゃウェルカムっていう笑顔だな。それにしても、作り笑顔って感じの人が一人もいないのが、逆にすごく違和感があるんだけど。普通、大人があんな屈託のない笑顔するかな。どうも、今までの職場と違うんだよな、雰囲気が。

妙な違和感を気にしている里崎をよそに、長谷部課長は飄々と里崎を自分のペースに巻き込んでいった。

「そしたら、里崎さん。ちょっとこっちで仕事の説明させてもらいますね」

「お願いします」

長谷部課長は、里崎を事務所奥の会議机まで連れていくと、早速、実務的な話を始めた。

「そうそう、里崎さんは事務屋さんだから、まずは児童福祉司の免許を取ってもらわなきゃいけないのよ」

「ジドウフクシシ?」

「児童福祉司っていうのはね、クライアントの相談を受ける人のことで、いわゆるケースワーカーってやつ。それでね、仕事をしながらで忙しいんだけど、今年度は、二か月に一度レポートを提出してもらって、最終月に一週間のスクーリングとテストを受けてちょうだい。テストに受かれば、晴れて児童福祉司ってわけ。だからまずこの通信教育の申込書から書いてくれる」

その説明を聞いて里崎は少し不安になった。

「あの、長谷部課長、ここで僕がする仕事って、事務屋の僕じゃ普通にできないような仕事なんですか？」

「ああ、大丈夫、大丈夫。みんな同じことやってるから、誰に聞いても教えてくれるし、心配ない心配ない」

「でも、ジドウフクシシとかいう免許がないといけないんでしょ」

「ああ、形だけ形だけ。実際の仕事に関係ないから。気にしない気にしない」

ものすごく気になるなあ。

里崎は長谷部の軽やかな、いや、軽やか過ぎる口調がとても気になった。何か裏があるように感じずにはいられない。

「じゃあ、仕事の説明しようかな」

「あの課長。課長が説明するんですか？　前任者から引継書を使って説明を受けるんじゃないんですか？」

「ああ、そうか。里崎さん事務屋さんだから、ずっとそういうスタイルの引き継ぎ受けてるのよね。うちは、引継書とかはないのよ。前任者も、南部子ども家庭センターに異動になってしまって、こっちに来られないし。引き継ぎはクライアントごとに作ったケースファイルを使うんだけど、そのあたりは後で説明するから。いいかな？」

「あ、はい、結構です」

「里崎さんは、児童相談所の業務ってどんなものか少しでも知ってる?」

「すいません、全く知らないんです。観光課で周りの同僚に聞いてみたんですけど誰も知らなくて」

「あらそう。同じ県庁なのに。ちょっとうちも認知度上げていかなきゃ駄目(だめ)ね。ただでさえ人手不足なのに。知られてないいんじゃ誰も希望してくれないものねえ。まああ、それはそれとして。そうね、一言で言うと、児童相談所の仕事っていうのは、十八歳未満の子どもに関するあらゆる相談に乗っていく仕事なのよ」

えらく漠然(ばくぜん)とした仕事だと里崎は思った。

「子どもに関するあらゆる相談ですか?」

「そう。子どもの相談っていってもいろいろあってね。たとえば、体に障害がある子どもの相談とか、知的な発達に障害がある子どもの相談でしょ、発達障害の子どもに、不登校、非行、それから、最近の児童相談所はほとんどこればっかりやってる印象なんだけど、虐待ね。ともかく十八歳未満の子どもと、その親からの相談にはなんでも応えるのがうちの仕事なのよ。わかった?」

「はい、なんとなく。あの、知的な発達に障害がある子どもと、発達障害の子どもって違うんですか?」

「あ、鋭い。違うのよ、これが。知的な発達に障害があるっていうのはいわゆる発達遅滞のことで、発達障害っていうのは、自閉症スペクトラム障害とか、LD、ADHDなんかがそうで、脳の構造上、一部に問題があるために起こる障害なのよ」

「と、とりあえず違うんですね……」

「まあ、耳慣れない言葉ばかりでわかんないと思うけど、この辺は判定係長が詳しいから、また、おいおい教わったらいいわ。ほら、あそこに座ってる眼鏡をかけた男の人。司馬さんっていうのよ」

長谷部の視線の先に目をやると、白髪混じりで、黒縁の眼鏡をかけた男が、知的な雰囲気に包まれ、書類に目を落としているのが見えた。

「見るからに学者って感じでしょ。この業界では意外に有名な人なのよ。本なんかも書いたりしてて」

「そうなんですか。聞いたことない言葉が多くてよくわからないので、おいおい教えてもらうことにします。それから、そういう相談っていうのは電話がかかってきて、電話で相談に乗るんですか？」

「もちろん最初は電話がかかってくるんだけど、電話では予約をするだけよ。実際の相談はセンターに来てもらって、面接室で行うのよ。ほら、廊下の先の両側にいくつも部屋があるのが見えるでしょ。あれが面接室。うちには七つ面接室があるけど、大体いつも埋まってるわね」

面接？　何なんだ面接って。

里崎は予想だにしていなかった業務内容に動揺した。

「あの、面接って僕もやるんですか？」

「もちろんよ」

もちろんじゃない！

里崎は心の中で語気を強めて言った。

「面接とかってやったことないんですけど。大丈夫なんですかね？」

「大丈夫、大丈夫。ちゃんと研修体制もできてるし、面接についてはロールプレイも研修の中でやるから、すぐに上達するわよ。それに、最初の半年ほどは、さっきの眼鏡の判定係長か、こっちの、相談係長の中山さんが同席するから心配ないわよ。ちょっとコーヒーでも入れようか？お菓子とか食べる？」

「すいません、お願いします」

「甘いもの好き？　ケーキとか？」

「大好きです」

「ほんとー！　里崎さん、うちの事務所向きだわ」

「甘いもの好きだと、児童相談所向きなんですか？」

「そうよ」

「どうしてですか？」

「どうしてでも」

「……」

「じゃあ、コーヒー入れてくるからちょっと待ってて」

「はい」

大きめの会議机に一人ぽつんと取り残された里崎は、静かにコーヒーを待つ間、少し心が落ち着いてきたのか、次第に周囲の状況に気を配れる余裕が出てきた。

冷静に観察すると、ここの事務所やたらと電話が鳴ってるな。ひっきりなしって感じだ。それに、あの人、俺が来たときからずっと電話で話してるよな。もうかれこれ、一時間近いんじゃないかな。何を話してるんだろう？

そこで、里崎は気になっていた周囲の人たちの長電話の内容に聞き耳を立ててみた。

「だから、校長先生、さっきから申し上げてるとおり、児相への通所歴もない子どもを、学校のガラスを割ったからって、いきなり一時保護なんてできないんですよ。本人も親も児相に相談する気はないんでしょ。ですから、どうしてもとおっしゃるなら、学校から器物損壊の被害届を警察に出してくださいよ。そしたら、うちに児童通告が来ますから、うちで指導しますよ。職権の一時保護なんてできるわけないでしょう。虐待じゃないんですから……」

＊

「はい、はい、そうですか。じゃあ、お母さんは息子さんが学校で席に座っていることもできないぐらい活発なことを心配してらっしゃるんですね。わかりました。うちのセンターで、発達検査ができますが、どうされますか？　ええ、希望されますか。それでは、検査の日程を調整させていただきますので、お母さんのご都合のいい日を教えてもらえますか……」

＊

「うん、うん、それでお母さん、どうして今日は手首切っちゃったの。最近やってなかったよねえ。何かしんどかったの？　ああ、そう。バイト先の人間関係で悩んでるんだ。なるほどねえ。今、子どもたち周りにいないよね。子どもの前で切ってるわけじゃないよね。お母さん偉いよ。そうやって子どもに見せないように気を使えるようになったものね。偉いよ本当に。深く切ってないよね。そう、大丈夫ね。ストレス溜まって手首傷つけるなんて誰だってやるんだから、落ち込む必要ないよ。じゃあ、子どもたちが帰って来るまでにはちゃんと綺麗にしとこうね。それでどんなことで悩んでるの。うん、うん……」

里崎は聞こえてくる電話の内容に耳を疑った。電話をしている女性が、時折優しそうな笑顔を見せることも、里崎には異常に思えた。

手首を切ったってなんだよ。自殺しちゃうんじゃないのかよ。こんなやばい話なのに、あの人なんであんなに明るく受け答えしてるんだ。手首切ってる人間に「偉いよ」って褒めてどうすんだよ。電話で喋ってる前に救急車呼ばなくていいのかな。血が止まらなくなったらそれこそ死んじゃうんじゃないのか。そしたら、責任問題だぞ。

里崎は、強い不安と危機感に包まれた。

そこへ、柔らかい笑顔を浮かべた長谷部課長が、コーヒーを持って戻ってきた。

里崎は、慌てた様子で、長谷部課長に切り出した。

「あの、長谷部課長」

「何、どうしたの」

「ちょっと、あそこの女の人の電話が聞こえちゃって。なんか、相手の人が手首を切ってるみたいなんですけど、救急車を呼ぶとか、見に行って病院に連れていくとかしないでいいんですか?」

「あら、里崎さん、耳ざといわねえ。聞こえちゃった。もう、やあねえ、来たばかりの人にああいう電話聞かせちゃって。もう少しボリューム落としてくれればいいのに。まあとにかく、大丈夫よ」

「え、でも手首とか切ったら大変じゃ。それにあの人、手首なんてみんな切るから気にすんなみたいなこと言ってましたけど、人間、手首をそんなに簡単に切るもんですか？　失礼かもしれませんが、ちょっとあの人の感覚って普通とずれてると思うんですけど」

里崎は憮然（ぶぜん）とした表情で長谷部に迫るように言った。

「もちろん、普通の人は簡単に手首切ったりしないわよ。ちょっとストレスがあったぐらいでみんなが手首切ってたら、献血できる人誰もいなくなっちゃうわよね。でもね、本当に大丈夫なのよ。今電話してる女性は緑川っていうんだけど、かなりの強者（つわもの）よ。年は里崎さんよりずっと若いから頼りなく見えるかもしれないけど、もう四年目のベテランなの」

「ベテランなら余計にあの対応はないんじゃないですか！　大変なことになる前に動かないと！」

里崎はさらに語気を強めて言った。

「緑川さんはね、電話で話してるお母さんと、もう三年の付き合いになるの。だから彼女はわかってるのよ、お母さんがどんな精神状況かってことが。確かにあの二人の電話のやり取りを聞いてると、すごく違和感を持つと思うわ」

「違和感どころじゃありませんよ！」

「でもね、児相にはクライアントとコミュニケーションするうえで独特のスキルがあるのよ。クライアントを勇気づけたり、生活をいい方向に動かすためのね。ただ、普通のコミュニケーションとはかなり違うから、今は理解できないと思うけど。大丈夫、里崎さんもすぐわかるようになるから、心配しないで」

長谷部は落ち着いた口調でそう話した。表情はとても自信に満ちていた。

「ほんとに大丈夫なんですか？　何かあったらいろいろ責任とか……」

「大丈夫。大丈夫だから。じゃあ、説明続けるね」

「は、はい……お願いします」

独特のコミュニケーションスキル？　何なんだよ、それ。人間同士のコミュニケーションなんて、多少の違いはあったとしてもほとんど同じじゃないのかな。そりゃ、相手によって敬語になったり、ため口だったり、ちょっとお上品に喋(しゃべ)ったりってのはあるけど、手首切ってる人間に、一人で切ってるから「偉いよ」って褒(ほ)めるなんて馬鹿なコミュニケーション聞いたことないよ。はあー、なんかややこしい職場だな。

里崎は訳のわからない説明を平然と行う長谷部の態度に、不信と不安の念を抱いた。

その後、一時間半ほどかけて、里崎は長谷部から、児童相談所の仕事の内容や進め方についての概要説明を受けた。

児童相談所は、相談課と一時保護課、そして付属の子ども診療所から構成されている。相談課はさらに、ケースワーカーで構成される相談係と、子どもたちへの発達検査や心理テストを受け持つ児童心理司（臨床心理士や、大学で心理学を専攻していた専門職）で構成される判定係に分かれている。一時保護課は、虐待された子どもたちなどを一時的に保護する一時保護所を管轄(かんかつ)し、付属の子ども診療所では、児童精神科医が、週二回の診療を行うとともに、一時保護している子どもたちのケアも行っている。

担当する地域はケースワーカーごとに割り振られている。人口の多い三和市内は中学校区ごと、そのほかの地域は、市町村ごとに担当が決められている。自分が担当する地域の住民から相談があった場合、ケースワーカーは判定係の児童心理司とペアを組んで相談に当たるのが基本スタイルだ。

相談に来たクライアントの情報は、すべてクライアントごとに作成されるケースファイルの中にぎっしりと詰まっており、個々のケースをどう展開するかについては、基本的には担当ケースワーカーと児童心理司に任されている。

だが、担当の独善を防ぐため、係長、課長との定期的なミーティングは必須で、ケースの動かし方や、支援の方向性がチェックされる。必要な場合には随時、支援方法を修正していくというシステムだ。

また、虐待ケースのように深刻な状況にあるものや、ケースワーカーが処遇に悩んで、判断しにくいようなケースは、所長、次長を含めたほぼすべての職員が参加する、援助方針検討会議によって合議がなされ、児童相談所としての対応方針が決定される。

つまり、児童相談所はクライアントに対して、常に組織として対応するということだ。もちろん、クライアントと直接面接し、さまざまな助言を与えるのは個々のケースワーカーである。しかし、クライアントのプライベートな生活に極端に深く入り込んでいくという業務の性質上、個々に責任を持たせるようなやり方では、その重圧でケースワーカーが潰(つぶ)れてしまう恐れがある。それ故(ゆえ)に、すべてのケースに対して組織として責任を持つシステムが必要なのだ。

児童相談所は、ケースワーカーという媒体(ばいたい)を通じてクライアントと向き合い、クライアントの要求を確認し、その要求に対する組織としての意見や助言を、ケースワーカーを通じて返していく。これは、強いストレスから職員を守るためのリスクヘッジでもあるのだ。

一連の説明が終わると、最後に長谷部課長から、里崎に三十件ほどのケースファイルが手渡された。これから里崎が引き継ぐケースファイルである。その中には既に次回の面接の予約が入っているものもあり、個々のケースの詳細については、面接の前日に長谷部課長から詳しく説明がなされるということであった。最初の面接は、十日後に設定されていた。つまり十日後には、面接室で里崎がクライアントと面接をしなければならないという事実を突きつけられたということだ。


その日の午後、里崎は自分が引き継いだケースファイルを舐めるように読み続けた。そのほとんどが児童虐待に関するもので、数件の非行少年に関するケースと、子どもの発達に関する相談ケースも含まれていた。

ファイルの内容は里崎にとって恐ろしく衝撃的なものだった。そこには、里崎が信じていた家族や親子のあるべき姿など、その痕跡すら留めず、道徳や倫理観という言葉も観念も存在しないような世界が広がっていた。

里崎は底知れぬ深い深い憂鬱の闇の中に一人ぽつんと取り残された。不安に脅え、狼狽している自分の心を隠し、平静を装うのが精いっぱいであった。

一体これは何なんだ。この日本で現実に起こっていることなのだろうか？　実の親が自分の子どもを痣ができたり血を流すまで殴り続ける。食事も与えず、風呂にも入れず不衛生きわまる状況で平然と子どもを学校に送り出す。

これが、親が子どもにすることなのか？　そして何より、こういう非常識な連中を相手に、なんの知識も経験もないこの俺が面接をして、指導していくなんて、ありえない！　できるわけがない！　こんな職場で事務屋の俺が仕事なんてできるわけないじゃないか。

里崎がケースファイルの内容に驚愕し、打ちひしがれていたその時、入り口のドアが勢いよく開くと同時に、けたたましい女の高笑いが事務所に響いた。

「きゃはははは。課長、酷い目に遭いましたー。きゃはははは」

里崎は少し驚いて高笑いの主を見た。ドアの傍には、中肉中背で栗色の髪を肩のあたりでクルクルとカールさせた、色白でかわいらしい女性が立っていた。まだ大学生の雰囲気を残した若い女性だ。

なんか、やたらテンションの高い人だけど、ここの職員かな？　白地に赤茶けた妙な模様のブラウス着てるけど。服のセンスは微妙だな。

「あら、後藤さん、どうしたの、その服」

あ、やっぱり長谷部課長も変なデザインの服だと思ったんだ。でも、それを口に出して言ってしまうのは、如何なものか……。里崎は女がどんな反応をするのか注目した。

「きゃはははは。今日、家庭訪問したらねえ、お母さんがすごく機嫌悪いし調子も悪くて、『しんどかったら、子ども預かろうか？』って言ったら、その言葉に妙に反応してキレちゃってぇ、持ってたコップを机にぶつけて叩き割っちゃったんですぅ。それでその破片でお母さんの手のひらがザックリ切れちゃってぇ、血がどくどく出てきたんだけど、その血だらけの手で子どもを殴ろうとするから、あわてて止めに入って、もみ合ってたら、返り血浴びちゃってぇ。きゃははは。

買ったばっかりの白いブラウスが……。もう、さっぱりですぅ」

「それで、子どもは？」

「おばあちゃんが預かるってことになったので、送ってきました」

「お母さんは？」

「保健所のＰＳＷ（精神保健福祉士）呼んで、落ち着くまでよろしくって頼んできました」

「そう、お疲れ様。着替え持ってるの？」

「ジャージ持ってますから、それに着替えますぅ」

「ブラウスは一時保護課の洗濯機で洗っておくといいわ」

「はーい」

里崎は二人の会話を呆然（ぼうぜん）として聞いていた。長谷部は何事もなかったかのように、若干放心状態の里崎を後藤に紹介した。

「あ、後藤さん、今日から着任してくれた里崎さんよ」

「どうも、後藤ですぅ。よろしくお願いしまーす。いやあ、どうしよう。こんな酷（ひど）い格好（かっこう）で。イメージＢＡＤですよねぇ。きゃはははは」

「ど、どうも、里崎です。よ、よろしくお願いします。た、大変ですね……血、血……」

ここで、長谷部は里崎が少々普通ではないことに気がついた。

「後藤さん、さっさと着替えてきて！　早く、早く！」

「はーい」

「さ、里崎さん、ああいうことはめったにないのよ。私も児童相談所に長いけど、初めて見たわ、ああいうの。ほほほほ……。本当よ。だから心配しないでね。いつもいつも返り血浴びたりしない職場だから、安心してね。本当に、どうして今日に限っていろいろあるのかしらねえ。普段は全然こんなことないのよ、ほほほほ……」

長谷部の言葉は、もはや里崎の耳には全く入っていなかった。

変な模様だと思ってたら、返り血だったんだ。時間がたったからあんな汚い赤茶けた色に……。どういう職場なんだ、ここは。公務員が仕事で返り血浴びるってなんだよ。ああ、嫌だ。俺のスーツも返り血で真っ赤に染まるんだ。無理だ、こんな職場絶対無理だ。どう考えても無理だ。

里崎の頭の中は混乱し、何度も自問自答を繰り返していた。そして何よりも驚いたのは、自分が狼狽していることだった。これまでの人生で自分がこれほど混乱し、狼狽した経験などなかった。この混乱をどのように収拾すべきか。今、自分が置かれている状況を整理するには助けが必要だ。そう思った里崎が助っ人として最も適任であると考えたのが、彼の人事異動をいち早く嗅ぎつけ、不可思議な電話をかけてきた、田丸だった。

そうだ、田丸に連絡しよう。田丸ならここの仕事についても詳しく知っているかもしれない。具体的な仕事の内容を彼女に教えてもらえば、きっと少しは落ち着けるはずだ。

里崎は気持ちを落ち着かせるために、できるだけ周りの電話を聞かないようにした。しかし、そうしようとすればするほど、里崎の耳は小声で話す職員の電話の内容まで詳細に拾ってしまうのだった。

早くここから出たい。この場からいなくなりたい。田丸に会わなくては。田丸に会わなくては……。

里崎はひたすら時間が過ぎ去るのを待った。

勤務時間終了とともに、逃げるように事務所を出た里崎は、田丸の携帯に電話をかけた。

「もしもし、田丸か。俺、里崎だけど」

「あら、里崎君。どう？　センターの庶務は。居心地いい？」

「ええ、うん、まあ、そのこともだけど、ちょっと相談したいことがあるんだ。急な話で悪いけど、今日、時間とってくれないかな？」

「ほんとに急ね。明日じゃ駄目なの？」

「できれば、今日がいいんだ。っていうか、どうしても今日がいいんだ」

「しょうがないわね。わかった。場所は？」

「いつもの寺町の焼鳥屋に六時半でどう？」

「三十分しかないじゃない。まったく、もう〜。当然、そっちの奢りよね？」

「もちろん」

里崎は、携帯電話をズボンのポケットに押し込むと、小走りに駐車場へと向かった。夕方の渋滞のせいで、約束の時間を十分ほど過ぎて店に到着した。

店に入ると、田丸は既に到着しており、自分の好みの品をいくつか注文して勝手に食べ始めていた。

普段ならこの香ばしい青い煙に包まれると、お腹がゴロゴロと猫のように鳴き始めるのだが、今夜は、醤油だれが備長炭に落ちて焼ける香りも、鶏肉の脂が奏でるジュージューという調べも、里崎の食欲を掻き立てることはなかった。

「あっ、里崎君、こっち、こっち」

「悪いな、急に呼び出して」

「ほんとよ、忙しいのに。でっ、どうよ、庶務は。楽勝でしょう。いいなあ、早く帰れるようになって。羨ましいよ」

「それがさ、庶務じゃなかったんだよね」

「え、庶務以外で総務課であんたがするようなことあったっけ？」

「っていうか、総務課付きじゃなかったんだよ。相談課でケースワーカーっていうのをするらしいんだよ」

田丸の顔色が変わった。

「えっ、冗談でしょ。やめてよ、笑えないからそういうの」

「冗談じゃないんだよ。だから、お前を呼び出したんだ。そのことで相談したくて」

「じゃあ、ほんとに事務屋のあんたがケースワーカーやんの？」

「うん……」

「マジで？　暖簾をくぐってきたときの顔色が悪かったから嫌な予感がしたのよ」

「そんなに顔色悪い？」

「かなり……。参ったなあ。福祉専門職が足りないから、いつかは事務屋が児童相談所のケースワーカーをやる日が来るとはいわれてたけど、まさか、その第一号があんただったとは。珍しく悲壮感漂ってるわねえ。あんたがそんなにへこんでるの初めて見るわ。まあ無理もないわね。事務屋のエリートにいきなり児相のケースワーカーだもんね……。それで、あたしは何をすればいいの？」

「ともかく、すごく混乱してるんだ。引継書もないから仕事の内容も整理できてないし……。長谷部課長から口頭で仕事について説明してもらったんだけど、よくわからない言葉やら、未経験の仕事のスタイルやらが洪水のように溢れてきて……」

「事務屋の引き継ぎとは違うからね……」

「それに、説明聞いてる間に、周りからすごい内容の電話のやり取りが聞こえてきたり、返り血浴びた女の人が事務所に帰ってきたりしてすごく混乱してしまって……。自分が混乱してることにも混乱してて」

「おかわいそうに。今日だけは無条件で同情するわ」

「それで、児童相談所の仕事について、できるだけ具体的に教えてもらおうと思って。そしたら、少しは落ち着くのかなと思ってさ。お前、福祉専門職だけど、児童相談所で仕事したことある？　仕事の内容って知ってる？」

「馬鹿にしてるな。あるわよ。児童家庭課に行く前に三年いたんだから」

「え、でもそんな話、全然しなかったよな。子どもの相談に乗る仕事だって楽しそうに言ってたけど、それが児童相談所のことだったのか？　確かに、子どもの相談かもしれないけど、あんな大変な仕事だって一言も言わなかったじゃないか？」

「言わないわよ、そりゃ。あそこの仕事は高度にプライバシーに踏み込む仕事だから、相手が守秘義務のある同じ公務員でも、おいそれと話したりできないし、それに話して楽しいことはほとんどないしね」

「なるほどな。でも、曖（おくび）にも出さないって、お前すごいよな。お前って思ってた以上にすごいんだな」

「いつもそうだけど、あんたの言い方ってちょっとムカつくわね」

「ごめん。今日は特に普通じゃないしな。怒るなよ」

「まあいいわ。いつものことだし。そろそろ本題に入る？」

「そ、そうだな。じゃあ、早速だけど、十八歳未満の子どものあらゆる相談ってのはわかるんだけどさ、ある程度、相談の内容を種類に分けて系統立てられるんだろ。その辺を具体的に教えてくれよ」

「わかった。そうね、まず、児童相談所が受ける相談で最も大変なのが児童虐待よ。児童虐待にはいくつか種類があるの。身体的虐待でしょ、ネグレクトに心理的虐待、それから、性的虐待」

「四種類に分けてるんだな」

「身体的虐待っていうのは、親が子どもに暴力をふるって怪我（けが）をさせたりするやつ。子どもが怪我して学校に出てきたりするから、比較的発見しやすいのよ。ネグレクトは、親が子どもの面倒をみないってやつ。ご飯をちゃんと作らなかったり、お風呂に入れなかったりして、不衛生な状況を続けて子育てを放棄することね。これも、子どもが臭かったり、学校の給食をがっついたりするから、わかりやすいわね」

「なるほど。暴力と、ほったらかしだな」

　里崎は熱心にメモをとった。

「心理的虐待は、親が子どもを無視したり、けなし続けたりして心理的にどんどん子どもを追い詰めていくやつ。これは、外傷やなんかがないから見つけにくいわね。よほど学校の先生なんかが子どもの様子を注意深く見てないとね。それから性的虐待。これはもうほんとに最悪で許せないんだけど、実の親だったり、継父、養父なんかから体を触られたり、末はレイプまで。絶対に人間として許せない虐待がこれね」

「レイプ……」

「今は、児童虐待防止法の中で、虐待を発見したり、虐待の疑いがあると感じたら、児童相談所なんかの関係機関に通報することが、国民すべての義務になってるから、最近は、以前に比べて通報が多いのよ」

「身体的虐待とネグレクトらしきケースは、今日、長谷部課長からもらった俺のケースファイルの中にもいくつもあったな。それも十分あり得ない内容だったけど、性的虐待って、それこそあり得ないよ。だって、実の父親が、自分の娘をレイプするってことだろ。異常だよ、異常。本当にあるのか、そんなこと。あり得ないよ！」

里崎は眉間に皺を寄せながら、どうにも信じられないといった表情で田丸に言った。

「何言ってんのよ。あんたね、自分の人生経験だけで判断しちゃ駄目よ。あんたみたいになんの苦労もなく高校、大学って進学して、公務員になってる人ばかりじゃないのよ。世の中にはほんとに信じられないような家庭があるのよ。シャーロック・ホームズも言ってるでしょ、『あり得ない』と『ありそうもない』とは厳密に区別しろってね。確かに、ありそうもない話だけど、現実にあるのよ。酷い場合は、自分の娘に子どもを産ませてるケースもあるの。わかった？」

「ふうー……」

里崎は気が遠くなるような気がした。

「何深いため息ついてんのよ。ちょっと刺激が強すぎたかもしれないけど。これからケースワーカーやるって人に隠してもしょうがないでしょ」

「もう少し気を使ってくれてもいいと思うんだよな。俺は今日一日、児童相談所の業務を聞いてかなり動揺してるんだよ。ほんとデリカシーってもんがないよな、お前は」

「あるわよ、デリカシー。でも、虐待の話をしてるのに、楽しくできないでしょ。しんどいのはわかるけど、漠然(ばくぜん)としんどいのが辛いから電話してきたんでしょ。だから、辛さを具体的にしてあげてるのよ、私は。その方がずっと楽でしょ、あんたみたいな理屈っぽいタイプには。どうすんの、続けるのやめるの？」

「わかったよ、続けてくれ」

「ともかく、虐待ケースの場合は、十分気をつけないと駄目。特に、乳幼児に対する身体的虐待は、直接子どもの命に関わる場合があるから、通報を受けたその日に子どもを一時保護しないといけないこともあるの」

里崎の背中に、「子どもの命」という言葉が重くのしかかってきた。もはや一言一句、聞き逃すことはできないと里崎は思った。

「性的虐待も同じ。こっちは命に関わるというよりも一刻も早く異常な状況から子どもを保護して心のケアをしてあげないといけないの。だから性的虐待は、状況がはっきりしてたらすぐに一時保護すること。いい？　当分の間は、どんなケースでも虐待がらみの場合は、係長や課長にすぐ相談するのよ」

「そうするよ。でもさ、人の家に行って子どもを勝手に保護したりできないだろ。親を説得して連れてくるの？」

「説得できると思う？」

「思わない」

「でしょ。だから、親が拒否しても強制的に保護するのよ。児童福祉法第三十三条で児童相談所長の職務権限による児童の一時保護が認められてるの。児童相談所職員による家庭への立ち入り調査権限も認められてるから、強制的に家に入って中の様子を確認することもできるのよ」

「児童相談所って恐ろしく強い権限が認められてるんだな」

「だって、子どもの命がかかってるのよ。殺されたらすべて終わりだから」

「殺されたら……。ほんとに子どもの命がかかってる仕事なんだな……。そういう場合、一時保護した子どもって、家に帰せないんだろ。どうすんの」

「児童養護施設に入ることが多いわね。場合によっては、里親委託もあるけど」

「児童養護施設ってどんな施設なんだ？」

「親から虐待を受けて家で生活できなくなった子どもとか、借金で子どもを育てられなくなった家庭の子どもとか、あとは、そうねえ、保護者が事故で亡くなったりして養育する人がいなくなった子どもを預かって、養育する施設よ。子どもたちは、そこで暮らして学校にも通うのよ」

「いろんな理由で家庭を失った子どもたちの生活の場ってことだな。じゃあ、里親は？」

「里親っていうのは、いわば児童養護施設の個人家庭バージョンね。里親登録している夫婦が個人の家庭で子どもを預かって育ててくれるのよ」

「なるほど。そういうシステムがあるんだ。児童養護施設に入るのも児童相談所の所長が決めるんだろ」

「親が施設入所に同意すればね。親が同意しない場合は、児童福祉法第二十八条の規定で児童相談所長が家庭裁判所に子どもの施設入所承認申請を提出するの。裁判所で承認されてやっと子どもは施設に入れるのよ」

「一時保護は所長の職務権限でできるんだろ。施設に入れるのは職務権限では駄目なのか」

「できないわ。児童福祉法で認められてるのは職権の一時保護まで。親の親権は民法上かなり強い権利なのよ。だから、親を無視して簡単には施設に入れたりできないのよ」

随分面倒な手続きを踏まなければいけないものだと、里崎は思った。

「裁判所への申し立ての書類って誰が作るんだ？」

「ケースワーカーに決まってるでしょ。あんたよ、あんた」

「そんなことまでやんのか」

「そう、あんたがやるの」

「そういうの公務員の仕事なのかよ。警察とか弁護士とかの仕事じゃないのか」

「あんたの仕事よ、あんたの。でも安心して。申立報告書はあんたが作るんだけど、実際に裁判所とやり取りする作業は弁護士に委任するから大丈夫よ。心配ない、心配ない」

「簡単に言うなよ。はあ……。何か、最初の虐待の説明だけでほとんど満腹になってきたな。っていうか、何かこの説明の順番っておかしくないか？」

「何がおかしいのよ？」

「だってそうだろ、児童相談所の相談にはほかにもいくつか種類があるんだろ。虐待とかよりもうちょっとこうソフトなやつがさ。普通は、そういうソフトなやつから説明して徐々にディープなやつを説明するんじゃないの？　店に来たばかりの客にさ、いきなりフォアグラのてんこ盛り出す店ってないだろ。やっぱりお前はデリカシーがないよな」

「失礼ね、デリカシーがないのはあんたでしょ。夕方突然電話してきて、時間とれとか言っといて。私は自分の仕事をうっちゃって来てるのよ！　それを何よ、偉そうに。説明の順番がどうのこうのって、寿司食べる順番説明してるんじゃないのよ。だいたい人に助けを求めてきておいて、何、上から物言ってんのよ。小理屈ばかり言ってほんとに面倒くさい男ね」

「そ、そんな言い方しなくても……」

田丸は、やれやれという表情で語を継いだ。

「最初にソフトな話をしてからディープな話をしたら、ソフトな話なんて吹っ飛んじゃって記憶に残らないでしょ。だから、先にディープな話を聞く方が、ソフトな話も印象に残っていいのよ。それに、ソフトな話で終わった方が、ディープな話の印象が若干薄らいで気が楽になるの。そういうことも考えて私は説明してるのに。もういい、帰る」

「ちょっと待てよ、帰るなよ。そんなに怒らなくていいだろ」

「ごめんなさい、は？」

「もう反省してるからいいだろ」

「帰る」

「ごめんなさい、ごめんなさい。もう口答えしないから、教えてくれよ」

「最初からそうやって素直で謙虚（けんきょ）にしなさいよ、面倒くさいわね」

「……」

「何か文句あんの？」

「ありません……」

「いい？　虐待の通報があったら、学校、保育所、役場なんかの関係機関への情報収集は迅速に。判断は、迅速かつ慎重によ。細かい対応の仕方は実践から学ぶのが一番だし、研修もしてくれるから。常に、子どもの命がかかってることを忘れちゃ駄目（だめ）よ」

「わかった。虐待は、必ず上に相談しながら進めるよ。じゃあ虐待以外の相談についても教えてくれるか」

「それじゃあ、次は養育相談。親が借金で首が回らなくなったり、事故や病気で親がいなくなったりして生活に困窮（こんきゅう）した家庭の相談を養護相談って言ってるの。養護相談の場合は、必要があれば子どもの施設入所について検討するけど、それよりも、その家庭の経済状況を改善するためにどんな方法がいいのかを考えて、必要な社会資源を紹介して、家庭生活を続けられるようにマネージメントするのが重要な仕事ね」

「ごめん。社会資源って何？」

「あっ、そうそう、社会資源っていうのは、都道府県とか各市町村、それから社会福祉協議会とかＮＰＯまで官民関係なくいろいろな組織や団体が行ってる補助制度だったり、生活サポートボランティアだったり、生活する上で利用できそうなアイテムのことをいうのよ」

「なるほど。生活する上で利用できるから社会資源か」

「そういうこと。社会資源についての情報が多ければ多いほど、クライアントの多様なニーズにも対応できるの。だから、普段からアンテナ張っとくのが大事。そのためには、関係機関とは何があっても仲良くすることが大事なの。仲良くしてるといろんな情報をくれるからね。あんたみたいな理屈っぽいのは嫌われやすいから気をつけてね。ふふふ……。じゃあ、次は非行相談にいこうかな」

田丸は、少し皮肉っぽい目つきをしながら優しそうに笑った。

「はいはい、嫌われないよう十分注意しますよ。あっ、そうだ、十日後の最初の面接がその非行相談なんだよ。非行っていうぐらいだから、恐ろしく悪い中学生が来るんだろ。面接室で暴れたりすんのか？　嫌だなあ、そういう暴力的なの」

「心配ないわ。学校では結構暴れたりするけど、児相では暴れないから。あの子たちはね、学校の先生がちょっとでも手を出したら体罰になるって知ってるから、学校では暴れるのよ。でも、児相で暴れたりしたら、警察呼ばれたり、下手すると家庭裁判所に送致されたりするからまず暴れることはないわね」

「また裁判所かよ。なんだよ、家庭裁判所へのソウチって」

「じゃあ、簡単に説明するわね。非行相談っていうのはね、要するに法律に触れる行為をした少年たちに関する相談なわけ。法律に触れることをした子どものことを、触法（しょくほう）少年っていうんだけど、触法少年について児童相談所で扱うのは十四歳未満の少年に関してなの」

「えっ、おかしいじゃないか。児相は十八歳未満の子どものあらゆる相談を受けるんだろ。なんで、十四歳未満に限定するんだよ」

「だから今それを説明するんだから、黙ってなさいよ。触法少年についてはね、取り扱う法律が十四歳を境に違うのよ。十四歳を超えると犯罪少年として少年法で裁かれるの。十四歳未満は児童福祉法で指導されることになってるの」

「年齢によって扱う法律が違うわけか」

「だから、十四歳以上の子どもが犯罪行為をすれば、警察は書類を家庭裁判所に送って、家庭裁判所が審判によって子どもの処遇を決めるの。大人でいう裁判のことね。十四歳未満の子どもが触法行為をした場合には、警察は書類を児童相談所に送るわけ。そして、児相が子どもの処遇を決めるの。警察から児相に来る書類が児童通告書ってやつ」

「児相が処遇を決めるって、悪い奴(やつ)は少年院に入れたりするのか？」

「少年院っていうのは、少年法が扱ってる施設だから、児相から少年院には送れないの。児童福祉法が扱う施設としては、少年院ではなくて、児童自立支援施設っていうのがあるのよ。全寮制で施設内に、中学校の分校が設置されているの」

「施設の中に学校まで併設されてるのか」

「そこで規則正しい生活を送りながら、少人数で勉強を教えてもらって学力が向上するように指導してもらうのよ。もちろん、児童養護施設と同じで、親が同意しなかったら家庭裁判所に施設入所承認の申し立てをしないといけないけどね。児童自立支援施設に入って頑張らないと更生の可能性が低い子ども以外は児童相談所に定期的に通ってもらって、継続的に指導していくのが一般的なスタイルね」

「じゃあ、今度俺が面接する子どもは、児童自立支援施設に入るのがいいのか、定期的な通所指導でいいのかを決めていくってわけだな」

「そういうこと。児童相談所の指導に従わないケースは、家庭裁判所で判断してもらう必要があるから、家庭裁判所に書類を送るのよ。家庭裁判所に書類を送ることを送致っていうの。まあ、触法の指導は司馬さんが得意だから、当分の間は黙って横に座って見てればいいわ」

「ええと、虐待だろ、養護だろ、それから非行っていうか触法か。まだまだあるんだろ？」

「もちろん細かく分ければたくさんあるけど、今そんなに細部まで説明してもしょうがないでしょ。細かい相談種別は、厚生労働省に報告する統計に必要だから分けてるだけで、あまり意味はないのよ。今日は、大きく四つに分けて説明しようと思ってたから、残りはあと一つよ。ちょっと荒っぽい言い方だけど、発達相談ね」

「もしかしてあれか、LDとかADなんとかっていうやつかな」

「あ、そうそう、よく知ってるじゃない」

「よくは知らないよ。今言ったのが何かもわかってないし。単に、長谷部課長がそんなこと言ってたなって思い出しただけさ」

「なんだ、そっか。そりゃそうよね。いくら仕事に役立たない雑学が豊富なあんたでも、子どもの発達に関する知識までないわよね」

「お前さ、ほんとは俺のことすごく嫌いなんだろ？　言葉の端々にすごく棘があるよな」

「嫌いじゃないわよ。嫌いだったら仕事うっちゃって来たりしないもん。あんた自身が気づいてないあんたの内面を、いろいろ気づかせてあげようとしてるんじゃない。愛よ、愛」

「……」

「あら、里崎ちゃん、疑っちゃ駄目よ。愛よ、愛」

「説明続けてくれ」

「まあ、私みたいな美人から『愛』なんて言われたら、たいがいの男は照れるんだろうけど、やっぱり里崎君も例外じゃないのよね。私って罪な女ね」

「わかったから説明続けてくれ」

「わかってるわよ、続けるわよ、照れちゃってさ。ええと、なんだったっけ……そうそう、発達相談だったわね。発達相談はね、言葉の遅れとか、知的に遅れのある知的障害児に関する相談だとか、さっきあんたが言ってたＬＤ、ＡＤＨＤ、自閉症スペクトラム障害なんかを総称する発達障害に関する相談が多いわね」

「知的障害は昔からよく聞くからわかるよ。発達障害っていうのはどんなの？」

「発達障害っていうのはね、脳の中で人間の社会性を司る領域に見られる発達の障害を総称した言い方なの。中でも、人とコミュニケーションするためのさまざまな力に障害がある場合を自閉症スペクトラム障害って呼ぶの。以前は、自閉症やアスペルガー障害とかって分けられてたんだけど。今は個別に説明しないわよ。そういうのはまた、司馬さんから聞いてね」

「わかった。難しいことは司馬さんか」

「そのとおり。それから、ＬＤっていうのは、学習障害っていって、全般的な知能は正常範囲なんだけど、読む力とか書く力、計算する力なんかの特定の能力だけに問題が認められる障害をいうの。ＡＤＨＤっていうのは、注意欠如多動性障害っていって、先天的な脳の微細な機能的障害が原因だといわれているわ。これも、全体的な知能は正常範囲なんだけど、注意力がなくて、ともかくじっとしていられずに、よく動くのが特徴ね。よく知られている原因としては、脳内でのドーパミン不足による集中力の低下ね」

「ドーパミンって神経伝達物質の？　アドレナリンのもとで快感とか集中力とかに影響してるあのドーパミン？」

「そうそう、さすが余計な雑学王ね」

「余計は余計だろ！　それって、量が不足してるの、それともドーパミンを受け取るレセプターの機能に問題があるの？」

「またまたさすがね。どっちの場合もあるわ」

「へえー、なるほどな。今日の話の中で一番わかりやすい話だな」

「あらそう、普通はわかりにくい話だけど、変人のあんたはこういうのはわかりやすいのね。そういえば前に、養老孟司の本読んでたわね。まあ、発達相談は今説明した、知的障害と発達障害に関するものが多いんだけど、発達相談についてはケースワーカーよりも発達検査をする児童心理司がメインだから、当分の間、あんたは横で座ってればいいわ」

「そっか、じゃあ、しばらくの間は、どんな相談も基本的には横に座って話を聞いてるだけでいいんだな。ちょっと気が楽になったよ」

　里崎は少し安堵の表情を見せた。

「でも、そのうち自立しなきゃいけないんだから、ぼーっと座ってないでじっくり観察しなきゃ駄目よ。どう、だいたい児童相談所ってところがどんな職場かわかった？　混乱しないようにすごく大きく四つに分けて説明してるから、細かいところは実践の中で摑んでいってね」

「よくわかったよ。だいぶ頭の中で整理できた気がする。ありがとう」

「じゃあさ、逆にあんたに質問したいんだけど、いい？」

「なんだよ、理解度テストってことかよ。いいよ、質問しろよ」

「あら、何か自信ありげね。そういうところが憎たらしいのよね。こういう場合はね、ちょっと自信なさげに振る舞う方がかわいくていいのよ。俺は一度聞いたら覚えられる、みたいな態度が偉そうで憎たらしいのよねえ」

「うるさいなあ。俺のこと嫌いなのはよくわかったから、さっさと質問しろよ！」

「だから、嫌いじゃないわよ、あんたがより一層みんなから好かれる人間になるように助言してあげてるのよ。愛よ、愛。じゃあ訊くわよ。児童相談所には、いろいろな相談があるけど、相談内容が違ってもケースワーカーがすべき共通の仕事があるのよ。それはなあんだ？」

「虐待相談にはどんな種類があるかとか、そういう具体的な質問じゃないのかよ」

「そういう質問には、あんた答えるでしょ。そしたらすぐ調子に乗るからやめたの。そういう質問は」

「……ケースワーカーがどんな相談に対してもやる共通の仕事？　何かヒントくれよ。漠然（ばくぜん）としてわかんないよ」

「そうねえ、ヒントねえ。ヒントは『池波正太郎（いけなみしょうたろう）』よ」

「なんだよそれ、わかんねえよ」

「あら、おかしいわね。変人にはこういうヒントが一番だと思ったのに。駄目ねえ。はい、時間切れ。答えは、『鬼平（おにへい）』よ」

「はあ？　『鬼平』って『鬼平犯科帳』の鬼平か」

「そうよ」

「そうよ、じゃないよ。あらゆる相談に対してケースワーカーが共通してやる仕事の答えが『鬼平』ってなんだよ。ど素人だからって馬鹿にすんなよな！」

「そんなに怒らない、怒らない。あんたって、物事を表面的に見て整理したり秩序だてたりすることは得意だけど、物事の根底にある本質を見極める力が不足してるのよねえ。『鬼平犯科帳』読んだことあるんでしょ」

「当たり前だ。『鬼平犯科帳』はマイ・フェイヴァリット・ノヴェルズの一つだし、きっとお前よりずっとよく内容だって知ってるぞ」

「出た、お得意の上から目線ね。まあ、いいけど。じゃあさ、長谷川平蔵は、なんのために密偵たちを使ってるのよ」

「決まってんだろ、密偵を使って、盗賊の動きを摑んで捕まえるためじゃないか」

「そうでしょ。平蔵は一人一人の密偵の性格や特徴を十分に把握した上で、この相手には大滝の五郎蔵、この場面では小房の粂八、この役はおまさといった具合に適材適所に密偵を配置して、日々刻々と入ってくる密偵たちからの情報を客観的かつ冷静に判断して、盗賊たちがどこの店を狙っているのか、どんな手を使ってくるのか、運河を使って船で来るのか、何人ぐらいの規模なのか、そんなことを推理して抜かりのないよう、万全の手を打っていくんでしょ」

「そんなことは知ってるよ！　だから、それがどうしてケースワーカーの仕事と関係してるんだよ！」

「わからない人ねえ。いくら平蔵が度量があって頭も切れる素晴らしい男だからといって、一人で盗賊の調査から捕縛までできるわけじゃないでしょ。優秀な部下や密偵たちが必死で情報を集めて頑張るから、平蔵はいい仕事ができるわけじゃない。ケースワーカーも同じなのよ。どんなに優秀なワーカーでも一人じゃ何もできないの」

「一人じゃ何もできない……」

「虐待だってそう。ケースワーカーが各家庭を戸別訪問して、『お宅は虐待してますか？』なんて聞いて回れるわけないでしょ。近所の人が異変に気づいて通告してくれたり、保育所の先生が子どもの痣に気づいて連絡くれたりして、初めて虐待の事実が摑めるわけでしょ」

「確かにそうだ。通報がなけりゃ、どこで虐待が行われているかなんてわかりっこないよな」

「だから、ケースワーカーは自分の管轄する地域のあらゆる社会資源をフル活用して、できるだけ多くの情報を摑んでおくことが大切なの。クライアントから相談があれば、持ってる情報を使って、それぞれのケースごとに、どの社会資源が有効で、どんな使い方をすればケースが最もいい方向に動いていくかを考える。それが大事なのよ。裁判所、警察、医療機関、福祉事務所なんかの関係機関のすべてがあんたの密偵なのよ」

「関係機関のすべてが、ワーカーの密偵……」

「そう。学校の先生が大滝の五郎蔵で、保育所の保育士がおまさ、役場の職員が小房の粂八なのよ。あんたは、自分の管轄する地域の隅々にまで密偵を配置して、集まってくる情報をいつも冷静に分析、判断して活用することで、ケースを良好に変化させていくトータルマネージャーなのよ。まさに鬼平でしょ。どう、納得した？」

「ほんとだ、鬼平だ。俺は、担当地域の長谷川平蔵になるんだな。鬼平にならなきゃ駄目なんだな。そうかあ、鬼平か」

「ちょっと、あんた、勘違いしちゃ駄目よ。仕事の内容は鬼平だけど、鬼平みたいに偉そうにしちゃ駄目だからね。ともかく常に頭を下げて腰を低くして笑顔を絶やしちゃ駄目なんだから。密偵様々なんだから、わかったわね」

「わかってるよ。お前が思ってるほど、俺は横柄な人間じゃないよ。関係機関……いや、密偵たちと仲良くして頑張るよ。なんか、ケースワーカーって仕事が俺にとってはとてつもなく難しいし、恐ろしくストレスフルな仕事だってことがよくわかって、今、猛烈にブルーだ」

「だよね。その気持ちはよくわかるわ」

「でも、田丸に会うまでは、雑然としたカオスの中でブルーだったけど、今は、一定の秩序の中でブルーだから、ずいぶん気が楽になったよ。ありがとう」

「そう、良かった。だから言ったでしょ。辛さを具体的にして楽にしてあげるって。感謝しなさいよ、この美人で聡明で愛に溢れた私に」

「もう、いいよ、そういうのは今……」

「ったく、ノリが悪いわねえ。折角雰囲気明るくしようとしてあげてるのに」

「なあ、田丸。児童相談所って、いろんな人が相談に来るんだな。でもさ、虐待されてる子どもとか、親と一緒に住めない子どもとか、発達障害を抱える子どもの親とか、社会に適応できない非行の子どもとか、みんなかわいそうな人たちばっかだな」

　田丸の表情から茶目っ気が消え、とても鋭い目で里崎の瞳をしっかりと見据えた。

「里崎君、『かわいそう』なんて言葉使うんじゃないわよ。これから福祉の世界で仕事しようって人が『かわいそう』なんて言葉使っちゃ駄目よ」

「えっ、なんでだよ。かわいそうじゃないか」

田丸の言葉は里崎にとても不可思議に聞こえた。

「もちろん、かわいそうよ。でも、児童相談所に来る人たちはみんなかわいそうな人ばかりなの。かわいそうなんて当たり前なのよ。虐待されてる子も、虐待してる親さえも、みんな悩んで苦しんで、自分ではどうしようもなくて助けを求めてくるの。かわいそうなんて言葉で同情してる場合じゃないのよ」

「同情するなっていうけど、同情もせずにできる仕事じゃないんじゃないのか？」

「冷たく聞こえるかもしれないけど、一つ一つのケースにいちいち感情入れてかわいそうなんて同情してたら、心のエネルギーはすぐに空っぽよ。下手すりゃたった一つのケースも救えないわ。ケースと一緒にあなた自身も燃え尽きて終わりよ。それじゃ駄目なのよ。あんたがすべきは同情じゃなくて共感なの」

「共感？」

「相談に来た人たちがどんな境遇で生きてきて、何に悩んで、何に行き詰まってるのか、相手の立場に立って心を感じるのよ。でも、あんたの頭は常にクールで冷静でなきゃ駄目。相手の立場に共感して、状況を十分に理解した上で、どうすれば今の状況を少しでもよくできるか、何が必要なのかを適切に判断していくのよ」

「同情じゃなくて、共感か……」

「あんたみたいなタイプは、クライアントに感情移入したら絶対に駄目。どんどんのめり込んでしんどくなって、あんた自身が壊れちゃうから。あんたが壊れた時点で、それ以上、誰一人援助できないのよ。一人でも多くの人の役に立ちたいんなら、ケースに感情を入れちゃ駄目よ、絶対に。わかった!?」

「わかった。理論上はな。でも、自信がないな。そんな器用なことできるかどうか、すごく不安だよ」

「できるわよ、あんたなら。あんたが敬愛してやまない、シャーロック・ホームズのように感情を排除して冷静に分析するのよ。理屈っぽいあんたが得意なことじゃない」

「鬼平のように情報を収集して、集めた情報をシャーロック・ホームズのように冷静に分析するのか。気が重いな」

「大丈夫、私もいつでも相談に乗るから、頑張るのよ」

「ほんとに、相談に乗ってくれよな。頼りにしてるからさ」

「任せなさい！」

里崎は何気なく腕時計に目をやった。時計は既に十一時を指していた。

「すまん、もうこんな時間だったのか。遅くまで申し訳ない。今日は本当にありがとう」

「いいってことよ。友達でしょ。はい、これ伝票。お勘定よろしく」

「お前あれだけ喋りながら、よくこんなに飲んで食ったな」

「だって、奢りだもん。食べなきゃ損でしょ。今度は、焼鳥屋なんかじゃ駄目よ。フレンチかイタリアンのコースだからね。よろしく」

「わかったよ、好きにしてくれ。それから田丸、俺ちょっと気になってることがあるんだけど」

「何よ」

「今日さ、児相に行ったとき、甘いもの好きだったら児相向きって言われたんだけど、なんでだ？」

「ああ、だってストレスが多くて体も脳も疲れるからね。糖分取るのが一番手っ取り早く疲れが取れるでしょ。だからよ」

「なんだ、そんな理由か。それとさあ、俺の体格のいいことも児相向きだって言われたんだけど、それはなんでかな？」

「ああ……。それはまあ、そのうちわかるわよ。早いか遅いかはわからないけど、その時が来ればわかるから。まあ、気にしないことね」

「おい、教えろよ、すごく気になるじゃないか。だいたい女の人があんなに多い職場なんだから、体格が良くなくてもいいわけだろ。なのに、なんで体格がいいことをあんなに目を輝かせて喜ぶんだよ。おかしいよ。なあ、田丸、教えろよ」

「もう、いいじゃない。最初からなんでも種明かししたら面白くないでしょ。そのうちわかるから。気にしない気にしない」

「むちゃくちゃ気になるよ。やっぱりお前は俺が嫌いでいじめたいんじゃないか。もういいよ、どうせ二言目には愛、愛って言うんだろ。もう気にしないよ。まったく、どっちが上から目線なんだよ」

「ごちゃごちゃ言わない、男でしょ。いいから明日から頑張んなさいよ」

「わかってるよ、頑張るよ。でも、俺みたいな全くの素人が入っていって、すぐに馴染めるのか心配だよ」

「その点は心配いらないわね。児相は一人でも多くの人を必要としてるし、みんなが一致団結して協力していかないと成り立たない職場なのよ。だから、ほかの職場みたいに周りの人に徐々に慣れてくって感じじゃないの。みんな、一気に間合いを詰めて、一気に仲間になっていく必要があるから、新人には周りがどんどん踏み込んで来てくれるわ。びっくりするぐらい、すぐに打ち解けて仲良くなるし、喧嘩もできるようになるから」

「ほんとにそんなにうまく馴染めるのかな?」

「みんな、人とのコミュニケーションについてはプロだから、心配しないで大丈夫よ。わかった?」

「ああ、わかった。今日はほんとにありがとな。じゃあ、おやすみ」

「次は、フレンチかイタリアンのコースだからね。忘れないでよ。じゃあ、おやすみ!」

帰り道、田丸は里崎をとても心配していた。確かに里崎は元来ストレスに強い性格ではあるが、これまで里崎がしてきた仕事とはあまりにもかけ離れた世界なのである。事務量の多さから残業が続くといったストレスとは全く違い、子どもの命がかかっているという独特の重圧に、はたして里崎が耐えられるのか計りかねていた。

また、里崎の基本的に優しく正義感の強い性格が仇となり、燃え尽きて、真っ白な灰のようになってしまわないかということも気になっていた。

里崎は里崎で、田丸のおかげで、不安のカオスからは解放されたものの、具体的に整理された不安に苛まれながら、ぼんやりと車を運転していた。胃の中に、ずっしりと重い鉄の塊でも入っているかのような感覚があった。

　帰宅した里崎は、駐車場から朝見た桜を見上げていた。月明かりに照らされた満開の桜は、朝日に煌めいていた姿とは違い、どこか切なげで、妖しげな青白い光を放っていた。その姿は里崎の晴れぬ心を映し出しているかのようでもあった。里崎はその日、まんじりともせず夜を明かした。それまでの人生で抱いたことのないような言い知れぬ憂鬱とともに。

ケースワーカーとして

土曜、日曜と、里崎は、田丸から言われた「ケースに感情を入れるな！」という金科玉条を肝に銘じるため、自分が読んだかわいそうなケースファイルを思い出しながら、かわいそうだという感情移入をしないよう、必死でイメージトレーニングを行っていた。

しかし、そもそも面接自体やったことのない里崎が、実際の面接でクライアントから究極に辛く、悲しい話を聞いた際に、どうやって感情をコントロールするかなどイメージできるわけはないのである。

　にもかかわらず、里崎は自分のイメージトレーニングがそれなりに効果があると信じて、丸二日間必死でイメージを描き続けた。里崎のこういう生まじめな性格はそれなりに好感は持てるのであるが、田丸が言うように物事の本質を見極める眼力を持っているか、という点ではいささか疑問を感じざるを得ない。

結局、里崎はこの全く効果のない、ほとんど無意味ともいえるイメージトレーニングに恐ろしいほど生まじめに取り組み、折角(せっかく)の二日間の休日をほとんど寝ることもなく過ごしてしまった。

翌日、里崎は虚(うつ)ろな眼差(まなざ)しで玄関を出た。土手の桜は相変わらず美しく咲いている。だが、里崎の目は、その身を眩(まばゆ)いほどの薄桃色に染めた樹冠(じゅかん)ではなく、風に弄(もてあそ)ばれ、儚(はかな)げに舞い散る花びらを追っていた。あらがう術(すべ)を知らず、ただ風に身を委(ゆだ)ねるしかない花びらに己(おのれ)の姿を投影していた。職場に向かうのがこれほど嫌だった日はこれまで経験したことがなかった。嫌だな……。なんで、俺があそこで働かなきゃいけないんだ。でも、行くしかない。行くしかないんだ。里崎は自分に言い聞かせるように心の中で何度もそう呟(つぶや)いた。

田丸のおかげで、少しは落ち着いたものの、児童相談所での業務がとてつもなく大変なものであることに変わりはなかった。重い気持ちでの出勤となった。

しかし、そんな里崎の気持ちをよそに、その日から早速、新人に対する研修が始まった。初日は、前山次長と長谷部課長による、資料を使った児童相談所業務についての詳細な説明が行われ、二日目の火曜日は、午前中定例の援助方針検討会議が行われたので、里崎も初めて参加することになった。この援助方針検討会議で里崎は児相のケースワーカーの情報収集力を目の当たりにするのである。

会議は、長谷部課長の挨拶(あいさつ)で始まった。

「それでは、今年度最初の援助方針検討会議を行います。今日は、養護ケース三件と、非行ケース一件について会議にかけますので、よろしくお願いします。では、緑川さんの養護ケースから説明してくれる？」

緑川さんか。手首を切ってる母親と電話で話してたあの娘だな。里崎は探るような眼差しを緑川に向けた。彼女の表情から電話をしていたときの柔和な雰囲気は消えている。艶やかな小麦色の肌に、フクロウのような瞳。意志の強さを思わせる凛々しい眉に、黒髪はベリーショート。とてもクールな印象だ。探るように見つめる里崎を余所に、緑川が説明を始めた。

「本ケースは父親、母親、それと、三歳と五歳の子どものいる四人の家族に関するケースです。主な相談内容としては経済的な困窮による、児童の施設入所希望です。経済的困窮の理由は父親による多額の借金です。借金返済のために母親も働きたいので、子どもを施設に預けたいということです。担当としては、生活保護等の社会資源の利用や自己破産といった方法による支援を行えば子どもたちの施設入所は必要ないと判断していますが、概要については今から説明します」

緑川の説明が終わると、周りのケースワーカーから一斉に質問が飛び交った。質問は、担当ワーカーがどれほど詳しく周到に調べ上げているかを確認するかのように、詳細にわたって行われた。ケースの職業、収入、借金の金額、親戚関係、子どもの発達状況等々、多岐にわたっていた。緑川はそうした質問にひるむことなく、淡々と答え続けていく。調査は非常に行き届いたもので、緑川がいかに多くの関係機関から情報を丹念に収集したかを窺わせるものであった。

里崎は、児童相談所のことを何も知らない自分が、手首を切っている親と会話していた緑川の様子を見て、その手腕を疑問視したことを深く恥じていた。

緑川さんってすごいな。あれだけ細かく質問されても全然、詰まることもなく、流れるように説明しきってしまったじゃないか。あれだけの情報を調べるには相当な時間がかかったんだろうな。いや待てよ、さっきこのケースは二日前に受け付けたって言ってたよな。てことは、たった一日で調べ上げたってことか。あっ、そうか！　彼女は鬼平なんだ！　きっとそうだ。彼女は田丸が言ってた鬼平を地でやってるんだ。課長が言ってたとおり、かなりの強者ってことか。若いのにすごいなあ。

緑川の手腕に感心したのも束の間、その後紹介された三つのケースに関しても、それぞれの担当ケースワーカーは素晴らしく情報を収集しており、ケースの状況に対する判断も非常に冷静で的確であったことは里崎を驚かせるには十分であった。

なんだよ、みんな鬼平じゃないか。緑川さんが突出した力を持っているのかと思ったら、そうじゃない。どのケースワーカーもそれぞれの担当地区で、関係機関としっかり連携できてるんだ。密偵からの情報を完全に集約して、的確な状況判断もできている。田丸が言っていたケースワーカーの仕事の真髄ってのは、まさしくこれなんだ。

それにしても不思議だな……。なんでみんな殺伐とした内容の話をしてるのに、あんなに冷静でどちらかというと大らかな雰囲気で話ができるんだろう。どれもかわいそうな話ばかりなのに。あっ、しまった！　田丸が言ってたな。かわいそうなんて言うなって。待てよ……。そうか、この人たちはかわいそうなんて意識は超越してるんだ。きっと、担当したケースに何が必要なのかってことに意識を集中させてるんだ。クライアントに共感して、ケース全体を見て自分がなすべき最良のことは何かを冷静沈着に考えてるからあんなに穏やかなんだ。

単に技術を持ったプロの仕事ってわけじゃないんだな。熱い心がある。援助を求めてくる人のために本気で役に立ちたいと、純粋にそう思っているから、気持ちに嘘がないから最初に出会ったときのような屈託のない笑顔が自然に出るんだ。だとすると、恐ろしく強い心を持った人たちなのかもしれない……。児相のケースワーカー恐るべし。本気で子どもが好きなんだ、この人たちは！

里崎は、児童相談所職員の揺るぎない心の強さに感嘆していた。まさしく、熟練した技術を兼ね備えた、熱い心の職人集団であった。そして、その中に、たった一人、どうしようもなく未熟な自分が混じっていることにとてつもない違和感と劣等感を覚えていた。

俺もこういうことができるようにならなきゃいけないってことか……。できるようになるのかな？　でもやるしかないんだよ、やるしか。公務員なんだし、俺は、今ここにいる。

その日の午後、時間の空いた里崎は、先日から舐めるように読み続けている虐待のケースファイルに共通する疑問点について、長谷部課長に聞いてみることにした。

「あの、課長！　今、お時間いいですか？」

「あら、里崎さん、何かしら？」

「この前いただいた虐待ケースのファイルでわかりにくいことがあるんで教えてもらえますか？」

「ええ、いいわよ。どんなこと？」

「あの、僕のもらった虐待ケースはどれも子どもが児童養護施設に入ってないんですけど、どうしてですか？　虐待されたんだから、みんな施設に入れてあげないと危ないと思うんですけど……。どうして、一時保護した子も家に帰しちゃうんですか？　何かあったら児童相談所の責任が問われないんですか？」

「里崎さん、三和県だけで年間どのぐらいの新規の虐待ケースを受け付けてると思う？」

「さあ？　新規の虐待ですよね？　五十件ぐらいですか？」

「去年は、八百件弱よ」

「八百件ですか？　たった一年間で？　最近の親は何考えてんだ？　そんなにたくさん虐待があるんですか？　なんでそんなに増えちゃったんですか？」

「そうなの。だからね、虐待通告のあった子どもたちみんなを児童養護施設に入れてたら施設がいくつあっても足りないのよ。虐待ケースで施設入所するのはほんの僅（わず）かなケースだけ。ほとんどは地域に帰って家庭で生活を続けるの」

　里崎は納得がいかなかった。しかし、現実問題として施設の数は圧倒的に不足している。里崎の目の前に、理不尽な荒野が広がっていた。

「でも、危なくないんですか？　家に帰しちゃって。子どもを殴（なぐ）るような親のもとに帰すんでしよ？」

「そう、怖いわね。何かあったら責任を取らないといけないし。でもね、そのために、子どもたちを一時保護している間に、親との関係を再構築して、叩（たた）かないでできる子育てを学んでもらったり、地域の関係機関の家庭訪問を受け入れてもらったり、児相の指導に十分従ってもらうようにするの。それからやっと在宅指導に切り替えるのよ」

「なんか、不安ですね……」

「だから児相も定期的な家庭訪問を繰り返すし、子どもたちを帰す前には、関係機関が集まって十分な情報共有をして、虐待予防のためのネットワークを構築するのよ」

「ネットワークですか……」

「ええ。地域の学校や、幼稚園、保育所、役場の福祉係、主任児童委員、民生委員といったいろんな社会資源をフルに使って、毎日の見守り体制を構築するわけ。少しでも異変があればすぐに関係機関から児相に連絡が入るから、その場合は速やかに対応するの。わかった？」

「となると、重度の虐待ケースの方が、子どもを施設に入所させることさえできれば、逆に安心ってことですか？」

「まあ、そういう見方もできないことはないけど、重度の虐待を受けた子は、施設入所後もメンタルケアが必要だったり、ずいぶん心配なことは多いわよ」

「なるほどな。どっちにしても、いったん虐待ケースを受け付けると、ものすごい時間とエネルギーを費やさないといけないってことですか？」

「そうねえ、虐待ケースは三年も四年も継続するのが当たり前だからね」

「そんなに長くかかるんですか？」

「そうよ、十年以上関わってるケースだっていくつもあるわよ。ともかく、じっくり時間をかけて付き合っていかないとなかなか改善しないしね。何といっても、子どもたちの命がかかってるから。気合い入れないとね」

「とりあえず、虐待する親から子どもを保護すればいいのかと思ってましたけど、どちらかというと、親の指導の方が児童相談所のメインの仕事なんですね。でも、子どもを無理やり連れていかれた親との関係の再構築っていうのは限りなく不可能に近い気がするんですけど……」

「確かにね。でも、最初の修羅場をうまく乗り越えれば、意外とうまくいくことが多いのよ。もちろん最後まで、指導に一切のらない親もいるから、その場合は裁判所にご登場願うんだけどね。

日本もアメリカみたいに、児相は子どもを保護するだけで、あとは裁判所が子どもの処遇を決めてくれるようなら楽なんだけどねえ。まあ、そのあたりの親との関係の再構築については、じっくり学んでいってよ」

「はあ……。なんか、つくづく大変な仕事ですね」

「大丈夫、里崎さんならすぐにできるようになるわよ」

「全然説得力ないんですけど、課長」

「あらそう、ほほほほほほ。あっ、そうそう、通信教育の勉強捗ってる？」

「話をそらしましたね」

「そ、そんなことないわよ、ほほほほほ」

「どうしてこんなに虐待は増えちゃったんですかね？」

「うん、まあ、そのあたりの難しい理論的というか哲学的な説明は司馬さんに任してあるから、後で聞いてみたら？　司馬さんは、すごく照れ屋だから、話だけ聞いてると冷淡なように聞こえるかもしれないけど、本当はうちで一番熱くて、優しい人だから気にしないでね」

「はい、わかりました」

いくら素人の里崎にも、子どもを一時保護された虐待者である親との関係を再構築することが困難であろうことは容易に想像できた。しかし、長谷部課長の明るい表情を見ていると、そうした難題を乗り越えるために児相が何やら独特なノウハウを持っていることも感じられた。

それにしても、無理矢理子どもを一時保護された親との修羅場を乗り越えて、どんな指導をすれば、子どもを親に帰せるんだろう？　想像もつかないけど、そのうち、手の内を見せてもらえるんだろうな、きっと。まあ、今俺が考えてわかるような話じゃないしな。

それよりも、司馬さんに虐待がどうしてこんなに増えたのか教えてもらう方が先だな。

里崎は、ともかく知識を吸収しようと必死だった。


「司馬さん！　教えてほしいことがあるんですけど、ちょっといいですか？」

「何、畏まって？　何が知りたいの？」

「はい、どうして日本でこんなに虐待する親が増えたんですか？」

「また、ずいぶん漠然としている上に難しい質問だね」

「すいません。やっぱり無理ですよね、こんな質問じゃ……」

「無理とは言ってないよ。まあ、今から言うことは僕の私見だけど。一言で言うと猫人間が増えたからかな」

「猫人間？　ですか？」

「そう、猫人間」

「もう少しわかるように説明してもらえます？」

「そうね。じゃあ、ちょっと脳の話をするけど、脳って簡単にいうとイチゴ大福みたいなものなんだよ」

「イ、イチゴ大福ですか？」

「そう。イチゴ大福が、イチゴ、あんこ、羽二重餅の三層構造になってるように、脳も三層構造になってるんだよ。いちばん内側のイチゴの部分が、性行動といった本能的な部分を司る脳で、二層目のあんこの部分が、喜怒哀楽といった感情を司る脳、そして、三層目の薄い羽二重餅の部分こそ人間を人間たらしめてる理性を司る脳」

「なるほど、それでイチゴ大福か」

「一層目の脳はセックスのみだから、いうなれば、蛇の脳。二層目は感情までだから、猫の脳、そして、三層目こそが本能、感情をコントロールできる理性の脳、つまり、人間の脳」

「三層揃って初めて人間らしくなるってことですね」

「そう。ところが、最近の日本人は猫の脳までしかできてない猫人間が増えてるから問題なんだよ。姿形は人間だけど、脳は人間のレベルに至ってない。最近よく聞くすぐにキレる人ってのも猫人間だね。もっとも、中にはセックスのみの蛇人間もいるけど。でも、蛇人間はまだいいかもしれない」

「ど、どうしてですか?」

「セックスしか頭にないから子どもができたりはするけど、周囲の住民も蛇人間が子どもを育てられるなんてとうてい思ってないから、子どもが生まれようものなら、緊急事態ってことですぐに、行政につなぐでしょ。そこで、行政が介入して子どもを保護して事なきを得ることが多いからね」

「リスクが明確過ぎて、チェックがかかりやすいわけですね」

「ところが、猫人間は、一見人間っぽく生活してるから、周囲の住民もマークしてないことが多い。でも、人間としてはきわめて未熟で、理性が足りない分、自分の感情を抑えることができず、すぐにキレる。こういう猫人間夫婦は本当に困ったものなんだよ」

「確かに、厄介そうですね……」

「何かにつけて夫婦で喧嘩をして、感情むき出しになって、奥さんは泣きわめいてるし、旦那は怒鳴り散らしてるし、エスカレートするとどっちかが暴力をふるうか、殴り合いの喧嘩になるかで、もうどうしようもなく情緒不安定な夫婦なわけ」

「聞いてるだけで憂鬱になりますね……」

「そのくせ、一層目の脳も持ってるから、散々喧嘩した後でも平気でセックスができる。まあ、感情がコントロールできない二人だから、セックスが唯一お互いの繋がりを確認する道具になってるんだろうけど。精神的な繋がりなんかは最初から破綻してるから、肌と肌の触れあうぬくもりだけが、二人が繋がってると実感できるただ一つの方法なのかもしれないね」

「なんか、切ないというか、人間として寂しいというか……」

「こういう猫人間夫婦も、子どもさえ作らなければ、勝手にやってちょうだいって感じなんだけどね。困ったことに、本当の猫は一年に一度しか盛りがつかないけど、猫人間は年がら年中盛りがついてるからたちが悪い。生活のレベルも考えないで子どもを適当に作ったり、子どもができれば夫が変わってくれるかもしれない、夫婦関係が良くなるんじゃないかっていう、奥さんの究極に無責任な発想で子どもを作ったりするから手に負えない」

「でも、昔から子はかすがいっていうぐらいですから、奥さんがそういう気持ちになるのはわかる気もしますけど」

「考えてよ。大人二人で感情むき出しの喧嘩ばかりしている情緒不安定な家庭に、自分では何もできない育てることが恐ろしく大変な子どもという存在ができたりしたら、ただでさえ精神的に余裕のない猫人間夫婦のストレスは下がるどころか、当然極限まで高まると思わない？」

「そ、そっかあ。かすがいどころじゃないな……」

「猫人間の家庭で育てられる子どもは、もう哀れとしか言いようがない。年がら年中、母親が泣き叫んで、父親が怒鳴り散らして、延々と暴力シーンを見せつけられて育つわけでしょ。こういう親のもとで育った子どもは、立派な情緒不安定児になる可能性が高いよね。完全な心理的虐待状態だから」

「そういうのも心理的虐待になるわけか」

「この状況が、エスカレートするともう目も当てられない。親が喧嘩しているときに子どもが話しかけたりしたら、大声で『黙れ！』とか怒鳴られて、挙句の果ては殴られたり蹴られたり。身体的虐待にまでエスカレートしかねない」

「心理的虐待から身体的虐待も追加されちゃうんですね……」

「そんな環境で育った子どもは自尊心が低く、自信もなくて常におどおどして周りに気を使ってばかり。そのくせ感情を抑えられないから、いったんキレると収拾がつかない。そして、この子が猫人間の大人になって、また猫人間を作っていく。連鎖は続くんだよ」

里崎は暗澹たる気持ちになった。

司馬が、静かに言葉を繋いだ。

「感情を抑えられない猫人間に子どもを作る資格なんてないと思うだろ。でも、こういう親自身も猫人間に育てられて、結果として猫人間になったわけだから、責めるのは酷なんだよ。理性ある人間に愛情を注がれ育ててもらえなかったのに、正しい子育ての方法なんてわかるわけないよね」

冷めた口調で話をする司馬の目には、何ともいえない悲しみが浮かんでいた。この人はとても苦しんでいるのだ。司馬の心が泣いている。里崎はそう思った。

「連鎖はなかなか止めにくいんですね……」

「猫人間に育ってしまった大人の三層目の脳を成長させるのは容易じゃない。だが、少なくとも、僕たちが関わる以上、猫人間の系譜を断ち切る努力をしないといけないんだよ。連鎖を止めたいだろ」

「でも、どうしてそんなに猫人間が増えたんですか？　逆に、どうすれば人間としての三層目の脳が発達した子どもに育てることができるんですか？」

「三層目の脳を作るのは実は簡単なんだよ。三歳ぐらいまでに、日頃から絵本の読み聞かせや、昔話を語って聞かせるようにすればそれでいいのさ」

「そんな簡単なことで……」

「三層目の脳は人間を人間たらしめる脳。言葉を理解し、言葉からいろいろなイメージを膨(ふく)らませる力を育てることで、三層目の脳は形成され成長していく。人間は、唯一言葉を持つ存在だ。言葉によるコミュニケーションによって複雑な社会を維持していると言ってもいい。言葉からさまざまな情景をイメージできたり、感情の機微(きび)を感じ取れるようになるには、読み聞かせが最も効率的な方法なんだよ」

「どこの家庭でも、やってるような気がしますけど」

「ところが、最近は、テレビやＤＶＤ、ゲームといった、映像による視覚的刺激をいきなり脳に送る媒体が増えすぎて、言葉から何かをイメージする力が極端に落ちてしまってるんだよ。親も楽だから、子どもにそういうものを見せ続けているでしょ、だから、三層目の脳が十分に育たない」

「忙しい親が増えてますもんね」

「日本が戦争に負けて、高度経済成長期が来るまでは、日本人の家庭は基本的には大家族で、二世代、三世代が一緒に住んでいたよね。当然おじいちゃんやおばあちゃんが、子どもに絵本を読んだりお話を聞かせたりという場面が日常としてあったから、自然に三層目の脳が発達できたわけだよ」

「今は核家族化が進んでますからね……」

「未熟な親が子どもを叩けば、親をしかる祖父母がそばにいた。だから大事に至らなかったわけだしね。でも、高度経済成長で日本全体が拝金主義になってしまって、どんどん稼いで消費することが美徳のような歪んだ社会になってしまったでしょ。父親は家庭を顧みずひたすら仕事をして、母親は一人で家事育児をするから、本の読み聞かせどころじゃないよね」

「専業主婦なんだから、家事と育児は一人でやって当たり前っていう風潮が社会には根強くありますからね」

「その上、さっき里崎さんも言ったように、核家族化が進んだから、母親の代わりに本を読んでくれる祖父母が同居していない。そういう状況で育った子どもが大人になって、さらに核家族化が進んで、最後は地域社会も崩壊して、隣の人の顔も知らない社会になってしまったからね」

「僕もマンションの一人暮らしですから、隣がどんな人なのか、正直知らないですね。まして、地域社会との繋がりなんて最近は意識したこともありません」

「結果として、日本人は子育てにじっくり時間をかけなくなってしまった。自分で読み聞かせをせずに、テレビやＤＶＤにその代わりをさせたりするから、三層目の脳が十分に育っていない子どもが増えたのさ。それが猫人間が増えた最大の原因だと思うんだよね」

「何ていうか、誰が悪いっていうわけじゃないんでしょうけど、すべてが悪い方向に循環してしまってる気がしますね」

「まあ、最初に言ったようにこれは僕の私見だからね。決して正解じゃないし、児童相談所の見解というわけではないからね。酷い虐待をたくさん目にしてきたから、なんでこうなるんだっていう気持ちがあってさ。余計な愚痴めいたことまでついつい言ってしまうのが僕の悪い癖でね」

「……でもすごく納得してしまいます……。根深いですね」

「そうだね。核家族化を止めるのは難しいから、地域社会を再生する必要があると思うんだ。猫人間が、自分たちだけで未熟な子育てをするんじゃなくて、地域の交流が増えることで、理性的な子育てに触れる機会を増やすことが大事だよね」

「おじいちゃん、おばあちゃんの代わりを地域社会が担うってことですね」

「猫人間に、自分たちのやってることがいかにも未熟で不適切だってことを気づかせる環境がないとね。児童相談所がやってる虐待ケースの家族再統合や、在宅での支援はまさにそれなんだよ。ケースカンファレンスを通じて、地域社会や関係機関に未熟な虐待家庭の存在を知ってもらって地域全体でサポートして、交流してもらう。そうすることで、徐々に、健全な家庭に変貌させていくんだよ」

「つくづく大変な仕事ですね」

「そうだね。でも、その分うまくいくと格別な喜びがあるんだよ。里崎さんも頑張ってその喜びを早く味わってよ」

「はい、頑張ります。司馬さん、いろいろ教えてくださってありがとうございました」

地域社会との交流などというものは、里崎にはとても面倒なものだった。どこの誰ともわからないような人たちと、どうしてわざわざ関わらないといけないのかという思いがずっと心にあった。しかし、その面倒な存在が、実はとても大切な存在なのだと、司馬に諭されたような気がした。


里崎は席に戻ると、司馬の話を思い起こしながらケースファイルに目を通した。文字の向こうに家族の苦しみが浮かんだ。

「里崎さん。司馬さんと話した?」

小さく竦んだ里崎の肩を、長谷部の明るい声がたたいた。

「あっ、課長。はい、いろいろ教えてもらいました」

「そう、結構冷淡な切り口の話だったでしょう。でもね、さっきも言ったように、冷淡な語り口調とは正反対の泥くさいまでに熱い人なのよ。本当に人が好きなのよ。だから、今の日本の社会状況にも、人一倍苛立ちを感じているの。そういう苛立ちがつい粗野な言い方をさせちゃうのよね」

「確かに、結構辛辣でしたね」

里崎は複雑な笑みを浮かべた。

「でも、中身は熱いヒューマニストだってことをみんなよく知ってるから、司馬さんを信頼してるのよ。要するに照れ屋なのよ、わかってあげてね」

「もちろん、わかってます」

「実際に何が原因で虐待が増えたかなんて、決まった答えがあるわけじゃないのよ。何でもすぐに答えを知りたがる里崎さんがイメージしやすいように一つの説を紹介しただけだと思うから、それはわかっておいてね」

「はい、司馬さんも課長と同じようなことを言ってました」

「そう、それならいいわ。まあ、里崎さん、ぼちぼち頑張ってくれればいいから」

「はい、そうします」


里崎は心の中で深いため息をついた。虐待が増え続ける理由は、日本の社会構造に主たる理由があると思ったからだ。日本では一般的となった家族の形や社会構造に原因がある以上、問題の根は深く、社会全体が意識を大きく変えない限り、容易に改善することはないだろう。虐待は、いわば現代社会の縮図なのだ。虐待がこれからも増え続けるだろうということは里崎にも想像できた。

しかし、同時に、児童相談所がどのようなノウハウを持って虐待ケースに対応していくのかということに、興味を持つようにもなっていた。

そして、そんな自分に気づいてとても驚いた。あれほど脅（おび）え、後ろ向きであった児童相談所の仕事に、少しずつ向き合おうとしている自分がいる。それは、児童相談所で働く職員たちの深く、強い精神力に触れ、心を揺さぶられた結果にほかならなかった。数々の修羅場を笑顔で乗り越えてきた鬼平たちを素直に尊敬し、自分も鬼平たちに近づきたいという思いが里崎の心に芽生え始めていた。

里崎はついに、児相のケースワーカーとしての道を自ら歩み始めたのだ。

小さな手のひらのために

翌日、里崎は長谷部課長の案内で児童養護施設と乳児院を見学することになった。

案内されたのは、里崎が担当する大舎制の児童養護施設「あおば園」だった。児童相談所では、担当地区とは別に、児童養護施設等の児童福祉施設についても担当が決められており、施設と連携しながら入所児童のケアを行っている。児童養護施設は、三十人から百人が一つの建物内で暮らす大舎制と、同一敷地内にいくつかの一軒家が点在し、比較的一般家庭に近い状態で生活する小舎制の二種類に大別される。

「あおば園」では、百人を超える子どもたちが生活しており、園舎は鉄筋コンクリート製で、外観は小さな学校という印象だった。

立派な門柱には大きな深緑色の門扉が設えられていた。門をくぐると右手に広い園庭が広がっている。小さい子どももいるのだろうか、園庭では、砂場やシーソーなどの遊具が、遊び相手が来るのを寂しげに待っていた。建物の一階部分には大きなアーケード付きのピロティーがあり、そこには所狭しと物干し竿が並び、子どもたちの洗濯物が風に揺れている。平日の昼間ということもあって、子どもたちが学校に行ってしまった後の児童養護施設はとても静かだった。

　中の様子も外観の印象と同じで、まさしく小さな学校であった。唯一違うのは、教室が居室になっているという点である。六畳ほどの部屋がいくつも作られていて、それぞれの部屋で二人から四人の子どもが生活している。二歳から就学前までの幼い子どもたちは、大きな部屋で寝起きをともにしている。当然のことながら、子どもの成長に伴って部屋に同居する人数は減ってはいく。しかし、その生活が、子どもたちにとって楽ではないことは容易に想像できた。

「課長、一人部屋はないんですか？」

「ないわね。最低でも二人部屋ね」

「思春期になってもですか？」

「そう……。里崎さんの言いたいことはわかるわ。でもこれが現実なの。だからね、施設入所は本当に最後の最後の手段なのよ。私たちができるだけ子どもたちを在宅で支援しようとする理由がわかるでしょ。もちろん、施設の職員たちは一生懸命やってくれてるわよ。でも、どうしても限界があるでしょ。絶対的に生活空間が足りないのよ」

「一人になれないんですね」

「……」

　満足に食べるものもなくて、風呂にも入れず、挙句は親から殴られ死にそうになっていたところを命からがら児相に救われて、やっとたどり着くのが、ここなのか……。小学校や中学校での集団生活。家に帰ったらホッとしたいだろうに……。帰ってきた家はまたプライバシーのかけらもない集団生活なのか。思春期になれば一人でいたい時間も多いだろう。まして、男の子だったら性的な欲求も高まってくるのに、これじゃあ、マスターベーションもろくにできやしない。どうやって思春期の子どもにフラストレーションを吐き出せっていうんだ。

常に誰かの視線を感じながらの生活なんて、息がつまりそうだ。俺は親から殴られたことなんて一度もないし、腹を減らして食べ物を探したこともない。勉強机も、自分の部屋もあって、眠りたいときに眠って起きたいときに起き、テレビが見たけりゃ自分の部屋で好きなだけ見ることができた。そんなの当たり前だと思ってたのに、この子たちには何一つ当たり前じゃない！　なんでこんなかわいそうな子どもたちを作ってしまうんだ！　無責任に子ども作ってんじゃないよ！　くそ馬鹿どもが！

里崎は、ここで生活をしている子どもたちのことがとても哀れでかわいそうに思えた。

その時、里崎の脳裏に神の声が聞こえた。「かわいそうなんて言ってんじゃないわよ！」田丸の声だった。里崎はハッとした。哀れな子どもたちに同情し、理不尽な親たちに怒りをぶつけているだけで、ケースワーカーとしての仕事を何もしようとしていない自分に気づき、恥ずかしくなった。

そうだ、「かわいそう」なんて言ってちゃ駄目だ。田丸にまた怒鳴られちまう。子どもたちの気持ちに共感して、この子たちが求めているものを少しでも与えられるように何かをしないといけないんだ。今より少しでも生活が楽しくなるように何かをしないと。

せめて思春期の男の子が安心してマスターベーションができるように一人部屋を持てるよう、改善してもらおう。

思春期の熱い欲求をくぐりぬけてきた一人の男として、まずこの点を改善したいと考えた。少々突飛にも思えるアイデアだが、大切なことも事実である。里崎は児童養護施設の改善を胸に「あおば園」を後にした。


「課長、思春期の男の子が安心してマスターベーションができるように、中学生以上は一人部屋を作ってもらいませんか。ちゃんと性衝動をコントロールできるように。それと、三和市の保健所にお願いして性教育もしてもらった方がいいと思うんですよね」

「へえー。やっぱり里崎さんは男の人ね。そういうところに着目するんだ。でも大切なことよね。わかった、また園長と話す機会作るわね」

「ほんとですか？　ありがとうございます。居室を増やせないなら、パーテーションでもいいと思うんです。ともかく、一人になれる場所を作ってあげたいんですよ」

「わかった、わかった。あっ、見えてきた。里崎さん、あれが乳児院よ。かわいい建物でしょ」

「ほんとだ、入り口がウサギの顔になってるんですね」

行政が作った建物にしては、少しホッとする配慮だと里崎は思った。

「さあ、着いたわ。じゃあ、中に入りましょうか」

中に入ると、元気な赤ん坊の泣き声が院内に響いていた。乳児院の定員は約四十名。二歳までの子どもを養育している。生まれたばかりの赤ん坊もたくさんいて、院内に所狭しと並んだベビーベッドにはたくさんの無垢な命が笑顔で寝ころんでいた。

「こんなにたくさんの赤ちゃんを一度に見るのは初めてだなあ。みんなかわいいですねえ！　それにすごい元気だなあ。大きな声で泣いたり、笑ったり。この子たちはなんで、乳児院で預かってるんですか？」

「そうねえ、いろんな理由があるけど。たとえば、母親が出産後に刑務所に入ってしまったとか、母親が高校生で育てられないとか、親が借金で育てられないとか、育児ノイローゼの母親に殺されかけたとか、あとは棄児（きじ）、いわゆる捨て子ね」

さっきまで、赤ん坊を見て、ただただかわいいと思っていた里崎の心は一変した。

「じゃあ、この子たちはもう親と会うことがないんですか？」

「みんながみんなそうじゃないけど、会えない子が多いわね」

「生まれた瞬間から、病院を退院するまでに何度か抱かれただけですか？」

「そういうことになるわね……」

乳児院の風景は、一見するとたくさんの赤ちゃんがいるほのぼのとした風景である。どこか、ベッドがずらりと並んだ病院の新生児室にも似ていて、見る者を幸せな気分にさせてくれる。しかしそこには決定的な違いが存在する。病院の新生児室に並んだ赤ちゃんは、生まれたことを祝福され、母親と父親、家族、親族の愛情を一身に受けて成長する。母の温かい胸に抱かれ、乳房に吸い付いておなかいっぱいになるまで母乳を飲み、笑えば、母も父も笑顔を返す。毎日毎日愛情をいっぱい注がれて、大きく育っていく。

一方で、乳児院の赤ん坊たちの多くは、病院を退院すれば、二度と母親に抱かれることもなく、母親の乳房から母乳を飲むこともできず、四角いベッドに寝転んで自分が抱っこしてもらえる順番をひたすら待っている。しかし、散々待った挙句（あげく）抱っこしてくれるのは、母親ではなく保育士であり、ベッドの中で笑顔を一生懸命振りまいても気づかれることは少ないのが現実だ。

里崎は同じように生を受けた赤ん坊のその後の人生が、かくも過酷に違うことに身も震えるような憤りを覚えた。

「課長、どうして、こんなにかわいい子たちを育てようとしないんですかね？　母親も苦しんで産んだはずじゃないですか？　どうして、この子たちはここで一人、母親から離れていなきゃいけないんですか？」

「……」

「この子たちはこの後、どうなっていくんですか？」

「そうね、運のいい子は里親さんという新しい家族のもとに引き取られていくわ。でも、ほとんどの子は、二歳になったら児童養護施設に措置変更されていくわね」

「親の顔も知らず、親に抱かれることもなく、二歳になったら、今度は児童養護施設でプライバシーのない集団生活ですか？　この子たちが一体どんな悪いことをしたっていうんですか？　親の愛情いっぱいに受けて育つ子どもと何が違うっていうんですか？」

「もちろん、何も違わないわよ……」

「この子たちだって、ほかの赤ちゃんと同じように、母親の狭くて暗い産道を、自分の頭を細長く変形させながら、命懸けで抜けてきたわけでしょ！　それなのに、母親の顔も知らなければ乳首を吸うことも許されないなんて。どうしてそんな過酷な運命を背負わなきゃいけないんですか？」

　里崎は、涙腺を押し広げて溢れ出ようとする涙を抑えるのに必死だった。やっとの思いで目頭の奥の方に涙を押し返して、ふと目の前のベッドに目をやると、つぶらな瞳の赤ちゃんが嬉しそうに里崎の顔を見つめながら笑っていた。この子は、本来自分の母親にこそこの笑顔を見てほしいのだろうなと思うと、急にその子がどうしようもなく愛おしくなり、そっと赤ちゃんに手を差し伸べた。その手が赤ちゃんの頬に触れようとしたその時、小さな手のひらが里崎の右手の小指を不意にギュッと握りしめた。

それは思いもよらぬほど強く、しっかりとした力だった。生まれたばかりの小さな命が刻む力強い脈動や、熱き血潮の温もりが、小さな手のひらを通じて里崎の小指にジンジンと伝わってきた。屈託のない笑顔が余計に里崎の心を押しつぶし、引き裂き、砕いた。

この子はただひたすら命を全うしようとしている。この小さな体のすべてを使って明日へと命をつないでいこうとしている。どれほど過酷な運命が待ち受けているかなど、知ることもできなければ、恐れることすらできない。

里崎の腹の奥底から、大きな熱い波動のようなものがずんずんと胸を突き破るような勢いで湧き上がってきた。里崎の心がはじけた。嗚咽とともに、抑え込んでいた涙が一気に堰を切ったように流れ出した。

「うう、ううううう、ううう……」

涙が頬を止めどなく流れ、赤ん坊が握る里崎の手の甲にボタボタと流れ落ちた。涙が赤ん坊の小さな手のひらにまで伝っていくと、涙の感触に驚いたのか、やっと赤ん坊は小指から手を離した。その瞬間里崎は、その場にへたり込むと、ベビーベッドの柵にすがりついてオイオイと泣き続けた。

泣き崩れる里崎の肩に、長谷部課長がそっと手を差し伸べ呟いた。

「ありがとう、里崎さん。この子たちのために泣いてくれるのね」

「ううう……か、課長、ううう、僕、絶対に頑張りますから……ううう……この子たちのためにも絶対頑張りますから……僕をちゃんとしたケースワーカーにしてください……。ちゃんとしたケースワーカーに……くううう……」

「里崎さんはもうケースワーカーだと思うわよ。泣き虫なところ以外はね」

「はい、もう泣きませんから……。うううううう……」

　里崎が人前でこれほど感情を露わにしたのは初めてのことだった。無垢な赤ん坊たちが背負ったあまりにも過酷な運命を目の当たりにして、溢れ出る感情を抑えることなど到底無理な注文であった。湧き上がる感情の嵐に、ただただ身を任せるよりほかに何もできなかった。

　長谷部課長は、気が済むまで泣かせてやろうと考えていた。しかし、なかなか泣きやまない里崎に業を煮やして、語りかけた。

「大丈夫？　大きなあなたがそんなに大声で泣いたんじゃ、機嫌よく寝ている赤ちゃんまで、つられて泣いちゃうわよ。みんなが一斉に泣き出したら保育士さんも目が回っちゃうから、そろそろ頑張って帰ろうか」

「はい、ううう……」

　里崎は気力を振り絞り、やっとの思いで立ち上がると、ハンガーが入ったままのような大きな肩をヒクヒクと震わせながら、華奢な長谷部課長の後をよろよろとついていった。

「課長、世の中に、大人に翻弄されて辛い目に遭ってる子どもたちがこんなにたくさんいるなんて。僕は、今まで、テレビでパレスチナ難民の子どもたちの悲惨な状況を目にしても、遠い国の風景だなって他人事のように思ってました」

「誰だって、そんなものよ」

「イギリスの三枚舌外交のせいだとか安っぽいコメントばかりしてましたけど、結局、苦しんでる人たちの立場になって考えることなんて全くしてこなかったんです。それに、戦争のない平和な日本で、これほどたくさんの子どもたちがすごく辛い目に遭ってるなんて想像すらしてませんでした。要するに僕は、世の中の辛いことから目をそむけて見て見ぬ振りを続けてきた卑怯な人間なんです。自分さえよければいい冷たい人間なんです」

「そうかなあ？　そんな冷たい人なら、あんなに号泣したりしないと思うよ。里崎さん、普通に生活してれば、見なくて済む世の中の影の部分ってあるのよ。それにね、普通に生活できるって、実はすごくラッキーなことなのよ」

「ラッキーですか？」

「そう。いろいろなストレスに耐えながら子どもを立派に育て上げるには、たくさんの忍耐と、お金が必要なのよ。里崎さんはたまたま運良くいいお父さんとお母さんのもとに生まれてきたから、きちんと教育も受けさせてもらって、立派に社会人になってるでしょ」

「ええ。でも、それがラッキーなことなんですか？」

「多分、里崎さんが家庭を持てば、お父さんやお母さんにしてもらったことと同じことが自分の子どもにできると思うのよ。それはね、ちゃんとした子育てのモデルがあるからよ。ちゃんと育ててもらったから、ちゃんと子育てができるの。里崎さんはすごくラッキーだったのよ」

「普通の家族だと思ってましたけど、僕は、すごく運が良かったんですね……」

「でもね、苦しんでいる人たちのことを知ったからといって、ラッキーだったことを恥ずかしがって自分を責める必要はないのよ。それよりも、しっかり育ててくれた両親に十分感謝する方がずっといいでしょ」

「……」

「世の中の影の部分を真剣に見てこなかったって自分を責めるよりも、どうして、影の世界に足を踏み入れてしまった人たちがいるのか。その人たちの立場になって一緒に考えて援助していくことがこれからの里崎さんの仕事でしょ。そのために、一つだけわかっておいてほしいことがあるのよ」

「なんですか?」

「里崎さんは多分、影の世界にいる人たち、つまり、子どもを育てずに捨てたり、虐待する人たちのことを、自分とは全く違った異次元の人種のように思っているでしょ。でもね、そうじゃないのよ。私たちと紙一重の違いしかないのよ」

「そんなことないですよ! 僕は自分の子どもを殴(なぐ)ったりしないし、捨てたりなんか絶対しませんよ! 全然違いますよ!」

「もちろん、里崎さんが今の生活を維持してる限りはそうだと思うわよ。でもね、虐待する親はね、自分の親からも虐待されてきた人がほとんどなのよ。ネグレクトの家庭の親は、やっぱりネグレクト家庭でほったらかしにされて生きてきたのよ。要するに、自分の育ってきた環境しか子育てのモデルがないの」

「子育てのモデルがない……」

「ちゃんと育ててもらってない親に、ちゃんとした子育てをしろって言っても、どうやっていいのかわかるわけないでしょ」

「……」

「教育も受けさせてもらってないから、いい仕事にも就けない。いい仕事に就けないから収入も少ないし不安定。生活するだけできゅうきゅうしているストレスたっぷりのところへ子どもができて、子育てのモデルといったら自分を虐待してきた親だけなのよ。子どもを殴（なぐ）って育てるなって言う方が無理でしょ」

「だからって、殴っていいことには……」

「殴っていいなんて言ってないわよ。もしよ、もし、里崎さんが、影の世界で生活してきた人たちと同じ境遇で育ってきたとして、それでも絶対に子どもを殴ったりしないし、捨てたりしないって言いきれるの？」

「……」

「言いきれないでしょ。人間の人格っていうのはね、生まれながらに決まってるわけじゃないのよ。人格はね、親が何年もかけてそのほとんどを作っていくのよ。何年も叩（たた）かれて育てられてきた人に、今日から親になるんだから、子どもを絶対に叩いちゃ駄目（だめ）ですよって言っても難しいでしょ。だからこそ、虐待家庭の世代間連鎖はそう簡単には断ち切れないのよ」

　虐待の連鎖。里崎の脳裏（のうり）を司馬の言っていた話が過（よぎ）った。

「里崎さんが思ってるほど、人間って環境に左右されずに倫理観やら正義感やらを持ち続けられるほど強くないのよ。たとえ、ちゃんとした家庭で育った人でも、今みたいに核家族化が進んでしまって、身近に子育ての援助者がいない場合には、そのストレスは深刻よ。朝から晩まで子どもは泣いてるし、夜は夜で一時間おきに起きるから、眠れやしない。それが一か月二か月って続いてごらん。絶対に子どもを殴らないって言いきる自信ある？」

「……」

「ほらあ、ないでしょ。人間ってね、本当に弱いものなのよ。どんなにタフに見える人でも、倫理観や正義感が強い人でも、条件が整ってしまえば、いつだって影の世界の住人になってしまうの。虐待をしてしまうのよ」

「条件が整えば誰でも虐待をしてしまう……」

　里崎は、思わず長谷部の言葉を繰り返した。

「人間っていうのは環境にとても左右されやすい、とっても脆弱で弱い生き物なんだってことを肝に銘じておいてほしいのよ。それさえ心に持ち続けてくれれば、里崎さんはすごくいいケースワーカーになると私は思っているの。心の熱いすごくいいケースワーカーにね。そして、きっとあの小さな手のひらの中に希望を摑ませてあげてくれると信じてるわ」

「なれますかね、いいケースワーカーに？」

「なれるわよ。きっと」

　里崎は、安っぽい正義感を振り回していたような気がして、とても恥ずかしく思った。里崎の頭の中で、「あんたは、本質を見極める力が不足してるのよ」という田丸の言葉がぐるぐると回っていた。本当にそうだと実感させられた。

しかし、里崎はこれまでのように、駄目な自分を卑下しているだけではなかった。むしろ人間の本質や、自分自身の本質についてあまりにも無知であったと気づかせてくれた、この児童相談所という世界に、快感に近い感動を覚えるようになっていた。これこそ、ソクラテスのいう「無知の知」にほかならないではないか。そして、この児童相談所という過酷な職場が、自分を大きく成長させてくれる素晴らしい職場なのかもしれないと、少しずつ期待を胸に秘めるようになっていったのである。

初回面接への道

次の日、里崎はそれまでとは違い、少し前向きな気持ちで職場にやってきた。あれほど重かった足取りが、どこか少し軽くなったような気がしていた。

「おはようございまーす」

「あっ、来た来た！」

「ふふふ、くくくく」

里崎が勢いよく職場に入ってくると、その姿を見た緑川と後藤がニヤニヤと笑っていた。その様子を不審に思った里崎は、緑川と後藤に話しかけた。

「どうしたの？　何がそんなにおかしいの？　何か面白いことでもあったの？」

後藤が嬉しそうに答えた。

「乳児院で号泣したらしいですね。ふふふふ。里崎さんて泣き虫なんですね。きゃはははは」

　里崎はすぐに長谷部課長の顔を睨みつけた。長谷部課長は明らかに里崎の視線に気づいている様子だが、決して目を合わせようとはしない。

「課長！　酷いじゃないですか！　なんで喋っちゃってるんですか！」

「ご、ごめんなさい。でも、大きな体であんまりピーピー泣いてかわいらしかったものだから、つい」

「ついじゃないですよ！　人がどんな思いで泣いたと思ってるんですか！　課長は僕が泣いてた横で、優しい言葉をかけながら、そんな風に思って楽しんでたんですか？　酷いじゃないですか！」

「別に、楽しんでなんかいないわよ。ただ、うちであんまりピーピー泣く人はいないから、ちょっと珍しくて。自分の胸にだけしまい込んどくのがもったいない気がしてね。それでつい。ごめんね」

「なんですか！　ピーピー泣くピーピー泣くって、人を雲雀みたいに言って。馬鹿にしないでくださいよ！」

「雲雀って、そんなかわいらしい鳥に喩えたつもりはないけど」

「課長！　引っかかるところが違うでしょ！」

　長谷部課長と里崎の会話を聞いていた緑川が冷ややかに言った。

「うるさいなあ、そんなにぐちゃぐちゃ言うんなら、男のくせにピーピー泣かなきゃいいでしょ。体の割には人間が小さいっていうか、『泣いちゃいました。わっはははは』ってな風にやれないんですか？　何か、面倒くさい感じ」

「面倒く……。なんだよ、緑川さん。涙を流す理由に、男も女も関係ないだろ！　だいたい、男のくせにって言い方はジェンダー・ハラスメントじゃないか！　公務員がそういう感覚でいいの！　緑川さんて、検討会議のときにも思ったけど、なんか言い方がつんけんしてるっていうか、棘があるっていうか、もう少し優しく話した方がいいんじゃないの！」

「失礼ですね！　私の話し方のどこに棘があるっていうんですか！　ほんとに、知り合って間もないのに偉そうに！　噂どおりの上から目線で嫌な感じ！　ジェンダーだなんだって理屈っぽいし！　真理子先輩の言ってたとおりだわ！」

「真理子先輩？　あっ！　田丸の知り合いなんだな！」

「ええ、そうですよ。私はケースワークのイロハを真理子先輩に仕込んでもらったんですから。尊敬する大恩人なんですからね！　誰かさんと違って！」

「どうりで！　その憎たらしくて冷淡な言い回しは田丸譲りなわけだ。まさしく、プチ田丸ってとこか」

　緑川の表情がみるみる険しくなった。

「プチ田丸ですって！　酷いじゃないですか！　私の人格を否定するんですか！　私は、緑川桐子です！　立派な一人の人格なんですからね！　何さ、児相に来て一日目でビビッて先輩に助けを求めた意気地なしのくせに！」

「言っていいことと悪いことがあるだろう！　ケースワーカーがそんな風に人の心をえぐるようなこと言っていいの！　デリカシーのないところも田丸そっくりだな！」

「お世話になった先輩のことそんなふうに言って！　デリカシーも仁義もないのはそっちでし

よ！」

二人の会話のボルテージが徐々に上がっていくのを見て、後藤が仲裁に入った。

「まあ、まあ、緑川さん、そのぐらいでいいじゃないですかぁ。そんなに怒らなくても、ねえ。里崎さんにも乳児院でピーピー泣くようなかわいらしい一面もあるんですからぁ、ねえ」

「後藤さんまでうるさいよ！　そりゃあね、僕は後藤さんみたいに返り血浴びて嬉しそうにヘラヘラ笑ってられるほど、心がバリケードじゃなくて、デリケートですからね！」

「バリケー……。里崎さん酷いですぅ。嫌いですぅ。フォローしてあげたのにぃ。感じ悪いですぅ。やっぱり、真理子先輩が言ってたとおり『色白の腹黒』ですぅ」

「ほうら、後藤さんわかったでしょ。この人は人の気持ちが汲めない、心の狭い面倒くさい男なのよ」

見かねた課長が三人の会話を遮った。

「もう、いい加減にしなさい。小学生じゃあるまいし。緑川さんも、後藤さんも自分の席に戻って」

「はあーい」

「あっ、それから、緑川さんと後藤さん、今日発達相談の面接入ってたわよねえ。里崎さん面接経験がないから一緒に入れてあげて」

「ええ!?　嫌ですよ課長！　里崎さんと一緒なんて。横から口挟まれてクライアントに迷惑かけたら大変ですもん。ねえ、後藤さん」

「はい、嫌ですぅ」

「つべこべ言わないの。いいわね。ちゃんと一緒に面接室に入ってもらってよ。わかったわね」

「はーい。里崎さん、一言も喋らないでくださいよ！　約束ですからね！」

緑川が厳しい視線を里崎に向けた。

「わ、わかってるよ！　何もわからないんだから喋れるわけないだろ！」

収まらない不協和音に長谷部課長が再び割って入った。

「ちょっと、あんたたち、面接室では仲よくしてよ！　クライアントが不安になるから。それで、緑川さん、心理検査担当の児童心理司は誰？」

「どっちも西村さんです」

「じゃあ、西村さんには緑川さんから事情説明しておいてね」

「わかりました」

「ちょっと、ちょっと、発達相談の面接ってどんなことするのさ」

突然面接に同席することになった里崎が不安げに緑川に尋ねた。

「え、なんですか。どんなことするって、検査ですよ、検査」

「だからどんな検査をするのさ？」

「もう、うるさいですねえ。里崎さんが検査するわけじゃないんだからいいでしょ」

「自分が知ってるからって邪険にしないでくれよ！　俺は初めてなんだから、いろいろ知っておきたいだろ！」

「はあ、面倒くさいなあ！　今日は、K式の発達検査をするんですよ。検査をした後で検査結果についてクライアントに説明して、これからの子どもとの関わり方についてアドバイスするんです」

「検査をして、その結果を説明するなら、ケースワーカーは何もしないの？」

「そんなわけないでしょ！　児童心理司が検査をしている間に、ケースワーカーは母親から子どもの生育歴を聞くんです」

「セイイクレキ？」

「あのですね！　生育歴っていうのは、子どもが生まれてから今までの生活の歴史のことで、生まれたときの体重から何から、母子手帳なんかも見ながら詳しく聴取するんです。母親から聞いた子どもの生育歴と、検査の結果を合わせて、アドバイスしていくのが発達相談の基本的なスタイルです。わかりました？」

「うん、面接のスタイルはわかったけど、K式の発達検査って何？　それと、今日はK式って言ってたけど、K式以外にも検査の種類っていくつもあるの？」

「ええ？　今度はそこですか？　検査の内容まで興味持たなくてもいいでしょ！　まったく、小さい子どもみたいになんでも興味示して質問しないでくださいよ！」

「なんだよ、小さい子どもって！　知的好奇心が旺盛だって言ってほしいね！　いいから教えてよ、時間あるんだろ？」

「私、里崎さんと違って、暇じゃないんで！　西村さん！　西村さあ〜ん！」

緑川は、これ以上は付き合っていられないという表情で児童心理司の西村に声をかけた。

「は〜い。なんですか？」

「ちょっと今時間ある？」

「はい、三十分ぐらいなら」

「良かった！　ちょっと悪いんだけどさあ、里崎さんが検査について概説してほしいんだってさ。面倒だと思うけど、教えてあげてくれる？　検査の種類とか、特徴なんかを」

「わかりました。いいですよ」

「里崎さん、西村さんが説明してくれますから、判定係に行ってください」

「緑川さん、自分じゃ説明できないんじゃないの？」

「できますよ！　忙しいって言ってるでしょ！　いちいちムカつくんですよね、その言い草が！　さっさと判定係に行ってくださいよ！　向こうも忙しいんですから」

「わかったよ！　つんけんつんけん偉そうに！　西村さん！　じゃあ、すいませんけど教えてもらえますか？」

「はーい、こっちにどうぞ」


　里崎は、ムッとした表情を浮かべる緑川に背を向けると、優しい笑顔を見せる西村の席にいそいそと歩いていった。

「さてと、何から説明しましょうか？」

「えっと、じゃあ、検査の種類と、特徴みたいなものを教えてもらえるとわかりやすいんだけど」

「わかりました。じゃあ、まず種類から説明するとですね、だいたい、児相で主に使う検査には三種類あります。Ｋ式発達検査、田中ビネー、ＷＩＳＣⅣ（ウィスクフォー）がそれですね。今日やるＫ式検査は、主に、六歳ぐらいまでの就学前の子どもの検査に使われます」

「なるほど。それで、どんなことを検査するの？」

「K式検査は、大まかに三つの内容に分かれています。姿勢・運動面といって運動能力を中心に見る検査、認知といって視覚から入ってくる刺激の処理能力を見る検査、言葉という社会性やコミュニケーションの力を見る検査ですね。それぞれの分野での力も見れますし、総合的な知能についても見ることができるんですよ」

「そうなんだ。ところで、K式のKってなんなの？」

「ああ、京都のKです。京都の研究機関が作った検査様式だからK式です」

「京都のKなんだ。ふ〜ん」

「次は田中ビネーですね。この検査は、知能検査の基本となるもので、一九〇五年にフランスのビネーという人とシモンという人が作ったビネー・シモンテストが原型です。それが各国で翻訳されて今に至ってます」

「なるほどね。ビネーは人の名前か。ということは、日本人で田中さんが翻訳して作ったから田中ビネーなのかな？」

「そうです、そうです。ちなみに、鈴木さんが作った方は鈴木ビネーっていいます」

「こっちは、どんな検査を？」

「K式のようにいくつかの検査内容に分かれているわけではなくて、何十問かの質問が簡単なものから難しいものへと構成されています。問題が難しくなるほど精神年齢が高くないとできないというスタイルです。たとえば、十歳の子どもなら、何問目までできれば平均的な力があるといった具合に判断しますから、平均以下かどうかで知的に遅れがあるかないかを判断します。この検査は主に小学生以上の子どもに使いますね」

「そっか。問題が徐々にレベルアップされて、どこまで答えられるかで力量を判断するんだね」

里崎は、西村の説明を聞きながら熱心にメモをとった。

「じゃあ、最後がＷＩＳＣⅣ（ウィスクフォー）ですね。この検査は、五歳から十六歳十一カ月までの子どもに使える検査で、個人の持ってる能力をいくつかの分野に分けて、より細かく検査することができます。ですから、発達障害の疑いのある子どもの検査によく使いますね」

「発達障害って、自閉症スペクトラム障害とか、ＡＤＨＤとか？」

「そうです、そうです。よくご存じですね。この検査は、大きく四つに分かれてます。言語理解指標、知覚推理指標、ワーキングメモリー指標、それから処理速度指標です。それぞれの指標を得点化して、全検査ＩＱを出す検査ですね」

「なんか、難しそうな指標の名前だね。それぞれどんな検査内容なの？」

「言語理解は、言語による推理力・思考力、つまり、言語的な情報や、自分自身が持っている言語的な知識を、状況に合わせて応用する能力がどの程度あるかを見る検査です。知覚推理は、非言語による推理力・思考力を見るもので、視覚的な情報を取り込んで、取り込んだそれぞれの情報を関連づけて、全体としてまとめる能力を見る検査です」

「言葉による力と視覚情報を分析する力を判断する検査か。残りの二つは？」

「ワーキングメモリーは、聴覚的情報の記憶能力を見るものです。注意を持続させて、耳から入ってきた情報を正確に取り込んで、記憶する能力を測定します。最後の処理速度は、視覚刺激を早く、正確に処理する能力を見るもので、視覚的な情報を事務的に、数多く、正確に処理していく能力を見る検査です」

「聞いてるだけじゃ、流石にちょっと難しいですね。でも、かなり詳しく個性が判断できるってことは、何となくわかったよ」

「ええ。それぞれの分野で細かく検査の結果が出ますから、個人の持つさまざまな能力のバランスがわかります。何が得意で何が苦手かといったことがよくわかる検査なんですよ。児童精神科医が発達障害の診断をするための基礎資料にもなる検査なんですよ。だいたい、児相でやる検査というとこんなところですかねえ。少しはわかってもらえました？」

「ありがとう。すごく丁寧に教えてもらったから、アウトラインはよくわかったよ。もちろん、細かい内容は難しくてわかりにくいけど。また、いろいろ教えてくださいね」

「はい、いつでも聞いてください。たくさん面接を経験していくうちに、徐々にわかってくるものですから」

なるほどなあ。年齢とか、対象によって検査を使い分けるのか。おもしろいなあ。それに、ずいぶん細かいところまで検査できるみたいだし、個人個人の得意、不得意までわかるってのはすごいよな。

里崎はこうした種々の検査もまた、児相の専門性を高める重要なツールなのだろうと、ノートに落としたメモを興味深げに眺めていた。

そんな里崎に、緑川がまた、ちくりと声をかけた。

「あら、里崎さん、旺盛な知的好奇心とやらは満足させられたんですか？」

「嫌味な言い方だねえ、本当に。まあ、西村さんはとっても優しく、親切に教えてくれたから、冷たい誰かさんの有難いご講義を受けずに済んで良かったよ」

「ちっ！　面接、邪魔しないでくださいね！」

「わかってるよ！　しつこいな！」


そして十三時。いよいよ発達相談の面接時間がやってきた。初めての里崎はかなり緊張しながら、緑川と西村の後ろをそわそわとついて行った。

緑川が面接室のドアを開けると、そこには母親と四歳の娘が緊張した面持ちで座っていた。

「こんにちは！　はじめまして、ケースワーカーの緑川です」

「児童心理司の西村です」

「あ、あ、あのケ、ケ、ケースワーカーの里崎です」

「吉川亜美ちゃんとお母さんですね。すいません、里崎は四月の人事異動で替わってきたばかりで、面接も今日が初めてだから緊張してるんですよ。黙って横に座ってるだけなのに、何緊張してるんでしょうね？　大きな体してるのに気が小さいんですよ。それにとっても泣き虫なんですよ。笑っちゃうでしょ。ちょっと目障りだと思うんですけど、端っこに座らせときますので、出来の悪いオブジェか何かだと思って気にしないでくださいね」

「ふふふふ……」

母親の緊張をほぐすために、緑川がとっさに放った冗談が功を奏した。

緊張していた母親の顔が一気にほころんで、リラックスした様子になった。緑川の表情は、里崎の前では見せたことがないような、本当に優しい相手を包み込むような笑顔だった。

なんだよ緑川め！　別人じゃないか！　あんな優しい表情ができるんじゃないか。まったくジキルとハイドぐらいの違いがあるよな。俺の前ではいつも眉間に皺を寄せてるくせに。

里崎は初めてみる緑川の優しい表情に、若干の苛立ちと悔しさを覚えながら、心の中で愚痴をこぼした。

「そしたら、お母さん、今日は何が一番気になってのご相談ですか？」

緑川の質問に、母親は不満と不安を滲ませながら口を開いた。

「はあ、私はそんなに気にしてないんですけど、幼稚園の先生が、ここに相談に行ってみたらって、何度も勧めてくれるもんですから。先生は、この子が少し言葉を話すのに苦労してるんじゃないかって言うんです。私にはそうは思えないし、この子の言いたいこともよくわかるんですけどね」

「そうなんですか。じゃあ、折角来てもらったんだし、亜美ちゃんがどんなことが得意で、どんなことが苦手かわかる簡単な検査がありますから、それでもやってみますか？」

「そんな検査があるんですか。じゃあ、お願いします」

「わかりました。そしたら、亜美ちゃんへの検査は西村の方でさせてもらいますね。その間に、私はお母さんから、亜美ちゃんの赤ちゃんの頃からの様子について聞かせてもらおうと思いますけどいいですか？　難しいことは聞きませんから、安心してくださいね」

「はい、お願いします」

「お母さん、亜美ちゃんは、西村と一緒に別室に行って検査できますか？」

「いや、それは無理だと思います。私から離れると泣いたりするかもしれないので」

「そうですか。じゃあ、お母さんの隣で検査させてもらいますね。最初にこの家族状況調査書に、住所、電話番号、職業と、一緒に住んでいらっしゃる方を書いてください。おじいちゃんやおばあちゃんも一緒に住んでるなら書いてくださいね」

「わかりました」

母は、少し丸みを帯びたかわいらしい文字で調査書を丁寧に埋めていった。

「今日は母子手帳お持ちですか？　あっ、ありますね。そしたらそれを見ながらで結構ですから、私の質問に答えてくださいね。まず、お母さんとお父さんが結婚されたのは何歳のときですか？」

「ええと、私が二十三で、旦那が二十五のときです」

「はい、それで、亜美ちゃんが生まれたのはいくつのときですか？」

「私が、二十五で、旦那が二十七のときです」

「妊娠中に何かしんどいことありましたか？　つわりがともかく酷かったとか、妊娠中毒症にかかったとか」

「一度、早産しかかって薬を飲みましたけど、それぐらいですね」

「出産時の亜美ちゃんの体重は？　それと、黄疸とかが酷くて光線治療とか受けましたか？」

「体重は二千八百九十グラムで、黄疸は特に酷くなかったですね」

緑川が、母親から子どもの生育歴について詳細に確認している間、西村は娘に発達検査を行っていた。

「はい、こんにちは。じゃあ、先生にお名前から教えてくれるかな？」

「よちかわ　あび」

「はい、よしかわ　あみ　ちゃんね。何歳ですか？」

「よんたい」

「そう、四歳ね。そしたらねえ、亜美ちゃんこれから先生と面白いゲームをしようか？　楽しいよ。先生が聞くことに亜美ちゃんが思うように答えてねえ。じゃあ、始めるよ～」

「う～ん！」

緑川による母親への聴取と、西村による娘への検査は終始和やかな雰囲気の中、スムーズに進んだ。里崎は四人の様子を注意深く見守っていた。

「はい、亜美ちゃん。次はねえ、先生と同じようにこの赤い積木を並べてくれるかな。じゃあ、最初はこれ、トラックですよ。ブブー」

「れきた！」

「あ、本当、上手、上手。すごいねえ。じゃあ、つぎはこんな形はどうかな？」

「ん～……」

「ちょっと難しいかな」

母親は、緑川の質問に答えながらも、娘の検査が気になってしょうがない様子だった。ちらちらと検査の様子を窺っては、ときどき、娘をフォローするように口を出した。

「ほら、亜美ちゃん、お家でも積木は好きでやってるでしょ。いつもみたいにやって先生に見せてあげてちょうだい。おかしいわねえ。ちょっと緊張してるのかな？　家ではできるんですよ、そのぐらいは」

するとと、緑川が上手に母親に話しかけ、娘の検査の邪魔をさせないように誘導した。

「そうですね、お家と雰囲気が違うし、変なオブジェもあるし緊張してるのかな。でも、楽しそうだから、大丈夫ですよ」

いちいち俺を引き合いに出すなっていうの！

里崎は不満げな表情を浮かべながら、心で小さく呟いた。


里崎が注視する中、およそ三十分ほどで、緑川の聴取も、西村の検査も終了した。

「そしたらお母さん、私たちは検査の結果を出してきますから、少しの間お待ち願えますか。だいたい、十分か十五分ほどで結果が出ますから」

「はい、わかりました」

事務所に戻った緑川と西村は、里崎の前で早速、検査結果を検証した。

「どう、西村さん。検査の結果は？」

「そうですねえ、ちょっと厳しいですね。知的障害というところまではいきませんけど、平均はかなり下回ってますね。ＤＱ（発達指数）で七十六ですから」

「七十六かあ。境界域だね」

緑川の表情に心配そうな陰りが見えた。

「運動面は平均的な力がありますけど、認知面と言葉については、厳しいですね。経過を観察して年齢が上がるにつれてＤＱが下がってくるようなら、療育手帳（知的障害児用の手帳）も考えないといけませんね」

「そうねえ。半年に一回ぐらい来てもらって経過見ていこうか？」

「そうですね、時間をかけた方が良さそうですしね」

緑川と西村が頭を突き合わせているところに、里崎が割って入った。

「あのさあ、ＤＱでどのぐらいなら平均的な力があるの？」

「もう、なんですか！　いまどんな返しをするか考えてるんですから、邪魔しないでくださいよ。平均域は個人差もありますけど、九十から百五ですね」

「返しって何？」

緑川は冷たい視線を里崎に浴びせながら答えた。

「どんなアドバイスを返すかってことですよ！　もう、後にしてください！」

「……」

「西村さん、お母さんはまだ受容もできてないみたいだし、ＤＱの結果は今日は言わないで、亜美ちゃんができてるところを中心に話して、そこを伸ばしてもらうようにしようか？」

「そうですね、時間をかけて説明してあげた方がいいと思いますね」

「じゃあ、行こうか。お母さんと話してる間、亜美ちゃんは後藤さんにお願いするかな。後藤さん！　返しの間、子どもと遊んでてくれる？」

「了解ですぅ」

緑川と西村は、状況が摑めない里崎をよそに、二人で話し合いを進めてどんなアドバイスを母にするかを決定した様子だった。里崎は面接室に戻っていく二人の後を恨めしげについて行った。

緑川は面接室のドアを開けると、明るく声をかけた。

「お待たせしました。亜美ちゃんも長い時間、検査頑張ってくれたねえ。おもしろかった？」

「おもひろかった」

「すごく楽しかったみたいで、待ってる間、いろいろ話してくれました」

　母が笑顔で答えた。

「あ、そうですかあ。よかったあ。そしたら早速今の検査の結果を西村から説明しますね」

「じゃあね、亜美ちゃん、先生たちお母さんとちょっとお話するから、その間この後藤のお姉ちゃんと隣の部屋でお絵かきしていてくれる？」

「はい、亜美ちゃんこんにちは。先生とお絵かきしようか」

「うん」

　亜美が後藤に伴われ部屋を後にすると、西村の説明に、ときどき緑川が合いの手を入れるような格好（かっこう）で、発達状況について丁寧（ていねい）な説明が始まった。しかし、亜美の発達がＤＱ七十六の知的障害との境界域であることについては一切触れず、むしろ、年齢相応ではないにしても、亜美が今できていることにフォーカスを当てた説明が行われた。母を含め、面接室にいた者全員で亜美が潜在的に持っているであろう力や、今できているたくさんのことを前向きに評価、共有していくのだ。

　自分の子どもが、いかに平均より劣っているかという現実を突きつけられると身構えていた母も、このスタイルの説明にはすっかり安心したようで、西村が伝える亜美の検査時の様子に嬉（うれ）しそうに耳を傾けていた。

　それでも、やはり母親は娘の発達の遅れが気になったのか、娘の発達は遅れているのかと西村に質問した。この質問に緑川が優しい笑顔で即答した。

「子どもには、かけっこが得意な子も苦手な子もいますよね。それぞれが個性だと思います。亜美ちゃんは、少し坂を上っていくペースはゆっくりしているかもしれませんが、自分のペースでしっかりと地面を踏みしめて着実に坂を上っていると思いますよ。できることもたくさんありますから」

緑川の声には、母の心に直接届くような優しい響きがあった。声が母を温かく包んでいく。

「それに、これまでのお母さんの関わりがすごく良かったからだと思いますが、亜美ちゃんは情緒面でとても安定した笑顔のかわいらしい子に育ってますよね。とっても大切なことだと思います」

「私は、特別なことは何も……」

母は照れくさそうに微笑んだ。

「要は、これからも亜美ちゃんが自尊心を傷つけられることなく、楽しく成長していける環境を作ることが大事だと思います。その環境を既にお母さんが上手に作っていらっしゃることは、亜美ちゃんの様子を見てよくわかりました。あとは、亜美ちゃんのこれからの発達をフォローするために、技術的な助言という面で、私たちにもお手伝いさせてもらえると嬉しいんですけど、どうでしょう?」

「是非お願いしたいです。いろいろ一人で悩むことが多くて困ってたんです。あの、困ったときに電話をさせてもらってもいいんでしょうか?」

「もちろんです。いつでもいいですよ。これからも半年に一度程度でいいので、今日やった検査をしながら一緒にいろいろ考えさせてくださいね」

「よろしくお願いします」

「あと、お母さんの方で何か質問とかありますか？」

「ええ、うちの子、言葉がたどたどしいっていうか、滑舌が悪いっていうか、ああいうのって治りますかね。その都度注意はしてるんですけど」

「なるほど。でもあまり気にしない方がいいですよ。滑舌が悪くてもお母さんは十分理解できてますよね。その場合は、その都度注意しない方がいいですね。話すたびに注意されると、自分の話を受け入れられなかったって勘違いしちゃう場合がありますから、自信をなくしちゃうことがあるんです」

「あら、そうなんですか？　私かわいそうなことしちゃったわ。傷つけちゃったかな？」

「大丈夫ですよ！　あんなに明るくて元気ですから。これからもし、滑舌が気になる言葉が出てきても、とりあえず最後まで話を十分聞いてあげてください」

「話の途中で言葉を直さないんですね」

「ええ。最後まで聞いてから、亜美ちゃんがうまく言えてない単語を、直すんじゃなくて、お母さんが、正しい発音で返してあげるよう心がけてください。その時、お母さんの口の動きが亜美ちゃんに見えるようにしてくださいね。そしたら、正しい口の動きや発音を自然に学べますから」

「具体的に、どんな風にすれば……」

「たとえば、亜美ちゃんが『れきた！』って言ったらお母さんは、『そう、できたの！　偉いね』って感じですね」

「なるほど、それだったらお話ししながら正しい発音が自然に勉強できるわけね。わかりました、やってみます」

「ほかに何か質問ありますか?」

「いいえ、大丈夫です」

「それと、お母さん、今日の話を幼稚園の先生に私から説明することもできますよ。そうしたら、家だけでなく幼稚園でも、亜美ちゃんに望ましい形での関わりができるようになると思うんですよ。お母さんと先生がお互いに情報交換することもできますし。どうですか。連絡しておきましょうか?」

「お願いできますか? そうしてもらえると、亜美も幼稚園がもっと楽しくなると思います。緑組で担任は高山先生です」

「わかりました。必ず連絡しておきます。それじゃあ、半年後ぐらいに予約の電話くれますか?もし気になることがあればいつでも連絡くださいね」

「はい、ありがとうございます。よろしくお願いします」

「こちらこそよろしくお願いします」


母子はとても晴れ晴れした表情で児相を後にした。最初に会ったときの重苦しかった母の表情は、明るい表情に一変していた。里崎は、楽しそうに帰る母子の姿を見送った。その横で、満面に笑みを浮かべた緑川が嬉(うれ)しそうに立っている。

「緑川さんてあんな優しい表情できるんだね。僕と話すときはいつも眉間(みけん)に皺(しわ)なのにね。そういうの二重人格っていうんじゃないの?」

「違います。使い分けです。大切な人と関わるとき用と、面倒くさい人と関わるとき用の使い分けです」

「使い分け……」

ムッとしている里崎を置き去りにして、緑川と西村はそそくさと事務所へと戻っていった。

二人の背中を追うように事務所に戻った里崎は、先ほどの面接の返しについて、緑川に質問した。

「どうして、検査の結果をちゃんと伝えてあげないのさ。折角結果も出てたのに。ゆくゆくは療育手帳も必要になりそうなんだろ。だったら、ちゃんと伝えてあげた方が良かったんじゃないの？　あれじゃあ、あの子の抱える発達上の問題がお母さんに全く伝わらないんじゃないのかな？」

緑川は右の眉毛を少し上げ、フッと短く息を吐き出すと、ど素人が偉そうにという表情でゆっくり話し始めた。

「一体、何見てたんですか？　まさか、本当に、出来の悪いオブジェになることに集中してたんじゃないですよね？　あのお母さんは、亜美ちゃんの発達の遅れについてはまだ十分受容できてなかったでしょ。だから、あえて発達の遅れについては直接的な表現で伝えることは避けたんですよ」

「ジュヨウってどういうこと？」

「受容っていうのは、母親が子どもの発達の遅れをしっかりと受け止めて理解できてる状態のことですよ。今日来たお母さんは受容ができてなかったでしょ」

「そうかなあ？　どうして受容できてないってわかるの？」

「まず、お母さんは、自分の意思で相談に来たわけじゃないんですよ。幼稚園の先生に言われて渋々(しぶしぶ)来たんでしょ。言葉遣いにしても少しは気になるところがあったと思うし、そのことはお母さんが一番わかってるはずなんですよ。それでも、自分の意思では相談に来てないんです」

　確かに母親は開口一番、幼稚園の先生に言われて渋々来たのだと話していた。緑川に言われてそのことを思い出した。

「それに、最初に見たお母さんの表情はすごく硬かったし、構えてる様子だったでしょ。一体、何言われるんだろうって、びくびくしていたじゃないですか」

　里崎自身が緊張していたこともあり、あまり気がついていなかったが、言われてみれば、そうだったような気がした。

「それから、亜美ちゃんはちっとも不安そうじゃなかったから、本当は別室に連れていっても全く問題なく検査はできたんですよ。でも、お母さんは別室には行かせたくなかった。西村さんがどんな検査をするのか、横で見ていたかったんです」

「亜美ちゃんが小さいから心配だっただけじゃないの？」

「それもあるとは思いますよ。でも、私と話しているのに、何度も亜美ちゃんに話しかけてたでしょ。家ではできるとか、緊張してるとか」

「ああ、確かにそうだったね」

「いつもはできてますって、フォローしている証拠(しょうこ)じゃないですか。亜美ちゃんは、ちっとも緊張した様子はなかったし、本当に、西村さんと楽しそうにやり取りできてた。その様子はお母さんも十分わかっていたのに、亜美ちゃんが調子が悪いと印象づけようとしていた。だから、受容ができてないって判断したんです。わかります？」

「あんなにお母さんと楽しそうにべらべら喋りながら、そんな様子を観察してたの？」

「当然です。発達に遅れのある子どもを抱えたお母さんは、本当に苦しんでる人が多いんですよ。妊娠中の自分の些細な行動、たとえば、たった一錠だけ頭痛薬を飲んでしまったことが原因じゃないかって、ずっと自分を責め続けてたりするんです。だから、心を傷つけないように十分に配慮する必要があるんですよ」

「そんなに辛い思いを……」

「それに、今日のお母さんにとって、幼稚園の先生は煙たい存在なんだなって思ったんですよ。『言われて来た』って言ってたから。それで、先生に今日の面接の結果を伝えるって話を持ち出したんです」

「嫌がるとは考えなかったの？」

「もちろん考えましたよ。でも、先生のことを協力者なんだって意識させることができれば、お母さんと先生がいい関係になると思ったんですよ。両方で亜美ちゃんを見守れば、より長い時間、亜美ちゃんをサポートできるじゃないですか。ベストなサポート方法が何なのかってことを十分考えないと駄目なんですよ。それを実現するためのケースワークを組み立ててるんです」

　里崎は一言も返すことができなかった。

　なんだよ、こいつすごいなあ。たかだか三十分ほどの面接でここまで見抜くのかよ。その上、幼稚園まで巻き込んで、母親と先生の関係改善までやっちまうなんて、何なんだよ、この小娘。こうも自分との洞察力の差を見せつけられると情けなくなるなあ。

里崎は、ただ、緑川の冷静な分析と的確な対応にひたすら感心させられていた。

そして、里崎は十五時から始まる後藤、西村ペアの発達相談では、緑川から教わった視点に立ってクライアントを観察しようと考え、メモを整理しながら読み込んでいた。

窓の外では、芽吹き始めた白樺（しらかば）の細い枝々が明るい陽射しの中で重なり合いながら、ゆらゆらと風に揺（ゆ）れていた。里崎はメモから目を上げて、長閑（のどか）な春の景色をぼんやりと眺（なが）めた。穏やかな風景が、里崎の心の中でざわつく緊張を解きほぐしてくれる気がした。

「時間ですぅ～。さあ、行きますよ～、里崎さ～ん」

里崎の背中に柔らかすぎる声が落ちてきた。時計に目をやると針は、ちょうど十五時を指していた。現実が目の前に広がる。後藤と西村は既に事務所を出て廊下を歩き始めていた。里崎は席を立つと、小走りに二人の後を追った。

後藤が躊躇（ちゅうちょ）なく面接室のドアを開けた。

「こんにちは。はじめまして、ケースワーカーの後藤ですぅ」

「児童心理司の西村です」

「あ、あのケースワーカーの里崎です」

同じような自己紹介から面接は始まった。しかし、母親の様子は全く違い、娘の発達の遅れについて十分に受容ができているようだった。相談に来た理由も、娘の発達の遅れが気になったからだとはっきりと言い切った。後藤とのやり取りにも、発達の遅れを認めていると感じられる受け答えが随所（ずいしょ）に見受けられた。里崎は今回の面接の返しでは、後藤も、西村も検査結果をきっぱりと伝えるはずだと踏んでいた。

ところが、後藤も、西村も、里崎の予想とは違い、非常に婉曲な表現を使いながら一つ一つの言葉を慎重に選んで丁寧に返しを行った。最終的には、母親の質問に応じて、娘の知的レベルについてもきっちりと説明を行ったのであるが、それは、あくまで母親の求めに応じて答える形で進められた。

結果的に、この面接も母子ともに満足した様子で、保育所への繋ぎや、今後の継続的な経過観察についても、スムーズに母の同意を取り付けて終了した。

里崎には不可解であった。どうして、受容できている母親にも、あれほどまだるっこしいと思えるような返しをする必要があるのか。もっと、ドライでオープンに接してもいいのにと、不思議に思うのであった。

「後藤さん、ちょっといい？」

「なんですかぁ～？」

「今の面接のことなんだけど、多分母親は、娘の知的な遅れについて十分受容ができてたと思うんだけど、それなのに、どうしてあんなに気を使いながら馬鹿丁寧に返しをする必要があったの？　もっと、ドライに検査結果や数値を教えてあげればよかったんじゃないの？　あのお母さんなら、びっくりしやしないんじゃないのかな？」

「ああ～、里崎さんたら。どこを見てたんですかぁ～。駄目ですぅ～」

「えっ、どういうこと？　受容できてなかったってこと？」

「違いますよ～！　確かに、十分受容はできてましたよ。でもあのお母さんはかなりインテリっぽくて、子どもの発達についても独学でかなり勉強していると思ったんですよ〜。ああいうタイプの人はプライドも高いし、私たちがどういう対応をしてくるかをじっと観察してるんですよ〜」

「そ、そうなの？」

「相手を素人扱いして適当なこと言わないかとか、初対面の相手として、節度ある態度で臨んでくるかとか、配慮のある言葉遣いができる人たちかどうかとかね。自分が信頼できる相手かどうかを吟味するんですよ〜。だから、お母さんの調子に乗せられて、ドライに説明なんかしたら駄目なんですぅ〜」

「そうかな……。お母さんはかなり積極的に子どもの遅れについて話してたじゃないか。考えすぎなんじゃないの？」

「お母さんが積極的な発言をしてたのは、それにつられて、私たちが配慮のない表現でぞんざいな返しをしないか試すためなんですよ〜。それに気づかずにズケズケ言ったりしたら大変ですよ〜」

「どんな風に？」

「ああいうインテリタイプはおいそれと感情を出したりしませんから、何事もなかったように面接を終えると思いますけど、二度と児相には来なくなっちゃいますねぇ〜。そうして、あっちこっちの相談機関を渡り歩くことになっちゃうんですぅ〜。満足のいく場所に出会えないから、お母さんも、子どもも、ずっと適切なスキルを学べずに時間だけが過ぎていっちゃうんですよ〜。それこそ、不幸じゃないですかぁ」

「相談機関を信用しなくなって、我流でやっちゃうようになるってことか……」

「だから、絶対に私たちが繋ぎ止めないといけない人たちだったんですぅ〜。私たちが受け止めて、もっとたくさんの機関にお母さんと娘さんがいい形で接触できるようにマネージしないと駄目なんですよ。わかりますぅ〜？」

「後藤さんもあんなに楽しそうに喋りながら、そんな風に観察してたの？」

「当然ですぅ〜。なんのためにわざわざ面接してると思ってるんですかあ！　相手をよーく知るためじゃないですかあ！　相手の気持ちがよく摑めなくて、どうやってケースワークをやっていくんですかあ〜？　喫茶店で友達と喋ってるんじゃないんですよ、里崎さ〜ん。やっぱり、私のこと馬鹿にしてますねえ！　失礼ですぅ！」

　馬鹿になどしていなかった。彼女たちに比べていかに自分の洞察力がお粗末であるかを思い知らされていた。面接という限られた時間の中で相手の性格や、気持ちを摑むことが一筋縄ではいかないことを実感すると同時に、緑川や後藤のようなしっかりしたケースワーカーに早くなりたいと、心から思っていた。

「緑川さん、後藤さん、ありがとう。すごく勉強になったよ。君たち、田丸にケースワークを仕込まれたって言ってたよね。ってことは、田丸って君たちよりすごいってこと？」

「はあ？　真理子先輩が私たちよりすごいかですって？　よくそんな馬鹿な質問できますね？　私たちなんか足元にも及びませんよ。ともかく真理子先輩は別格です」

「別格……」

「相手の性格を見切るのも早くて、相手によって自分のキャラも七色に使い分けられるし、ヤクザに怒鳴られても顔色一つ変えないし。その上、関係機関からも信頼されてたから、手持ちの社会資源の数もすごく多くて、先輩が関わると閉塞状態の難解なケースもすぐに整理されて動き出すんですから、私たちから見れば神様みたいなもんですよ。ねえ、後藤さん！」

「そうですぅ〜。真理子先輩は本当にすごかったんですぅ。それに、心底優しくて、クライアントに何をするのがベストなのかを常に考えて行動する人なんですぅ。本当にあこがれの先輩なんですぅ。だから、どうして里崎さんみたいな感じの悪い人と友達なのかがすごく不思議ですぅ」

「あはははは……。言えてる。そこはわからないわねえ。あ、でも、よく駄目な子ほどかわいいって言うでしょ。あれと同じじゃないかな？　駄目な同期がほっとけないってやつよ！」

「きゃはははははは……。緑川さんうまいですぅ〜。きっとそうですぅ〜。その、ほっとけないやつですぅ〜。きゃははははははは……」

「うるさいよ、プチ田丸に、バリケード・ハート！　人が折角お礼を言ってるのに！　田丸教の信者なんだろうから田丸を褒めるのは勝手だけど、いちいち俺のことを悪く言うなよな！」

「なんですか、偉そうに！　さっきの面接でいろいろ教えてあげたのに、お礼を言ってるから感謝しろみたいな言い方しかできないんですか！　謙虚さゼロ男！」

「きゃはははは。緑川さん乗ってますぅ。謙虚さゼロ男って言い得て妙ですぅ！」

「はい、はい。どうせ私は傲慢で謙虚さのない嫌な奴ですよ！」

まったく、本当に食えない連中だ！　それにしても田丸って本当にすごいんだな。憎たらしい二人があれだけ絶賛するんだから。今の俺から見れば、あの二人でも十分すごいと思うんだけど、口を揃えて足元にも及ばないっていう田丸の実力って……。まあ、悔しいけど、当分はあの二人が目標だな。

　里崎は静かに闘志を燃やした。

　しかし、翌日、里崎は、当面の目標に据えたこの二人から模擬面接研修、いわゆる面接ロールプレイにおいて、完膚なきまでに叩きのめされるのである。

ロールプレイ

　ロールプレイ研修当日、里崎は、やる気満々で職場にやってきた。昨日の発達相談面接で、二人の天敵からずいぶんいろいろなことを学習したと感じていた里崎は、今日のロールプレイをそれなりにこなせると踏んでいた。

　朝礼後、すぐに研修に使われる大会議室の模様替えが行われた。机が外に出され、椅子がずらりと大きな円を描くように並べられた。そして、円の真ん中に面接室と同じように机と椅子がセッティングされ準備が整った。

　どうやら、研修を受ける者が真ん中で面接のロールプレイを行い、取り囲むように腰掛けたほかの職員がその様子を観察し、批評するというスタイルのようだ。判定係の司馬係長の司会で模擬面接研修は開始された。

「それでは、毎月定例のスキル・アップ研修を行いたいと思います。今日の研修では面接技能の向上を目的にしたロールプレイを行います。ええっと、誰からやろうかなあって言ってももう決まってるんだけど。やはりここは、事務職で児童相談所のケースワーカーをやってくれることになった里崎さんに先陣を切ってもらいましょうかね。里崎さん、準備いいかな？」

「準備はできてませんけど、ともかくお願いします」

「里崎さんは、もう誰かの面接に立ち会った？」

「はい、昨日緑川さんと、後藤さんの発達相談面接に入れてもらいましたけど」

「ああ、そう。うちの判定からは誰が入ってたのかな？」

「どっちも、西村さんです」

「じゃあ、同じメンバーでロールしよう。設定は、昨日と同じ発達相談でいいよね。じゃあ、緑川さんが母親役で、後藤さんは子ども役。里崎さんは、当然ケースワーカー役ね。西村さんは里崎さんの隣に座ってくれる」

「わかりました」

「適当に里崎さんをフォローしてね。じゃあ、検査の結果は子どもが境界域で、母親は受容ができてないってことで。検査結果の返しの場面からやっていこうと思うけど、里崎さんそれでいいかな？」

「はい、お願いします」

「緑川さん、後藤さんもＯＫですか？」

「はい、ＯＫです」

「じゃあ、始めてください」

ロール開始の合図が出た瞬間、緑川と後藤の様子が一変した。里崎の前に座っているのは、緑川であって緑川ではなく、後藤であって後藤ではなくなっていた。二人は完全に役に入っている様子で、後藤は、検査に疲れた子どもらしく、退屈そうに足をばたつかせたり、上半身をくねくねとうねらせたりし始めている。そして、時折母親役の緑川に擦り寄って甘えたり、早く帰りたいと駄々をこねたりするのである。緑川は緑川で、そんな後藤演じる子どもを上手にあしらう母親を完璧に演じていた。まさしく児童相談所劇団といった雰囲気である。

里崎は二人の熱演にすっかり圧倒されてしまい、ロールだということも忘れ、酷く緊張してしまっていた。

緑川と後藤が、そんな里崎の不安に満ちた内面を見逃すはずはなかった。

「あ、あの、お待たせしました。検査の結果を西村から説明してもらいます」

西村は昨日の面接同様に、まずは子どものできることを中心に説明し始めた。受容のない母親にプラスのメッセージを伝えていく。ロールは順調に進んでいくかに思え、里崎も少しほっとした瞬間、緑川演じる母親が里崎に質問を投げかけた。ここから、このロールは緑川と後藤の独壇場へと化していった。

「えっと、里崎さんっておっしゃいましたっけ。いろいろと説明していただいて、うちの子がたくさんのことができているってことはよくわかりました。それで、よその子と比べてどうなんですか？　それが知りたいんですけど」

「えっと、あの～。え～とですね、ほかの子どもよりは少し遅れてますけど、自分のペースで頑張ってくれてますよ」

「えっ、遅れてるってどういうことですか？　うちの子がよその子に比べて馬鹿だって言うんですか？」

「いや、あの～、その、馬鹿だなんて言ってませんよ。ただ、少しだけ遅れてるって言っただけですよ」

「だから、遅れてるってことは、ほかの子どもたちより出来が悪いってことでしょ！　あなたねえ、たった一回のテストでよくそんなことが決めつけられるわねえ。今日は緊張して上手くできなかっただけかもしれないじゃないのよ！」

「ママ、私、馬鹿なの？　私みんなより馬鹿なの？　ヒクヒク……ヒーンヒンヒン」

「そんなことないのよ、心配しなくていいからね。かわいそうにねえ。ちょっと！　どうしてくれるのよ！　うちの子、傷ついて泣いてるじゃないの！　これがトラウマにでもなったら責任とってもらいますよ！」

「そ、そんな、責任って言われても。僕はただ検査の結果を説明してるだけですから」

「検査、検査って、だから、たった一回の検査で決めつけるのかってさっきから言ってるでしょ！　だいたい、その西村さんていう人、ずいぶん若いけど大丈夫なの？　経験が浅いからうちの子も緊張したんじゃないのかしらねえ？　もっとベテランの人に検査やり直してもらってよ！」

「お母さん、検査を一日に二回もやるとお子さんの負担になりますから」

「西村さん、ベテランにやってもらったら自分がうまくできてなかったことがばれるから、そんな風に言うんでしょ」

里崎は西村をフォローしようと話に割り込んだ。

「お母さん、娘さんは、緊張してなかったですよ。楽しく検査ができてたと思いますよ」

「あなた、どうしてもうちの子が馬鹿だって決めつけたいみたいね。人権問題よ、これは。うちの子に謝ってちょうだい！　こんな侮辱を受けるのは初めてだわ！」

「お母さん、そんなに興奮しないで、ちょっと落ち着いてくださいよ」

「さっきからあなたが興奮させてるんでしょ！　理由もなしに興奮してるみたいに言わないでちょうだい！　私のことまで馬鹿にしてるの！」

「ママも、私も馬鹿なの？　ヒーンヒンヒン……」

「何言ってるの、違うのよ、ママも桜子ちゃんも馬鹿じゃないのよ。桜子ちゃんはとってもお利口なんだから心配しないでいいのよ」

「うん、うん。ヒック、ヒック……。ママ、もうお腹すいた。お家に帰りたいよ～。終わったらアイス買ってくれるって言ったもの。早く、アイス食べたいよ～。早くぅ～、ママ、早く！　行こう！　行こう！」

里崎は、後藤の演じる桜子を宥めようと声をかけた。

「桜子ちゃん、今ママとお話ししてるから、ちょっと待ってね」

「もう、うちの子に勝手に話しかけないでちょうだい！　トラウマになるでしょ！」

里崎が話せば話すほど緑川演じる母親のテンションは上がり、ますます収拾がつかなくなっていった。そして、緑川ママは散々怒鳴り続けた挙句、机を思いっきり叩いて面接室から出て行ってしまった。里崎の初めてのロールプレイは強制終了した。

トラウマになったのは、桜子ちゃんではなく、里崎だった。

司馬係長がニヤニヤしながら言った。

「はい、お疲れ様でした。里崎さ～ん、駄目じゃん。お母さん怒って帰っちゃったじゃん。ちゃんと返しを聞いてもらってから帰ってもらわないと。ははははは」

「いや、でも、緑川さんも後藤さんも、僕に対して個人的な恨みをぶつけてるとしか思えないんですけど」

「失礼ですね！　私は里崎さんみたいに公私混同する低レベルな人間じゃありませんよ！　ねえ、後藤さん！」

「そうですぅ。失礼ですぅ。自分が相手の気持ちを逆撫でするようなこと言っといて、人のせいにしないでくださいよ〜」

「まあ、まあ、まあ。そしたら、今のロールについての講評に移りたいと思いますけど、誰に聞こうかな？　そしたら、まずは重鎮の前山次長に聞きましょうか。どうでしたか、今のロールは？」

「そうだねえ。細かいことを言うつもりはないけどね、とにもかくにも里崎さん、もっと自信を持って応対しないとねえ。あんなにおどおどして自信なさげじゃ、相談に来た人が不安になるよ。『この人、大丈夫なのかしら？』ってね。はったりでもいいからもっと堂々としてないとケースワーカーは務まらないよ。ちょっとぐらい自信のないことでも、堂々と話をすると、聞いてる方はそんなものかって思うもんだよ。里崎さんがビクビク不安に思いながら話すとその不安感は必ず相手に伝わって、相手も不安になるから。冗談抜きで、ケースワーカーには、はったりも大事なんだよ」

司馬がうんうんと頷きながら前山の言葉を補足した。

「なるほど、そうですね。確かに次長の言うとおりで、児相は専門機関だから相手はいろんなことを期待してくるからね。はったりでも、堂々と接するってことは、実はすごく大切なんだよね。こっちが大丈夫ですよって、ゆったり構えてると不思議とクライアントはそれだけで安心するところがあるからね。じゃあ次に、中山係長はどうですか？」

「そうね、初めてだから当然なんだけど、メリハリをつけるっていうか、面接をやっててちょっと雰囲気(ふんいき)が悪くなってきたなってことはよくあるんだけど、そんなときに、相手が気にしてることとか、怒ってることを素早く察知して、雰囲気をガラッと変えてしまうことって大事なのよね」

「雰囲気をガラッと変えるなんて言われても……」

里崎は困惑した表情を浮かべた。

「今の面接だと、お母さんが反応したのは、『遅れてる』って言葉だったじゃない。相手の気に障(さわ)っている言葉がわかったなら、間髪(かんはつ)を容(い)れずに切り替えればよかったと思うわね」

「どんな風にですか？」

「たとえば、『遅れてるって言葉は適切じゃなかったですねえ。ご気分害されたなら謝ります。ごめんなさい』って風に、いったん素直に謝っちゃうのよ。その上で、自分が伝えたかったことは、『人それぞれ個性があるから、早足で歩いていく子もいればゆっくりと踏みしめて歩いていく子もいるんですよ。桜子ちゃんは、慎重に、ゆっくり歩みを進めていくタイプですね』ってな感じで言葉を変えて、イメージを切り替えちゃうと、多分お母さんはあんなに興奮しなかったろうし、逆に自分の方が誤解して悪かったなって思うかもしれないわよ。どう？　桐子ママ？」

「さすが、中山係長。ほんと、そのとおりです。里崎さんは、私が気にしている嫌な言葉を使ったのに、謝らずに言い訳ばかりするように思えて、そのくせ自信もなさげだから、こんな頼りない奴に自分の子どもが遅れてるなんて言われたのかと思うとすごく腹が立ってきたんですよ。その上、『興奮するな』とか、何か上からものを言う態度がすごく気に障って、どんどんエキサイトしてきちゃうんですよね」

緑川に続いて、後藤がすかさず言葉を繋げた。

「そうですぅ。何かぁ、ママをイライラさせるこのおじちゃん嫌いって感じですぅ。それに、ときどき馬鹿とかいう言葉が飛び交ったりして、気持ちが落ち着かなくなるっていうか、この場から早く出て行きたいって不安な気分になりましたぁ～。大人同士が興奮してやりあうようなシーンを見せられると、子どもはすごく怖くなって動揺しますよねぇ～。だから、やっぱり、中山係長が言うようにうまく切り替えてほしかったですぅ」

「司会の僕が振ってないのに緑川さんも、後藤さんも勝手に答えてくれてありがとう」

「あっ、すいませ～ん。でもなんかすごくフラストレーションが溜まってて言いたくて仕方なかったもんで」

「なるほど。はい、皆さんありがとうございました。里崎さん、今の講評聞いててどう？　納得のいかないところとかある？」

「いえ、一言もないです。まだまだ難しくて。昨日、緑川さんと後藤さんからいろいろ聞いていたからもう少しうまくできるんじゃないかなってイメージがあったんですけど。いざやってみるとすごく緊張してしまって。緑川さんが興奮し出したら、もう何をどう言ったらいいかパニックになっちゃって。なんか情けないです」

肩を落とした里崎の顔には落胆の色が浮かんでいた。

「初めてなんだからしょうがないよ。最初からうまくやられたら指導しがいがないでしょう。まあ、全体を通してみんなが感じてたように、やっぱり、ケースワーカーは常に落ち着いてないと駄目だよね。こっちがパニックになると、相手もパニックになって収拾がつかなくなっちゃうからね。こっちは常に冷静でないとね」

「でも、それが難しいんですよね」

自信なさげな里崎を諭すように、司馬がきっぱりとした口調で言った。

「こっちが常に冷静でどっしり構えてると、相手がどんなに興奮して喚き散らしても、必ずテンションが下がって席に着くようになるから」

「本当ですか？」

不安を払拭できない里崎に、司馬は確信に満ちた言葉を続けた。

「これは経験上言えることだけど、たとえ、虐待の面接でどうしようもなく興奮した親を前にしても同じなんだよ。今にも殴りかかってきそうな興奮状態の親でも、こっちが冷静にどっしり構えてると、必ず席に座るからね。殴られることなんてまずないんだよ。そのことは肝に銘じておいてよ。ほら、みんなも頷いてるでしょ」

里崎が周りに目をやると、確かに皆が同じ考えを共有しているようだった。

「わかりました。常に冷静にですね」

「まあ、発達相談っていうのは慣れてくると型にはまったところがあって、やりやすい面接でもあるんだけどね」

「そうなんですか？」

「ただ、発達相談に来る親は、基本的にまじめな人が多いんだよ。子どものことを心底心配してるし、発達の遅れの原因を、産んだ自分のせいにしてしまってる人も多いから、些細な言葉に酷く傷ついたり、たくさんの触れてほしくない部分があったりもする。最も慎重に言葉を選びながら話をしないといけない面接ともいえるんだよね」

「そのことは昨日、緑川さんから聞いて、わかってたつもりなんですけど……」

里崎は、俯いて小さく呟いた。その様子を見た司馬が優しい口調でアドバイスをした。

「自分を相手の立場にできるだけリアルに置き換えることが大切なんだよ。里崎さんも、自分に発達に遅れのある子どもがいるとしたらどんな気持ちがするだろうってリアルにイメージして、相手を優しく包み込む言葉を選ぶように心がけるといいと思うよ。まあ、慣れるまで、難しいと思うけどさ」

「わかりました。気をつけていきたいと思います」

「はい、そしたら、里崎さんお疲れ様でした」

「じゃあ、次は虐待児を職権で一時保護した後、最初の親との面接場面を想定してやってみましょうか?」

司会の司馬の声を聞きながら、里崎は言葉の持つ大きな力を噛みしめていた。

言葉って本当に大切なんだな。まあ、人間だけが持ち得たコミュニケーション手段なんだから、当たり前なのかもしれないけど、まさしく言霊ってやつだな。相手の心境や場面に応じた言葉遣いができるか否かで面接の展開はガラリと違ってしまうんだから、言葉の持つ意味や、イメージについての感覚を日頃から鋭敏にしておかないといけないな。

里崎は思った。言葉は人を救い、人を傷つける。そのことを心にしっかりと刻まなければならないと。

その後、児童相談所劇団によるロールプレイ研修は、いくつかのシチュエーションを設定して続けられた。里崎は、ベテランケースワーカーたちの面接運びのテクニックを食い入るように見つめた。そして、その熟練した話術に思わず聞き入ってしまうのであった。

自分もあんな面接ができるようになりたい。でも、できるようになるのだろうか？

情熱と不安が里崎の心の中で拮抗（きっこう）していた。近道がないことは明らかだった。里崎は、毎月のこうしたロールプレイ研修や、日々の実践で経験を積み重ねるよりほかに、自分の未熟な面接技能を向上させる方法はないのだと、強く感じていた。

研修終了後、里崎は大事なことを思い出した。自分が引き継いだ非行ケースの面接が、いよいよ来週月曜日に迫っていたのだ。その面接について、司馬係長と打ち合わせをしようと、判定係に足を向けた。

「司馬さん、来週月曜日の非行面接のことで打ち合わせをしたいんですけど、いいですか？　なんせ、初めての面接ですから心配で、心配で」

「ああ、そうだね。緊張するでしょ」

「もうむちゃくちゃ緊張ですよ」

「ははは……。そうだろうね。緑川さんだって、初めての面接の前は四時間も前からそわそわして、トイレばっかり行ってたんだからね」

緑川の地獄耳は司馬の低い声をも聞き洩らさなかった。

「ちょっと、司馬さん聞こえてますよ！　余計なこと言わないでください。あとで面倒くさいことになりますから」

「なんだよ！　面倒くさいことって。司馬さんとの会話に勝手に入ってくるなよな！」

司馬は、また始まったという面持ちで二人の険悪なやり取りに割って入った。

「えっと、里崎さん、ケースの内容は？」

「二件のバイク盗ですね」

「新規の児童通告だっけ？」

「そうですね、新規です。僕にとってもこの子にとっても初回の面接ですね」

「どこの中学？」

「河南中学ですね」

「学校から調査書の返事は来てる？　来てたら中身読んでよ」

「来てますよ。えっと、成績は中の下。二年生になって急に悪い仲間と付き合うようなり、生活態度が悪化。父母ともに学校に協力的で特に問題なし。父親は厳しい人で、子どもの態度が悪くて学校に呼び出されたときなんかは、先生の前でも子どもをきつく叱り飛ばすそうです。父親が今年度から単身赴任していて、その頃から生活態度が悪化したと書いてますね」

「了解。まあ、厳しい父親に押さえつけられたのが、思春期に入って突然重しがなくなってはじけちゃったってところかな。怒られ続けて自尊心も低いんだろうなあ。後は当日いろいろ話を聞いてから、どうするか決めよっか」

「何か用意するものありますか？」

「本人にお絵かきしてもらうから、紙と鉛筆だけは持っていっといてよ。里崎さんには面接の様子を記録してもらうから、もちろんメモの準備はしといてね。今回が初めてだし、まずは様子を眺(なが)めていればいいよ。あとは僕が進めるから。まあ、緊張しないでいいから」

「はい、わかりました。じゃあ、今回はメモをとりながら見学していればいいですね。ちょっと安心しました。そしたら、月曜日よろしくお願いします」

「はい、よろしく」

司馬さんはどうやって面接を運ぶか、もう完全に決めちゃってるみたいだな。結果まで見えてる気がするけど……。どうなるんだろう？　ちょっと楽しみというかわくわくしてきたな。

里崎は、自信に満ちた司馬係長の様子から、今度の非行面接でどんな技が披露(ひろう)されるのか、知りたくて仕方がないといった様子であった。

そして月曜日、里崎は司馬係長の実力をまざまざと見せつけられるのである。

魔術師

ついに月曜日がやってきた。里崎は案の定、朝からそわそわして仕方がない。何度も席を立ったり座ったり、トイレに行っては帰ってきたりを繰り返していた。その様子はさながら腹をすかせた熊の徘徊(はいかい)のようでもあった。

「ちょっと、里崎さん。鬱陶(うっとう)しいからじっと座っててくださいよ。面接は一時からでしょ。まだ、九時半ですよ！　何時間あると思ってるんですか。体が大きいから目立って目障りなんですけど！」

「うるさいなあ。緑川さんだって最初の面接の前は四時間も前から落ち着かなかったんでしょ！人のこと言えた義理かよ！」

「ともかく、座っててください！」

「わかったよ！」

　里崎は、落ち着かないまま、気もそぞろに何度も時計ばかりを眺めて午前中を過ごした。昼休みは、食事を早々に済ませると、何杯もコーヒーを飲んでひたすら、面接時間の到来を待った。十二時五十分、事務所の戸がガラガラと開いた。

「すいません。今日一時に呼ばれております、砂川信弘の父親ですが、里崎先生はいらっしゃいますか？」

「はい、里崎です。信弘君のお父さんですか？　ご苦労様です。面接室にご案内しますので、こちらにどうぞ。信弘君、こんにちは」

「……」

「コラ、信弘！　ちゃんと挨拶（あいさつ）せんか、馬鹿もん！」

「お父さん、いいんですよ。信弘君緊張してるだけですから」

「先生、私、信弘の母親でございます。この度（たび）はどうもご面倒をおかけしまして申し訳ありません。よろしくお願いいたします」

「あ、いや、お父さん、お母さん、どうか楽になさってください。面接室にご案内します」

薄暗い廊下に、四人の靴音が不規則に響いた。

「こちらでお待ち願えますか。すぐに児童心理司と一緒に参りますので」

「はい、わかりました」

父と母は深々と頭を下げた。里崎は面接室から駆け足で司馬係長のもとへ帰ってきた。

「司馬さん、司馬さん、来ましたよ！　ついに来ました！　父親と母親それに本人の家族三人全員で来ましたよ！」

「父親も来てるの？　ふ～ん。いいねえ。このケースはいい感じで進む気がするねえ」

「えっ、どうしてですか？」

「だって、平日のこの時間に父親まで来てるってことは、当然会社を休んで来てるってことでしょ。それだけこの家族は今必死なんだよ。息子を何とかしないといけないっていう危機感が高まってる証拠さ。こういうのを家族の凝集力っていうんだけど、この家族は今凝集力が高まってるから、うまくまとまる気がするよ」

へえ～。凝集力の高まりか。何かよくわかんないけど、司馬さんにはいい感じに映ってるんだな。でも、非行少年の面接ってどんな具合に進むのかなあ。司馬さんが豹変してすごくきつく叱り飛ばすのかなあ？　司馬さんが取り調べの警官みたいに怒るのって想像しにくいけどな。

「じゃあ、里崎さん行こうか」

「はい、お願いします」

「西村さん、子どもから話聞いてくれる」

「はい、わかりました。検査はしますか？」

「いらない。話聞くだけでいいわ」

「はい、わかりました」

「里崎さん、堂々とするんだよ、堂々と」

「はい、わかってます。がんばります」

「じゃあ、ドア開けるよ」

「はい」

「どうも、こんにちは。はじめまして、判定係長の司馬です」

「ケースワーカーの里崎です」

堂々としろよ、堂々と!

里崎は自分を落ち着かせるように心の中で何度もそう呟いた。

「児童心理司の西村です」

「どうも、砂川です。この度は申し訳ございません。よろしくお願いします」

緊張に強張った父親の表情を見て、司馬は優しく声をかけた。

「お父さん、あまり緊張なさらないでください。ここは、警察ではありませんから。信弘君、今日はどうして児童相談所に来たかわかってるかな? 自分で説明できる?」

「バイク、パクったから……。それで、警察に見つかって捕まったから……」

「うん、そうだね。それで、反省してるの? 悪いことしたなって思ってる?」

「うん」

「そうか、このことでお父さんとお母さんと一緒に話した?」

「うん、むっちゃ怒られた」

「そうか、怒るとどっちが怖いの」

「お父さん」

「そうかあ、お父さんは迫力あるんだねえ。そしたらねえ、まず、今回の児童通告書について簡単に説明させてもらいましょうね」

司馬の話すトーンはいつもと変わらぬ落ち着いたものだった。

「信弘君は、今十四歳だけど、この事件を起こしたときはまだ十三歳だったよね。十四歳未満の少年が法律に触れることをするとね、児童福祉法っていう法律の決まりで警察から児童相談所に、児童通告書っていって、こんな風な文書が来るんだよ」

信弘は、司馬が差し出した児童通告書を黙って見つめていた。

「十四歳以上になると少年法っていう法律で指導されることになるから、警察は、家庭裁判所に書類を送って家庭裁判所の扱いになるんだ。だから、今回は信弘君はうちの児童相談所に来ることになったんだよ。わかるね」

信弘は小さく頷（うなず）いた。

「そしたらね、児童通告書の内容を確認するから聞いててよ。これが間違ってたら困るからね。じゃあ、読むね。触法（しょくほう）少年、砂川信弘は、平成二十六年十二月二十一日午後二時ごろ、ＪＲ三和駅周辺に駐車してあった、太田真司所有のバイクを……」

司馬係長は、児童通告書の内容を両親と本人に読み聞かせ、内容に誤りがないかを確認した。

「どうかな？　信弘君、通告書に間違ってるところはないかな？」

「ない。全部合ってる」

「そうか。じゃあ、信弘君、君は、こういう法律に触れる悪いことをしてしまったんだから、ちゃんと反省してもらって、これからは同じことをしないってところを先生やお父さんお母さんに見せなきゃいけないんだよ。今日は、そのためにどんなことが一番いいかをみんなで考えていくから、信弘君も一緒に考えよう。できる？」

「できる」

「よし。そしたらね、今から、信弘君は西村先生と一緒に別室に行って話をしてもらうから、西村先生についていってよ。じゃあ、西村さんお願いします」

「はい、そしたら、信弘君、先生についてきてくれる？」

えっ！　信弘君とはもう話さないの？　全然、怒ってないじゃん。怒るどころか口調の厳しさすらないじゃんか！　バイク盗んだ子に、こんな優しくていいのかな？　司馬さん何考えてるんだろう？　戻ってきたときにきつく叱るのかな？

里崎は司馬の対応に強い違和感を覚えた。

司馬は、信弘が部屋から出るのを確認すると、とても静かな眼差しを両親に向けた。

「お父さん、お母さんからは私がお話を伺いますから、よろしくお願いします」

「こちらこそお願いします」

「そしたら、お母さん、お父さん、信弘君の子どもの頃からの話をいろいろ聞かせてほしいんですけど、いいですかね？」

「はい、お願いします」

司馬係長は、母が信弘を妊娠した頃のことから、最近までの生育歴を詳しく聞いていった。しかし、それは、単に情報収集をするといった風ではなく、信弘を授かったときの父母の喜びや、信弘が生まれたときの幸せな気分、幼い頃の楽しい思い出をゆっくりと紐解いて、もう一度思い出させる作業をしているかのようであった。両親は、そういえばあんなことがあった、こんなことがあったと信弘との楽しい過去を思い出し、笑顔を見せながら懐かしそうに語った。

里崎は司馬係長が、何かを仕掛けていることは感じていたが、何をしようとしているのかまでは、はっきりわからなかった。ただ、両親の表情が最初に会ったときの沈痛な表情から、とても柔和で穏やかな表情に変わってきていることだけは間違いなかった。

その時、面接直前に司馬係長が言っていた「凝集力の高まり」という言葉が里崎の脳裏をかすめた。里崎はハッとした。

そうか！　司馬さんはこの家族の凝集力を一気に高めようとしてるんだ。問題を起こした厄介な息子に対する心配と苛立ち、そしてどこか疎ましく思うような息子に対するマイナスイメージを、懐かしい記憶を呼び戻すことで、一気にプラスに方向転換させようとしてるんだ。信弘が両親にとってこの上なく大切だった頃の思い出を呼び起こすことで、息子を絶対に更生させたいと願う両親の強い意志を導き出そうってことか。バラバラになりかけてる家族の再統合をやろうっていうんだな。

「いやあ、お父さんも、お母さんもそんなに昔のことをよく細かく覚えてますね。よっぽど信弘君のことが大切だったんですね。さっきの話だと、結婚してから信弘君が生まれるまで少し時間があったように思うんですけど」

「はい、そうなんですよ。なかなか子どもができなくて、ほとんど諦めかけてた頃に授かった子なんですよ。だから僕も家内もほんとに嬉しくて、大喜びしたのを覚えています」

「なるほど、まさに待望のお子さんだったんですね。学校の先生の話だと、お父さんは信弘君を結構厳しく育ててらっしゃるとか」

「ええ、何せやっと授かった息子ということもあって、私も妙に期待しましてね。しっかりした逞しい男に育てないといけないって変に力が入りまして。かなり厳しく育てました。物心ついた頃からは、怒鳴ってばかりいたような気がします」

「そうですか？　そんなに厳しく？　でも、その分褒めるときはしっかり褒めたんでしょ」

「いやあ、それがどうも褒めるっていうの、気恥ずかしくて。ほとんど褒めてやった記憶がないですね。今考えるとずいぶんかわいそうな育て方をしてますね」

「う〜ん、確かにちょっとかわいそうですねぇ。怒られてばかりだとやっぱり萎縮してしまうし、息が詰まるような感じが信弘君はあったかもしれませんね。なんか、もったいないですね」

「と、おっしゃいますと？」

「さっきから聞かせていただいた話だと、お父さんも、お母さんも心から信弘君を愛しているのに、そういう気持ちが、もしかしたら信弘君にはあんまり伝わってなかったかもしれませんね。もっと、ストレートに気持ちを出して、愛情をわかりやすく表現してあげた方がいいと思いますよ」

ゆっくりと頷いた母が、静かに口を開いた。

「そうですね。あの子はほんとに優しい子で、昔から、私の家事なんかもずいぶん手伝ってくれたんですよ。それなのに私ったら、表面的なお礼しか言ってあげてなかったように思います。なんだか、今日先生とお話ししてたら、本当にあの子に悪いことしたなって気持ちでいっぱいになってきました」

「お母さんも、お父さんもそういう気持ちをもっと信弘君にフランクに伝えてあげてください。恥ずかしいというのもわかりますけど、やっぱり言葉にしてあげないとなかなか伝わらないもんですよ。どうですか、折角(せっかく)ですから、今日この機会に信弘君に謝ってあげれば」

「今日この場でですか？」

父は少し驚いた様子を見せた。

「恥ずかしいですか？　でも、逆にこんな機会がないと絶対にできませんよ。今日ここで思い切って謝ってしまえば、きっと信弘君との関係がもっとフランクになると、僕は思いますけどね。信弘君も照れるとは思いますけど、絶対に嬉(うれ)しいと思いますよ」

「わかりました。先生がおっしゃるとおりですね。こんな機会を逃(のが)したらもう絶対にできませんね。やってみます」


その時、信弘との面接を終えた西村が、いったん一人で戻ってきた。

「どうだった？　いろいろ話してくれた？」

「ええ、とても素直なお子さんですね。結構正直な気持ちを話してくれたと思いますよ」

「じゃあ、お父さんとお母さんに教えてあげてよ」

「はい、まず、今回の事件については、本当に反省してるようですね。親に迷惑かけたし、児童相談所にまで来ないといけなくなったから、もう絶対にしないって言ってましたよ。懲(こ)りたって」

「あははは。そう、懲りたって」

「ええ。それに、お父さんがともかく怖いからとも言ってましたね。お父さんに対してはかなり強い恐怖心というか畏敬の念というようなものを持ってますね。よく叱られるって話してくれたので、どんなときに叱られるのって聞いてみました」

「それで、何て？」

「何かにつけて叱られるっていう漠然とした答えでしたね。ただ、叱られる原因は自分にあると思ってるみたいで、やたらとよく出てくるのが、僕が駄目だからとか、お父さんの期待に応えられないからとか自分を卑下するようなセリフなんですよね。どうも自分自身に対してプラスのイメージができないみたいで、自尊心が低いように思いましたね」

「なるほど。ありがとう。信弘君は今何してるの？」

「はい、バウムをやってもらってます」

「ああそう。じゃあ、すぐできるだろうからちょっと覗きに行って、できてたら持ってきてくれる」

「わかりました」

西村が出て行った後、両親は少しばつの悪そうな雰囲気だった。二人の思いをすぐに察した司馬は、少し明るめのトーンで言葉をかけた。

「う〜ん、ちょっと、お父さんとお母さんにはショックな話だったね」

「はい、なんかすごくかわいそうな育て方をしてしまったなってつくづく思いますね。恥ずかしいかぎりです」

「でも、あの子、やっぱりお父さんとお母さんのことは嫌いじゃないね、絶対に。今回の事件に関してもすごく親に迷惑かけたって感覚持ってるし。お父さんに叱られるってことは言うけど、お父さんのこと悪く言ってないもんね。だから、お父さんとお母さんの信弘君への強い愛情が伝わってないことはないいんですよ、きっと」

「そ、そうですかねえ。ちょっと自信がありません」

「大丈夫。彼はお父さんと、お母さんの愛情を感じてますよ。だから、これからはやっぱりシンプルに褒めて愛情をストレートに伝えてあげましょうよ。その方が絶対にお互いにとっていいですよ」

両親は司馬の目をじっと見つめながら小さく頷いた。

そこへ西村が戻ってきた。

「失礼します。司馬さん、バウムできてました」

「どれどれ見せて。ああ、なるほどね。お父さんとお母さんにも見てもらおうかな」

司馬は、西村が持ってきた木の絵を両親の前に差し出した。

「これはね、バウムテストっていう心理検査なんですが、実のなる木を描いてもらって、どんな木を描くかによって、その人の心理状態を見る検査なんですよ。まず、木の葉っぱの部分を見てくださいね。これは樹冠っていいますけど、紙からはみ出してるでしょ」

「ええ、確かに……」

両親は興味深げにその絵を眺めていた。

「これは、信弘君が持っているエネルギーが非常に高いことを意味してます。もう、画面に収まりきれないぐらいエネルギッシュなんですね。ところが、それを支える幹を見てもらうと、樹冠に比べて細くて貧弱でしょ。これは、本人の自信のなさを表してますね」

「なるほど、そういう意味が……」

「それから、この木は根っこが描けてないでしょ。どこか宙に浮いたように見えますよね。根っこがしっかり描けてないのは、やはり地に足がついてない、ふわふわした精神状態であることを意味します。非常に高いエネルギーを持っているのに、それを上手にコントロールできるほど精神的には成長していない。とてもアンバランスな状態ですね」

「……」

両親は沈痛な面持ち（おもも）ちで信弘の絵をじっと見つめていた。司馬は静かに解説を続けた。

「それから、木の実がポツリポツリとしか描けてませんよね。これはこれまでの人生における達成感の少なさを表してます。やっぱりもっと褒めてあげて、信弘君に自信を持たせてあげることが大事なんでしょうね」

「なんだか、信弘にとても申し訳ない気持ちになってきました」

母が悲しそうな目をして、小さく呟（つぶや）いた。

「子どもは、褒めてあげると自信を持つようになります。自信がつくとどんどん自主的に何かに挑戦するようになりますから、主体性が身につきます。主体性を持って何かを達成すると、またさらに自信がつきます。この繰り返しで人間は成長していきますから、これからは、信弘君をどんどん褒めてあげましょうよ」

「はい、そうします」

「では、信弘君に戻ってきてもらって、同じ過ちを繰り返さないぞっていう本人の気持ちを表現してもらおうと思います。そのために自分で頑張るための課題を何か設定してもらいますね。それから、もし、課題ができなかったら家族全員で行う罰則を決めてもらいますから、お父さんもお母さんも一緒に頑張ってあげてください。信弘君が頑張れなかったときに、家族全員で協力して頑張っていくという姿勢がすごく大切ですから」

「はい、頑張りますのでよろしくお願いします」

「そしたら、西村さん、信弘君呼んできてくれる」

「はい、わかりました」


信弘が少し照れくさそうに部屋に入ってきた。父と母が信弘を優しい笑顔で迎え入れた。

「信弘君、西村先生とうまく話できた？」

「うん」

「そうか。先生ね、信弘君が西村先生と話してる間に、お父さん、お母さんから信弘君のこと教えてもらってたんだけど、二人とも信弘君の小さい頃のことを今でもむちゃくちゃよく覚えてるねえ。ちょっとびっくりしたよ。よくそんな細かいことまで覚えてるなあって。信弘君もそう思わない？」

「わかんないよ。だって、そんな話したことないもん」

「えっ！　そうなんだ。じゃあ、信弘君が小さいときはこんな子だったよとかあまり聞いたことないの？」

「う～ん、多分ないと思う」

「そうかあ。じゃあ、今聞いた先生の方が信弘君の小さいときの様子はよく知ってることになるね」

「そうかも……」

信弘はほんの少し笑顔を浮かべながら小さく呟いた。司馬は信弘に優しく語りかけた。

「実はね、お父さんとお母さんはなかなか子どもができなかったんだって。それでさあ、もう駄目かなって諦めかけてたときに、信弘君を授かったんだって。だからもう、お母さんが信弘君を妊娠したときにはものすごく嬉しかったらしいよ」

「……」

信弘は、とても照れくさそうな顔をした。

「信弘君が生まれたときには本当に最高に嬉しかったみたいで、その頃の話をしてくれてたときのお父さんとお母さんの顔っていったら、そりゃあ～ものすごく幸せそうだったよ。小さい頃の思い出を話してくれるときもそう。信弘君は本当に両親から愛されて育ったんだなあって、先生すごく羨ましいぐらいだったよ」

「ええ、そうなの？」

「そうだよな、信弘君にはちょっと信じられないかもね。だって、お父さんは怒ってばかりだったもんな。でもね、お父さんが厳しかったのにはそれなりに理由があるんだ」

「理由って？」

「さっき言ったように、やっと授かった男の子だったからさ、お父さんもちょっと気合いが入りすぎちゃって。男の子だし強くてしっかりした子に育てないとって、必死になりすぎちゃったんだって。それでつい厳しくしてしまったんだってさ」

「……」

信弘は黙って司馬の言葉に耳を傾けていた。

「でもまあ、理由はどうあれ、怒られるばっかりじゃあ辛いよなあ。息が詰まってくるよね。怒るときはあっても、やっぱり褒めるときは褒めてもらわないとね。信弘君さあ、でも、お父さんもそのことは今すごく悪かったなあって思ってるんだってさ。それでさあ、お父さんからちょっと話したいことがあるらしいから、聞いてあげてよ」

「えっ、そ、そうなの。なんなの？」

「信弘、お父さんな、今日、司馬先生といろいろ話をして、信弘が小さいときのことを思い出してな。ずいぶん自分勝手な考えばかりをお前に押し付けてきたんだなって、すごく恥ずかしくなってさ」

「なんで、お父さんが恥ずかしく思うの？」

「実はな、俺自身も親父から怒鳴られてばかりいたんだ。その結果、俺が強い男になってるかっていうと、全然、違うんだよ。気が小さくて、会社でも、周りに気ばかり使ってるんだ。自分が親父に怒鳴られてばかりでこんな人間になってるのに、それと同じ育て方をお前にしてたんだから、まったく恥ずかしいよ」

「お父さんもおじいちゃんから怒鳴られてたんだ」

「ああ。確かに、さっき司馬先生が言ってたように、お父さんは、信弘に強い男の子になってほしかったんだ。だから、ずいぶん厳しくしくしたし、怒ってばかりいたんだけどさ。でもな、先生に言われてわかったんだよ。怒ってばかりじゃ、強い男になるどころか、自分に自信の持てない萎縮した男になってしまうってことが。褒めてもらわないと人間、自信が持てないってことも」

「……」

信弘はとても真剣な表情で父を見つめていた。父も、そんな信弘の顔をしっかりと見つめながら優しい声で話を続けた。

「小さい頃の信弘は、疲れていると肩を揉んでくれたり、日曜大工を手伝ってくれたり、本当に優しい子だったのに、俺はちゃんとお礼も言わなかったし、褒めもしなかった。信弘、本当にごめんな。すまん」

父は、深々と頭を下げた。その目にはうっすらと涙が滲んでいた。

児相に来たときには鬼のような形相だった父親が、今、憑き物が落ちたような優しい顔になり、涙を浮かべながら信弘に頭を下げている。ほんの三十分ほど別室に行っている間に、父に何が起こったのか、信弘は最初、きょとんとしていたが、父親の優しい言葉やその真摯な態度に不意に心の中の痞えがとれたのか、気がつくと目に涙をいっぱい浮かべていた。

「お父さん、謝らなくてもいいよ。僕もいろいろ悪かったんだし。バイクまで盗んだりして、迷惑かけてるんだから、謝らないでよ」

二人の話を暫く黙って見つめていた司馬が、信弘に向かってそっと口を開いた。

「信弘君、お父さん格好いいよな。自分が悪かったと思ったら、相手が子どもでもこうしてちゃんと謝って、頭まで下げてくれて。すごく立派だよな。そう思うよね」

「うん」

「じゃあ、お父さんも、お母さんも今回のことで本当に君のことを心配してるんだし、信弘君も、もう絶対にそういう悪いことはしないっていう気持ちを態度で表してくれないかな」

「態度で？」

「うん。信弘君が頑張って続けられることを決めるんだよ。お父さんも、お母さんも一緒になって頑張る気持ちでいてくれてるしね。なんでもいいんだけど、無理なことは最初から決めないでよ。簡単すぎるのも意味がないからね。自分が頑張ったらできるってことを選んでほしいんだよ。たとえば腕立て伏せを毎日五十回やるとかね。どうかな？」

「う〜んと、じゃあ、さぼってるサッカー部の練習に毎日ちゃんと出る。それから、家に帰ってきてから毎日、腕立て伏せ五十回する」

「ほお〜！　すごいな。勉強は？」

「うん、宿題も絶対やる」

「よし、じゃあ決まり。絶対できるね？　変えるなら今のうちだよ。大丈夫？」

「うん、できる」

「じゃあ、お父さん、お母さん、もし、信弘君が今の約束を守れなかった場合に家族みんなでする罰ゲームを決めてほしいんですけど」

「そうですね、私こう見えても昔駅伝やってたので、マラソンをするっていうのはどうでしょうか？」

「ええ！　私も走るんですか？　そんなあ、無理ですよ。お父さんと違って、全然走ったりしてないのに……」

「大丈夫だよ、最初はゆっくり走るから。それに、お母さんは、お母さんのペースでやればいいんだから」

「まあ、しょうがないわねえ」

司馬は、母親がまんざらでもない表情をしていることを見てとった。

「はい、じゃあ決まりですね。そしたら信弘君、今の約束ちゃんと守ってよ」

「うん、完璧」

「そしたら次は二週間後に信弘君の頑張りを聞かせてもらうから、いいね。お父さんは仕事の都合もあると思うので、無理なさらないでくださいね」

「いや、できるだけ仕事休んででも来たいと思います。よろしくお願いします」

父の表情はとても明るく、言葉には力強さが感じられた。司馬は、そんな父の様子をとても嬉しく思い、労うように言葉をかけた。

「長時間、お疲れ様でした」

「司馬先生、今日は本当にありがとうございました。信弘とこんなにちゃんと接したのはすごく久しぶりです。どうもありがとうございました」

「お父さん立派でしたよ。じゃあ、また二週間後に」

面接室から廊下に出ると、三人は司馬と里崎に丁寧なお辞儀をして、ゆっくりとエントランスに向かっていった。

里崎は、楽しそうに談笑しながら帰っていく親子の姿を見つめていた。来たときとは全く違った親子の姿がそこにはあった。里崎はとてもすがすがしい気分だった。

「司馬さん！　すごいですねえ！　あんなになっちゃうんですね！　ここに来たときはまだ挨拶しろって怒ってたのに、面接中に二人とも泣いちゃうんだからな。僕ももう少しで泣きそうになりましたよ」

「ほんとに泣きそうになったの？　今の面接で？　駄目じゃん、そんなに感動しやすかったら。毎回面接で泣かなきゃならないよ、そんなんじゃ。ほんと里崎さんて面白いなあ」

「ええ！　そうですかあ？　あれは感動しますって！　ただ、司馬さん一つわからないんですけど、バイク盗んだ罰にしては、クラブの継続と腕立て伏せっていうのはちょっと軽すぎませんか？　それだけで、再犯が防げるんですか？　刑事ドラマに出てくる取調室みたいに、司馬さんがすごい迫力で机を叩いて怒るのかなあって想像してたので、あまりにもイメージが違って。あれで、大丈夫なんですか？」

「ははははは……。なるほど、刑事ドラマか。怒ったり、諭したり、一生懸命話せば、人はきっと変わるなんていうのは妄想だからねえ。ケースワーカーはそういう『話せばわかる症候群』みたいな妄想には関わらないんだよ」

「『話せばわかる症候群』ですか？」

「里崎さん、誰かに何か言われたぐらいで人は変わると思う？　人間の人格っていうか性格っていうのは、親が子どもを育てる過程で形成されるもんなんだよ。そんな風に時間をかけて形作られた性格がそう簡単に変わるわけないじゃん」

「少しぐらいは効果があるんじゃないですか？」

「人の性格が変わるとしたら、本人が自分の性格で改善したいところを見つけ出して、毎日、その部分と真剣に向き合い、諦めることなく、必死になって訓練を続けたときじゃないかな。本人に変える気がないなら、どんなに熱く正論をぶつけても、そう簡単に性格なんて変わらないと思うよ」

「そうかなあ～？」

「じゃあ、仮にまじめで強い正義感を持った小学校の先生がいたとしよう。その先生のクラスにすぐにキレて暴力を振るう乱暴な性格の子どもがいたなら、その先生はその子に何をするだろう」

「そりゃあ、暴力はいけませんって注意するんじゃないですか」

「じゃあ、何で暴力はいけないの？」

「何でって、人を傷つけちゃ駄目でしょ」

「何で人を傷つけちゃいけないの」

「そんなの人として当たり前じゃないですか。人を傷つけないのは正しいことでしょ」

「要するに、一般的にいわれてる倫理や正義から外れているから駄目だってことを言ってるんだよね」

「そうですよ。間違ってますか！」

「もちろん間違ってないよ。でも、一般的な正義や倫理を振りかざして、暴力を振るうことは悪いことだからやめなさい。みんなと仲良くしなさい。相手のことを思いやって、人には優しくしないといけません。そんな風に人の道を熱く語ればその子は変わるんだろうか」

「根気よく話せば徐々に変わるんじゃないですかね……」

「根気よく話しても変わらなければどうするの？　さらに続けるの？　それとも諦める？」

「……」

「表面に現れてきている現象だけにとらわれて、その現象を熱い正論で変えようとしたり、抑えつけようとしても、現象は収まらないさ。肝心なのは現象を引き起こす原因を突き止め、環境を改善することだよ」

「原因究明と環境改善か……」

「もし、その子が家でいつも父親から殴られているとしたらどうだろう。父親はイライラしていれば理由もなくその子を叩く。父親は誰からも叱られることはない。でも、自分は学校で暴力を振るえば、いけないことだと叱られる。どうして父親は良くて自分は駄目なんだろう。父親も先生もその子にとっては大きなストレスじゃないかな」

「家では理由なく殴られ、そのストレスが溜まって、学校で爆発してしまったら先生からお説教される。どうやってストレスを発散すればいいのかっていう悩みがまたストレスに……」

「もう、わかるよね。僕たちは、正義や倫理に訴えるだけじゃいけないんだよ。ケースワーカーにとって正義や倫理は熱く語るものじゃなくて、心の中でしっかりと握っておくものなんだ。僕たちがやるべきことは、その子がどうして暴力を振るうのかを探って、暴力を振るわなくても済むように環境を整えること。大切なのは、本人が変わろうとする意志を育てることなんだ」

「変わろうとする意志を育てる……」

「話を今日のケースに戻すよ。信弘君は、今まで厳しく叱られるだけの人生で、自尊心も低いし、自信もない。そのくせ思春期を迎えて、エネルギーはどんどん高まり爆発しそうになる。こういう子にはさ、しっかりと自信をつけてあげることがまず大切だと思うんだよ」

「それは、何となくわかります」

「そのためには、どんなことでもいいから、自分で決めた目標を達成して満足感を得てもらうことが大切だと思うんだ。でも、家族の協力も絶対必要だから、お互いがいがみ合ったり、不信感を持っていたら上手くいかないんだよ。だから、今日は、お父さんとお母さんにも、もう一度信弘君へのいいイメージを持ってもらうことが必要だろうなって考えたんだ」

「あっ、凝集性（ぎょうしゅう）！」

「そう。でもさ、信弘君はいい子ですよとか、お父さんももっと褒（ほ）めてあげなさい、なんて僕がいくら言っても意味ないんだよ。お父さん自身に気づいてもらわないとさ」

「変わろうとする本人の意志ですね」

「うん。あのお父さんもお母さんも知的な感じだったから、僕が、家族が幸せだった頃の思い出を呼び起こしてあげれば、何がいけなかったのかって、自然と気づくんじゃないかと考えたんだよ」

「なるほど～」

「事実、お父さんは自分と父親の関係にまで遡（さかのぼ）って分析できたでしょ。ああいうことができる人は変われる人だろうね。僕が今、信弘君にやってるのは、課題達成法って呼んでるんだ」

「課題達成法ですか？」

「実現可能な課題を設定して、それをやりきらせて、できたっていう達成感を味わってもらうんだ。自分もやればできるんだっていう自信が、徐々についてくるんだよ。そしたら、主体性が身についてくるから、周りに流されにくくもなるし、自分をコントロールできるようにもなると思うよ」

「与えられた課題を乗り越えることで自信をつけさせるんですね」

「そう。もし、失敗しても家族が一緒に支えてくれる。それがわかってるからこそ家族の凝集性も高まって、一気に家族が再統合されていくんだよ」

「なるほど〜。すごいですね！」

「たかが腕立て伏せ、されど腕立て伏せなのさ。まあ、懐疑的になるのは理解できるから、どんなに変わるか実際その目で見てみなよ。上手くいったら、僕のことは司馬さんじゃなくて司馬先生って呼んでもらおうかな。ははははは……。言っとくけど冗談だよ。里崎さん、すぐになんでも本気にするからな」

司馬は少しいたずらっぽい笑顔を里崎に向けた。里崎もつられて白い歯を見せた。面接を終えた里崎の心は、とても爽やかな気持ちで満たされていた。

この時から里崎は、表面的にはクールで、時に冷淡なセリフを吐く、熱い、熱いヒューマニストである司馬のことを、尊敬の念を込めて、密かに「魔術師」と呼ぶようになった。

その後、里崎は、三日と空けず河南中学校の生徒指導に電話をかけ、信弘の様子を確認した。結果は上々だった。信弘は、毎日遅刻することなく登校し、サッカー部の練習も、朝練を含めてすべて出席できていた。家に帰ってからも、腕立て伏せ、宿題ともに頑張って続けることができているということだった。

二週間ごとにこの家族に会うことが里崎の楽しみになっていた。会うたびに親子の距離が縮まり、会うたびに親子の笑顔が増え、会うたびに家族が強く結びついていくことを実感することができたからだ。

結局、信弘が約束を守れなかったのはたったの一度だけであった。どうしても見たいテレビがあったので、腕立て伏せを休んだらしいが、その時も母が笑顔でこう言ったらしい。「週末三人でマラソンするのも楽しみね」と。

戦慄（せんりつ）の家庭訪問

五月。里崎が児童相談所に赴任（ふにん）して一か月が過ぎた。突然夏が顔を出したような暑い日が続いたかと思うと、また春先のような爽（さわ）やかな風が吹くといった妙（みょう）な五月だった。その日は、朝からとても暑かった。

里崎が部屋の窓から外を眺（なが）めると、椿の葉が強い陽射しに照らされ、目を細めたくなるほど眩（まぶ）しくキラキラと輝いていた。湿度の高さがさらに暑さをエスカレートさせているようで、どんよりとした風が、一枚、また一枚と肌に貼りついていく。里崎は、きっちりと締めたネクタイを少し緩（ゆる）めると、大きく息を吸い込み、職場へと向かった。

里崎が事務所のドアを開けると、すぐに緑川が声をかけてきた。

「里崎さん！　明日あたり早川さん家（ち）に家庭訪問に行こうと思うんですけど。引き継ぎも兼ねて里崎さんを紹介したいし。都合どうですか？　面接入ってますか？」

「午前中に非行面接があるけど、午後は空いてるよ」

「午後かあ……。明日も暑そうだから午前中にしたかったけど、まあ、しょうがないか」

「そんなの午前中でも、午後でも一緒じゃないか。いちいち文句つけるなよ」

「それが、大違いなんですよ。午前と午後じゃあ。まあ、行けばわかりますけど。ケース読んでくれてますよね？」

「ああ、読んだよ。ネグレクトケースだよね。でもさあ、緑川さんちょっと脚色しすぎだよ。なんか、荒廃した近未来を描いた映画の脚本みたいなんだけど」

「失礼ですね。私はちっとも脚色なんてしませんから。事実を忠実に書いてるだけですよ。里崎さんと一緒にしないでくださいよ」

「いやあ、それにしては大げさだよ。アメリカのＢ級ＳＦ映画じゃあるまいし。まあ、そりゃあ、インパクトはあるけど小説じゃないんだからさ。はははは……。まあ、明日はよろしく頼むよ」

「はいはい。ちゃんとした格好してきてくださいよ。じゃあ、明日一時に出ますから」

「了解」

緑川が言った「ちゃんとした格好」という言葉には、とても重要な意味が含まれていたが、里崎には知る由もなかった。

翌日も、やはりとても湿度が高く暑かった。スーツにネクタイというスタイルを作りだした西洋人がとても恨めしく思えた。家庭訪問先に失礼があってはいけないと考えた里崎は、最近仕立てたばかりの新しいスーツを身に纏っていた。相手に与える第一印象はとても重要だという思いもあった。最後に鏡で自分の姿をチェックすると、里崎は部屋を出た。

職場に着くと、緑川が珍しく笑顔で里崎に近づいてきた。緑川は、里崎の真新しいスーツを見ると、右側の口角だけをキュッと上げてニヤリと笑った。緑川がこの笑顔を見せるのは何か善からぬことを企(たくら)んでいるときか、愚かな人間に出会ったときに限られていた。

「あら、里崎さん、今日のスーツ、イケてますねえ！　格好いいじゃないですか！　もしかしておニューじゃないんですか？」

「えっ、わかる？　緑川さんもたまにはかわいいこと言うじゃん。これさあ、一昨日(おととい)仕上がってきたばかりでさ、今日初めて着てきたんだよ。似合ってる？」

「ええ、とっても。どうしてそんないい服着てきたんですか？」

「だって、今日は早川さんに初めて会うんだし、失礼があったらいけないかなって思ってさ。第一印象って大事だろ！」

「そうですね、さすが、ジェントルマンですね。じゃあ、一時に出発しますから、よろしくお願いしま～す」

昼休みが終わると、緑川が里崎に声をかけた。

「それじゃあ、そろそろ行きますか、里崎さん」

緑川は、今朝来ていた洒落(しゃれ)たワンピースから、着古したカジュアルなシャツとパンツに着替えていた。

「緑川さんその格好で行くの？　どうして、着替えたのさ？　ずいぶんラフな格好だね。裾(すそ)にゴムの入ったニッカーボッカーみたいな変なズボンだし」

「ファッションですよ、これも、ファッションなんです！　どこがニッカーボッカーなんですか？　失礼な。さあ、行きますよ！」

三十分後には、自分が馬鹿にした、緑川のズボンがいかに理にかなっているのかを里崎は学習することになる。

二人は軽自動車に乗り込むと、家庭訪問に出発した。目的地は、事務所から北に十キロほど行った住宅密集地に建つマンションの一室である。緑川は意外にも運転が上手く、なかなかのハンドル捌きで、細い路地もすいすいと抜けて行った。

「着きましたよ。あの二階建ての緑色のマンションがそうです。じゃあ、行きますか」

緑川は、再び右の口角だけを上げて微笑んでいた。

「なんだ、やっぱり普通のマンションじゃないか。さあ、行こうか」

「こんにちは、お母さんいるぅ！　センターの緑川です」

緑川が玄関のドアを開けると、ドアの上から何か黒っぽい小さなものがいくつか落ちてきた。里崎は埃が落ちたと思いそれを目で追った。しかし、その埃は地面に落ちると猛スピードで走り出した。体長二センチほどの茶翅ゴキブリだった。次第に開いていくドアの奥には、緑川がケースファイルに書いていたとおりのおぞましい光景が広がっていた。部屋中のいたるところにゴキブリが蠢いている。

その中で子どもと母親が平然と眠っている。子どもたちの顔や頭の上でも茶翅ゴキブリは蠢いている。しかし、子どもたちは払いのけようともせず、全く意に介していない。もはや、この家庭ではゴキブリは衛生害虫ではなく完全な同居人なのだ。いや、むしろ、ゴキブリの家に人間が間借りさせてもらっているようにさえ見えた。

　里崎の全身は総毛立ち、体中に鳥肌が立っていた。戦慄（せんりつ）を覚える阿鼻叫喚（あびきょうかん）の光景が眼前に広がっている。里崎は、今にも大声で叫び出したくなる衝動を必死で抑えたが、耳にはゴキブリが蠢くたびに発するカサコソという乾いて枯れた音が絶え間なく入ってきた。そして、次に鼻を衝（つ）く異臭が漂ってきた。どこかで嗅いだことのある臭いだった。そう、動物園の臭いだ。獣たちが発する異臭そのものであった。里崎の視覚、聴覚、嗅覚がゴキブリに奪い取られてしまった。里崎はこの時初めて、緑川が午前中の家庭訪問を希望した意味がわかったのである。気温が上がる午後は、ゴキブリの活動も活発になるからだということを。

　なんだこのゴキブリの数は？　それにこの臭い？　人間の家の臭いじゃないぞ。まさか中に入んないよな。

　里崎が心の中でそう呟（つぶや）いた瞬間、緑川が躊躇（ちゅうちょ）なく家に上がりこんだ。

「お～い、将太君、優子ちゃん元気？　今日は何か食べた？　お母さん、朝から何か食べたの？」

「カップラーメン」

「将太君と優子ちゃんにも作ってくれた？」

「作ったよ。食べたから寝てるんだよ」

　母は、とても面倒くさそうに答えた。

「あっそう。今日はね、私の次の担当ケースワーカー連れてきたから紹介するわね」

「緑川さん、担当を替わるのかい？」

「ええ、そうよ。次の担当は里崎さんていうの。里崎さ～ん！　何遠慮してるんですか？　早く上がってくださいよ。お母さんに紹介しますから。さあ、早く！　こっちに来てくださいよ」

部屋に上がれという緑川の催促に、里崎は素直に反応することができなかった。

もう、呼ぶなよ！　俺の名前を呼ぶなって～の！　何が早く来いだよ、馬鹿野郎！　行けるわけないじゃないか。至る所に機雷みたいにゴキブリがいるのに！　っていうか、あいつどうやって入っていったんだ？

訝しい思いで緑川の足元を見ると、大巨人緑川に無残に踏みつぶされた茶翅ゴキブリたちの断末魔の叫びが聞こえてくるかのような惨状が広がっていた。緑川は平然とゴキブリを踏みつぶしながら部屋の中を歩き回っていたのだ。

おい、もう勘弁してくれよ。あり得ないよ、まったく。あいつなんであんなに平然としてられるんだよ。ああ、もうおかしくなりそうだ。

里崎も断末魔の叫びを上げていた。

「里崎さ～ん！　もう早くしてくださいよ！　お母さん待ってるんだから！」

「わ、わ、わかったよ。今、行くから、ちょっと待ってよ」

里崎はなんとか落ち着こうと努力した。狼狽する己の心に必死で語りかけた。

おい、聡太郎しっかりしろよ。いいか聡太郎、この足はお前の足じゃないんだ！　これはマネキンの足だ！　だから、何を踏んでも平気なんだぞ。何か感じても、それは気のせいだ。だから聡太郎、気を確かに持つんだ。いいか、行くぞ。

里崎は意を決して、靴を脱ぐと、ついに第一歩を踏み出そうとした。そして、上がり口に無造作に置かれた邪魔な段ボール箱を脇に寄せようと持ち上げた瞬間、箱の底とピッタリ同じ形に身を寄せ合う大量のゴキブリの姿が目に飛び込んできた。里崎は、持ち上げた足を再び靴の中に仕舞い込んだ。

「里崎さん！　早く！」

緑川の声は苛立ちに満ちていた。

「わかったよ。わかったから！」

ついに里崎は覚悟を決めて一歩踏み出した。

足の裏で何かが潰れて蠢いている。里崎は気が遠くなりそうになっていた。

「俺の足じゃない。俺の足じゃない」

「何ブツブツ言ってるんですか？　さあ、里崎さん、ここに座ってください」

「座る？　座るって何？」

「何馬鹿なこと言ってるんですか？　早く座って！」

今や里崎の意識は虚空を彷徨い、ただただ緑川の号令に反応するロボットのようだった。

里崎は緑川の言うとおりに、その場にへたへたと座り込んだ。ズボンの裾から何かが入ってきている。もはや触覚までもがゴキブリに制圧されてしまった。里崎は自分が母親と何か話していることには気づいていたが、何を話しているのかはよくわからなかった。どうやら、緑川に促されて自己紹介をしているようではあったが、まさに、幽体離脱状態。

気がつくと里崎は公用車の横に突っ立っていた。緑川が里崎のスーツをバタバタとはたいている。はたくたびに、足もとに茶翅ゴキブリが落ちてきていた。その映像で里崎は催眠術から覚めたように我に返った。

「うわあ！　ゴ、ゴキブリ！　気持ち悪い、気持ち悪い！　緑川さん早く取ってよ、早く！」

「取りましたよ全部！　もうついてませんから！」

「ズ、ズ、ズボンの中に何かいるよ何か！　どうしよう、ねえ、どうしよう！」

「何かって、ゴキブリに決まってるでしょ！　何言ってるんですか？　ほら、ズボンをパタパタ払って！　そしたら下に落ちてくるから、ほら！　足もバタバタしてほら！　もう世話が焼けるなあ！　男でしょ！」

「駄目だよ！　ズボン脱がないと取れないよ！」

「ちょっと、こんなところで脱がないでくださいよ！　脱いじゃあ駄目だって言ってるでしょ！　里崎さん！　落ち着いてくださいよ！　警察に捕まりますよ！　ちょっと、ちょっと、駄目ですよ！　さ、さ、里崎！　ベルトを締めなさい！　お馬鹿！　ちょっと跳んで跳んでほら！　あっ、出てきた、出てきた。もう大丈夫ですよ。ねえ、もうズボンの中で何も動いてないでしょ！」

「え？　あ、ほ、ほんとだ、もう何も動いてないみたいだ」

「もうお！　情けない！　何、涙目になってるんですか！　しっかりしてくださいよ！　ゴキブリぐらいで！」

「ゴキブリぐらいって、俺はこの世の中でゴキブリが一番嫌いで恐ろしいんだぞ！　たった一匹見かけただけでも全身から滝のように汗が出てきて、ゴキブリか俺のどちらが先に死ぬかっていうぐらい殺虫剤をまいて殺さないと眠れないぐらい嫌いなんだぞ！　ゴキブリぐらいとはなんだ、ぐらいとは。死ぬかと思ったんだぞ！」

「だったら、もう死んでください。帰りますよ」

「死んでくださいは酷いだろ！　だいたい、あんなに大量のゴキブリがいるなら言ってくれればいいじゃないか！　スーツも膝から下はゴキブリの足やら羽やらでもう最悪じゃないか！　買ったばっかりなのに！　ちゃんとした格好して来いって言うからスーツで来たんだぞ！　どうしてくれんだよ！」

「だから、言ったじゃないですか！　ケースファイルに書いてあるとおりだって。人のせいにしないでくださいよ！　自分が勝手に嘘だって決めつけたんでしょ！　それに、ネグレクト家庭に行くためのちゃんとした格好っていえば、スーツなわけないでしょ！　認識不足も甚だしいんですよ！　作業着チックなものがいいに決まってるでしょ！　もういいから、車に乗ってください。私、次の面接詰まってるんですから。帰りますよ！」

里崎は車に乗った後も、五分ほどは一人でブツブツ文句を言っていたが、緑川は完全無視を決め込んでいた。しばらくすると、里崎は徐々に冷静さを取り戻した。心が落ち着いてくると、家庭訪問先の酷い映像が次々と頭に浮かんできた。中でも、二人の幼子のことが哀れで、心配で仕方がなくなってきた。里崎が重い気持ちで緑川に切り出した。

「あのまま放っておいていいのか？　子どもたちの姿が目に焼き付いて離れないよ。あんな酷い環境で寝起きしてさあ、ご飯だって……」

「放っておいていいわけないでしょ！　私が何も感じてないみたいに言わないで！　絶対助けるわよ！」

「でも、今日も一時保護しないで帰るんだろ？」

「私があの子たちを見捨ててるって思ってるんですね……」

「いや、そうは言ってないけどさ……」

「言ってるじゃないですか！　私だってすごく辛いんですよ。でも、今すぐには無理なんです。これまでも、二回、母親の同意で一時保護してるでしょ。そのたびに、生活改善するって約束させて子どもたちを帰してるんですけど、いっこうに約束を守れてないんですよ。でも、三度目はありませんから」

「三度目はないって、一時保護しないってこと？」

「違います。第三十三条の一時保護をやります」

「児童相談所長の職務権限による一時保護ってやつか！」

「さすがに事務屋さん。児童福祉法はすっかり読み込んであるんですね」

「職権で一時保護した後に、児童養護施設への入所に同意させるんだな。だったら、すぐに保護すりゃあいいじゃんか！」

「母親は絶対に同意しませんよ。一時保護した際にもずいぶん説得しましたけど、全然、駄目だったんですよ」

「どうしてだよ、自分で育てられないくせに」

「金ですよ、金」

「金って、子どもがいた方が養育費がかかるじゃないか？」

「あの一家は三和市から生活保護を受給してるんです。母親がC型肝炎で働けないって理由で。子どもと一緒に住んでたら、子ども二人分の保護費が加算されますからね。これが結構な金額なんですよ。もし、子どもが施設に入所したら、加算分のお金が入ってこなくなるでしょ。母親はそれが嫌なんですよ。だから、施設入所には絶対同意しません。わかりましたか？」

「でも、おかしいよ。子どもの加算分がなくなっても、母親の生活費は支給されるんだろ。生活できるじゃないか！」

「わかってないなあ。もともと子どものための加算ですけど、母親の遊興（ゆうきょう）代と酒代に消えちゃってるんですから。遊ぶ金がなくなったり酒飲む金がなくなるのが嫌なんですよ。だから、絶対に施設入所には同意しません」

「なんか、むちゃくちゃ腹立ってきたな。それじゃあ、折角（せっかく）職権で保護しても、施設に措置できないじゃないか。どうするん……。あっ、二十八条考えてるのか！」

「ええ。事務的な手続きに限っては血の巡（めぐ）りがいいみたいですね」

「うるさいなあ、いちいち。それで、いつやるんだよ、二十八条。なあ、なあ」

「弁護士との相談では、子どもたちの様子を慎重に観察しながら、二か月間かけて詳細な養育状況に関する資料をしっかり集めるようにと指示されています。今週いっぱいでちょうど二か月たちますから。来週には職権で一時保護して、施設入所に同意しなければ二十八条適用ですね」

「二か月もかけないといけないのか？　その間、子どもたちが心配だよな」

「ええ、だから、関係機関が入れ替わり立ち替わり家庭訪問して子どもの状況を確認してたんです。母親が学校にも保育所にも行かせようとしないので、できるだけ、小学校と保育所が子どもを迎えに行くようにして、登校日を増やすように努力してたんです」

「安全を確保するために、わざわざ家まで迎えに行ってたのか……」

「いろいろメリットがあるんです。家から連れ出せた日は、学校や保育所で給食をたっぷり食べてもらえるし、シャワーも浴びてもらえるでしょ。体重を量って、痩せてきてないかとかもチェックできますし。できるだけ衛生的で、健康的に暮らせるよう、関係機関が協力してきたんです」

「でも、なんでそこまでして経過観察をする必要があるんだよ。時間をかければそれだけリスクも背負うことになるじゃないか。裁判所だってあんな状況だったら、すぐに認めてくれるだろう」

「駄目なんですよ。うちもネグレクトの裁判では以前何度か負けてるんです」

「裁判所が施設入所の承認をしなかったってこと？」

「ええ、ネグレクトは身体的虐待と違って、子どもたちの生命に直接的に関わることが少ないでしょ。だから、ちょっとぐらいじゃ親権の壁を越えられないんですよ」

「そんな、親権っていっても、親らしいことなんて何にもしてないじゃないか。何が親権なんだよ」

「知りませんよ！　そんなこと言うんだったら国会議員にでもなって民法改正やってくださいよ。ともかく、どんな親だろうと親権はあって、それはちょっとやそっとでは乗り越えられない壁なんですよ」

「それで、二か月もかけて養育状況の調査をするのか。どんな調査なの？」

「要するに、養育者としては不適切であることを証明しなきゃいけないんですよ。いつ行ってもこんな様子ですとか、酒ばかり飲んでるみたいですとか、そんな漠然とした情報をいくら積み重ねても裁判所は認めてくれません。何月何日何時に家庭訪問したら、母親は何をしてて、家の中がどんな様子で、子どもたちがどんな状況だったかとか事実のみを詳細にまとめあげるんです」

「そんなに細かく状況を確認する必要があるのか？」

「だから、家庭訪問したときに母や子どもたちと何を話して、どんな反応だったかとか、すべての事実を事細かにメモに残して文書にするんです。そうすることで初めて、いつ訪問しても母親は養育を放棄して、酒ばかり飲んでるってことが客観的な事実として認定されるんです。いわば、育児放棄の証拠固めってやつですよ」

「証拠固めって、まるで警察みたいだな」

「ネグレクトの裁判で勝つためには、こうした地道な努力が絶対に必要なんです。地域の人たちだって関係機関の人たちだって、みんな一日も早くあの状況から子どもを助けてあげたいんです。でも、そのためにはどうしても踏んでいかないといけないステップがあるんですよ」

「親権ってのは強い権利なんだな……」

「ええ。だからこそみんな、雨の日も風の日も、必死になって家庭訪問して、証拠になるメモを地道に作ってくれてるんです。みんな、絶対に裁判に勝ってあの子たちを救い出そうっていうスローガンのもとに結集してるんですから。決して見捨ててるわけじゃあないんです。みんな、忍の一字で頑張ってるんです」

「悪かったよ。ごめん。ネグレクトの裁判がそんなに難しいとは思わなかったから。本当にごめん」

「あれ、嫌に素直ですね。ゴキブリショックでちょっと人格良くなったんじゃないですか？　くくく……」

「ああ、思い出したらまた鳥肌立ってきた。う～、気持ち悪い……。じゃあ、緑川さん、あの子たちのためにも、二十八条の申立報告書、頑張って作ってよ」

「はあ？　里崎さん、今日、早川さん家に何しに来たんですか？」

「何しにって、仕事の引き継……えっ！　うそ〜！　冗談でしょ！　俺が作るの？」

「当然でしょ！　里崎さんのケースなんですから」

「ちょっと待ってよ！　まだ来て一か月ちょっとだよ！　そんなど素人に二十八条の申立書を作らせたら児相的にまずいんじゃないかな。だからさ、今回だけは緑川さんが作ってよ！　お願い、後生だから！　ねえ、頼むよ。友達だろ！　それに、このケースのことは緑川さんの方がよく知ってるわけだしさ。ねえ〜、頼むよ〜！」

「嫌です！　都合のいいときだけ友達にならないでください。ケースの内容は、ケースファイルにバッチリ書いてますし、もしわからないことがあれば、私に聞いてもらえば、懇切丁寧にお教えして差し上げますから。おほほほほ……」

「冷たいなあ！　俺は申立書なんて書いたことないんだぜ！　どうすんのさ！」

「もう、しつこいなあ。いい加減諦めてくださいよ。潔くないですよ！　誰だって最初は未経験に決まってるでしょ！　いくつか過去に提出した申立書がありますから、それ見て書けばいいでしょ！　事務屋でしょ、里崎さん！」

「なんだよ、そんなときだけ事務屋、事務屋って。普段は事務屋を馬鹿にしてるくせに！　裁判所に出す書類っていったらすごく特殊なんだろ。いくら事務屋でもそんなに簡単にできると思えないよ」

「いいですか、早ければ二週間後には作り始めなきゃいけないんですから、文句言ってる暇があったらキー叩いてくださいよ！　いいですね！　あの子たちを助けられるかどうかはすべて里崎さんの申立書の出来にかかってるんですからね！　まあ、しっかりやってくれたまえよ、里崎君！　くくくく……」

「ふう〜……」

まったく、なんでこうなるんだよ。普段の面接こなすだけでも精いっぱいなのに。この状況で二十八条の申立書まで作るなんて。それにしてもどんな厄介な様式なんだろう。裁判所に出すんだから、きっと複雑なんだろうな。参ったなあ〜。どうすりゃいいんだ、一体！

里崎にとっては、まさに、青天の霹靂とでもいうべき事態であった。いくら事務屋とはいえ、裁判所に提出する書類となれば、全く想像もできない作業なのだ。この緊急事態に里崎が真っ先に救いを求めようと思ったのは、やはり、例の女性であった。

頼れる女

事務所に戻ると、緑川は里崎のゴキブリ地獄の一部始終を後藤に報告し、その周辺では大爆笑が巻き起こっていた。しかし、さすがに今日の里崎はそれどころではなかった。自分の悪口も耳には入らず、ただ、申立書のことばかり考えていた。そして、おもむろに携帯電話を取り出すと、フラフラと廊下に出ていった。

「もしもし、田丸か。里崎だけど。今、電話大丈夫かな?」

「あら、里崎君、どうしたの?　何かあったの?」

「大ありだよ！　大あり！　緑川さんから引き継いだネグレクトケースでさ、二十八条の申立書を作んないといけなくなっちゃったんだよ！　裁判所への書類だぞ、裁判所への」

「なんだ、そんなことか。作ればいいじゃん。それだけ？」

「つ、作ればいいじゃんって、そんなに簡単に言うなよ。来てまだ一か月ちょっとの俺には荷が重いんだよ。なあ、田丸、お前さあ、申立書作ったことあるの？」

「あるわよ。三つぐらいだけど」

「三つも作ってるのか！　田丸！　教えてくれよ！　なあ、頼むから教えてくれ！」

「いいけど、高いわよ。この前の約束忘れてないよね？」

「フレンチか、イタリアンのコースってやつですか？」

「左様でございますことよ。狩場山（かりばやま）の『ル・ジャルダン・ドゥ・フランス』って店に行きたかったのよ。私が予約しとくから。お金だけたっぷり下ろしてくるのよ」

「『フランス庭園』か。何か高そうな店の名前だな。お手柔らかに頼むよ」

「ふ〜ん。里崎君てフランス語もわかるんだ。それとな〜く日本語に訳しちゃったりしてさ。僕はインテリですってとこ見せたいのね。そういうとこ、かわいくないのよねえ〜」

「フランス語は知らないよ。ただ、アガサ・クリスティーのポアロの中で『黄色いアイリス』って話があってさ、『ル・ジャルダン・ドゥ・シーニュ』っていうレストランが出てくるんだ。それが、白鳥の庭って意味だったたから。シーニュをフランスに置き換えただけだよ」

「ふ〜ん。どっちにしても何か憎たらしい」

「もうなんでもいいから助けてくれよ」

「じゃあ、明日の晩ならＯＫよ。どう、そっちの都合は？」

「早い方が良かったから助かるよ。ありがとう。じゃあ、明日」

里崎は、田丸の自信に満ちた声を聞いて、少しホッとした。まさに、困ったときの田丸真理子である。田丸は里崎との電話が終わると、早速予約の電話をかけた。

「もしもし、明日の晩なんですけど、五千円のコースを四人予約したいんですけど。はい、はい、空いてますか。良かった。じゃあ七時でお願いします」

もっと高いコースもあるけど、今回は一番安いコースで許してやるか。田丸は、そう心で呟く(つぶや)と軽く口元を綻(ほころ)ばせた。


翌日の勤務時間が終了し、里崎は田丸に会うため、早々に帰宅準備を進めていた。そこへ、いつもの天敵二人が怪しげな笑みを浮かべながら声をかけてきた。

「あら、里崎さん今日はもう帰るんですか？　デートですか、デート？　そんなわけないか。こんな面倒くさい人と付き合うような殊勝(しゅしょう)な人いないわよねえ」

「そうですよ〜。里崎さんを相手にするなんて、マザー・テレサぐらいですぅ〜。愛は愛でもボランティアの愛ですけどねぇ〜。きゃはははは……」

「うるさいなあ。そっちこそ今日は帰るの？　いやに早いじゃん。二人して『敬語の使い方教室』にでも行ってるのかなあ？」

「ムカつく！　まあ、いいや。今日はね、おいしいものご馳走してくれる人がいるんですよ。いいでしょう〜！」

「へえ〜！　君たちにおいしいものご馳走してくれる人なんていているんだ！　そんな実りのないボ

ランティア精神持ってる馬鹿がいるんだね」

「ええ、いるんですよ～、そういうお馬鹿さんが。かなりお馬鹿なんですぅ～。じゃあ、お先ですぅ」

「ほんと鬱陶しいな、あいつら。さあ、俺もぼちぼち出発するか」

里崎は気を取り直して、田丸が待つ店へと向かった。ハンドルを握りながら、里崎は漠然とした不安を抱いていた。裁判所に提出する書類というのは一体どんなものなのだろう？　自分が普段扱う行政文書と似たようなものなのか？　それとも特殊な表現をふんだんに使用するような独特なものなのか？　想像ができないだけに不安感が先行していった。

店は新興住宅地の中にひっそりと佇んでいた。エントランスへと続くアプローチは、ダークイエローのレンガが滑らかな曲線を描いている。アプローチの両脇に咲く色とりどりのバラが、フルーティーで豊かな香りで里崎を出迎えた。

「いらっしゃいませ」

「七時に田丸で予約してると思うんですけど」

「はい、田丸様、既にお連れ様はお出ででございます。こちらへどうぞ」

店員に案内された奥のテーブルでは、田丸が二人の女性と楽しそうに談笑しているのが見えた。里崎は我が目を疑った。満面の笑みで里崎を迎えているのは、紛れもなく、緑川と後藤だった。

「ちっ！　ところで、緑川さんと後藤さんはここで何をなさってるのかな？」

「何って、お馬鹿にフレンチご馳走してもらうんですよ、ねえ、後藤さん」

「はい、そうですぅ。お馬鹿にご馳走になるんですぅ」

「どういうことだよ、田丸！」

「いいじゃない。日頃この二人には世話になってるんでしょ。それに、緑川から引き継いだケースだって言ってたから、この子もいた方が具体的な話ができていいじゃん」

「じゃあ、後藤さんは？」

「桜子ちゃんはいつも一緒だもんね〜。いいから座って、座って。ちゃんとお金下ろしてきた〜？　あっ、オードブルが来た。楽しみ〜。わあ〜、おいしそう！　いただきま〜す。さあ、みんな食べて、食べて」

「何が食べて食べてだよ、まったく」

「食べないの？」

「食うよ‼」

里崎は、美しく盛り付けられたオードブルを前にテンションを上げているかしまし娘たちに、不満に満ちた冷たい視線を送ったが、三人は全く意に介さぬ様子だった。

「じゃあ、早速だけど里崎君、始めようか。まず、何から知りたいの？」

田丸が料理を頬張（ほうば）りながら、ビジネスライクに切り出した。

「ちっ！　そうだな！　様式かな。何々法省令第何条何号様式みたいなのがあるんだろ？　きっと七面倒くさいやつがさ」

「ないよ。特に決まった様式はないの。だから、自分の書きたいように書いていいのよ」

「ええ！　様式はないのか？　裁判所に出す書類だぜ？」

「ないのよ。決まってるとしたら、一番最初に、施設入所の承認を取るのが誰かってことを書くぐらいかな。今回だったら、早川将太と早川優子の二人の児童名になるわね。あとは保護者の名前をその下に書くぐらいで、決まった形はないの。ケースごとに何を重点的に訴えるべきかを考えて内容を決めていくのよ」

「へえ～！　すごく意外だなあ。じゃあ、スタイルは本当に書き手によってまちまちなんだな。わりとアバウトなんだ」

「そう、だから難しく考える必要ないのよ。目的は子どもの施設入所なんだから、どんなケースにしても、親が養育者として不適切だってことを訴えるのが基本になるのよ。裁判官が見たときに、施設入所が必要だって思わせるようにまとめるのが申立書で一番重要なことなのよ」

「もしかして、これってプレゼンと同じようなものなのかな？」

「そうよ！　まさしくプレゼンよ。裁判官に入所の必要性をわかりやすく文字だけでプレゼンテーションするのが、二十八条の申立書なのよ。さすが、里崎君、呑み込みが早いじゃない。プレゼンなら、財政課との予算協議でも慣れてるから気が楽でしょ」

「そうだな。裁判所へのプレゼンだと思えば気が楽になったよ。文字のみのプレゼンか。俺にもできそうな気がしてきたな。あとは、まとめる内容についてだけど、ネグレクトの場合、論点をどこに置くべきなのかな？　ちゃんと養育してないってのはわかるけど、具体的にはどんな具合にそれを説明していけばいいのかな？」

「そうね、ネグレクトは養育放棄なんだから、しっかりとした養育と逆なのよ。ちゃんとした親は子育てする上で何をするかって考えればいいの。ネグレクトはそれが全然、できてないんだから」

「なるほどな。普通の親は、子どもにご飯を食べさせて、お風呂に入れて、服を着替えさせて、家を定期的にきれいに掃除して、病気になったら病院に連れていったりするよな。そういうことができてないってことを訴えればいいんだ」

「そうそう、それに、もう一つ大切なのが、教育でしょ。学校や、保育所に行かせて集団生活による社会性を身につけさせたり、遊びや勉強から発達を促したりすることってすごく大切でしょ。そういうこともできてないって証明すればいいのよ。そういうのは、学校や保育所への登園状況で確認できるでしょ。緑川、このケースはいつから関わってるの？」

「ええっと、ちょうど一年ぐらい前からですね」

「将太君と優子ちゃんには発達検査してあるの？」

「はい、関わってすぐに最初の検査をしてます。それから、半年後に二回目の検査をしてます」

「遅れはあるの？」

「いいえ、生まれながらの遅れはないと思います。ただ全体的に経験不足なところはあると思いますから、数値は伸びないですね。ＩＱは二人とも九十ほどだったと思います」

「一回目と二回目で数値に変化は？」

「う〜ん、半年しか空いてないですけど、若干下がってたと思いますね」

「じゃあ、今度、職権で一時保護した際に、もう一度検査して、落ちてるようなら、教育ネグレクトについての証拠(しょうこ)になるわね。発達全般に関して、経験不足が要因での遅れだって説明できれば万全ね」

「なるほど、さすがは先輩！　絶対使えますね！」

「それから、これまできっちりと乳幼児健診や、予防接種を受けてるかどうかも子どもの健全な成長のためには大切な要因でしょ。母子手帳があればわかるけど、なければ地域の保健所や保健センターに確認して。緑川、この世帯って収入は何なの？」

「母親が生活保護を受給してます」

「ふ～ん、生活保護受けてるんだ。それだったら市役所の生活保護の担当ケースワーカーから生活状況も確認できるわよね。記録もバッチリ残ってるはずね。問題のある人なんだから、生活を改善する意思がないことは、生保のワーカーの証言や記録で固めることができそうね。子どもの加算金も、子どものために使ってないんだろうし。関係機関に家庭訪問してもらってるんだろうけど、記録は取ってるんでしょうね？」

「もちろんです。二か月間詳細に取ってますからバッチリです」

「関係機関は？」

「児相と、生保のワーカー、市役所の児童係のワーカー、学校、保育所、民生委員、主任児童委員です」

「それだけ固めてれば十分ね。それぞれの機関がまとめた記録を添付資料にすれば、かなり客観性の高い資料として採用されるわね。どう、里崎君、今話した内容を裁判所が見てわかりやすいように筋道立てて構成できれば、二十八条の申立書はできると思うわよ」

「お前ら、すごいなあ。田丸と、緑川さんて、粗探し（あらさが）しの天才だなあ」

不用意な一言を口にした里崎を、緑川がギロリと睨（にら）みつけた。

「何ですか、その言い方！　失礼ですね！　誰のために必死で考えたと思ってるんですか！　粗探しじゃなくて子どもを守るのに必死だって言ってくださいよ！　感じ悪いわねえ！　後藤さん、グラスワイン三杯追加で注文してちょうだい」

「は～い。すいませ～ん。グラスワインお願いできますぅ～」

「ちょっと、待てよ。悪かったよ。もう勘弁(かんべん)してくれよ」

「先輩、里崎さんって、いつもこんな調子で、ほんとに、すごく憎たらしいんですぅ。私と緑川さんにさんざんお世話になってるのに、全然感謝の気持ちがないんですぅ～」

「っていうか、後藤さん何しに来てんの？　食べて、飲んで、ワイン注文しただけで、全然役に立ってないじゃない」

「ほらぁ～！　こんな感じなんですぅ～」

「まあ、まあ、それで里崎君、どうなの？　できそう？」

「うん、具体的な話がたくさん聞けたから、まとめやすくなった気がする。一度、過去の申立書を見て自分なりに作ってみるよ」

「そう、良かった。じゃあ、大変だと思うけど、頑張ってね。もし、またわからないこととかあったら、いつでも電話してくるのよ」

「ああ、そうするよ。ありがとう」

　一時はどうなるかと思ったけど、田丸のおかげでずいぶん整理できたな。考えてみれば児相の仕事の中で、一番俺向きの仕事じゃないかな？　なんと言ってもペンの力で子どもたちを助けられるわけだからな。俄然(がぜん)やる気が出てきたな。早速明日からスクリプトを作り始めてみるか。

　里崎はおいしそうに料理を頬張(ほおば)る三人をぼんやりと見つめながら、どんな申立書を作ろうかと、思いを巡(めぐ)らせた。

田丸と緑川、後藤の三人は、里崎の財布をずいぶん寂しくさせると、満足した様子で、機嫌よく帰っていった。里崎は、かなり高い授業料を払わされたものの、二十八条の申立書の作成については、事務屋の自分が唯一(ゆいいつ)、ほかの福祉専門職に引けを取らずに頑張れる作業なのかもしれないと思い、闘志を燃やし始めた。

職権一時保護に向けて

翌日から里崎は、面接の合間をぬって一心不乱に申立書を作り始めた。過去の申立書を参考にし、ケースファイルを熟読しつつ、関係機関から情報を収集し、着実に事実関係を積み上げていった。ケースファイルを読むと、子どもたちを生活保護費を稼ぐための道具のようにしか思っていない母親への怒(いか)りが込み上げてきたが、そうした怒りをすべてペンに託す思いで申立書を綴っていった。そして、二日後、里崎は申立書の原稿を書き上げた。

「緑川さん、後藤さん、ちょっと来てくれる！」

「なんですか？」

「ちょっと、これ見てくれる？」

「なんですか、これ？　あっ！　申立書じゃないですか！　もうできたんですか？」

「ええ！　まだ二日しか経ってないじゃないですかぁ。ちゃんと書いたんですかぁ？　まだ、一時保護もしてないのに早すぎますぅ」

「もちろん、今回やる予定の職権の一時保護についてはまだ記述してないし、一時保護後に行う予定の発達検査の結果についても記述してないよ。それに、一時保護したら生活全般にわたる経過観察を一時保護課でしてもらえるから、そのあたりからも、ネグレクトによる経験不足を証明できる資料は追加で作れると思うけど、とりあえず、全体としての構成はできているから、今の段階での感触を見てほしいんだ」

「まあ、いいですけど。たった二日でどの程度のものができているのやら」

　読み始めるとすぐに、緑川と後藤の顔からふざけた雰囲気（ふんいき）が消えた。

「里崎さん、これをたった二日で？」

「やっぱ、駄目（だめ）かな？」

「いや、そうじゃなくて、すごいなって思って。噂（うわさ）には聞いてましたけど、里崎さんて事務屋としては優秀なんですね。真理子先輩と私の雑談めいた話をこんな風に仕上げてしまうなんて」

「ほんとですぅ。無駄がないし、すごく理路整然としてますぅ。こんなの二日でできるもんなんですねぇ。不覚にも、ちょっと感心しちゃいますぅ」

「この申立書だけを見てたら、あんなに面接が下手糞（へたくそ）だなんて想像できないですもん。悔しいですけど、正直ちょっと尊敬してしまいました。ただ、初めて作るくせにこんなにうまく作るあたりが、やっぱりすごく憎たらしくて……」

「ほんとですぅ。やっぱりちょっと感じ悪いですぅ」

「何なんだよ！　たまには普通に褒（ほ）めてくれてもいいだろ！　でも、こんな具合でいいんだよな？」

「バッチリだと思いますよ」

「よっしゃあ〜！　見てろよ早川洋子！　事務屋を舐めんなよ〜！」

「ゴキブリのこと、かなり根に持ってますね」

「違うよ！　子どもを助けたいだけだよ」

「里崎さん、すごくいい申立書を作ってもらったのに言いにくいんですけど、早川さんは、決して、私たちの敵じゃあないんですよ。それだけはわかっておいてほしいんです」

「え？」

「私は決して早川さんが憎くて二十八条の申し立てを考えたわけじゃないんです。今の生活から抜け出してもらうには、二十八条を使うしかないと思ったんです」

「何言ってんだよ。あんな女、子どものことを飯のタネぐらいにしか思ってないじゃないか！　どうしようもない親だから、二十八条を適用されてしまうんじゃないか！」

「確かに、今の早川さんは弁護の余地もない状況に見えるかもしれませんよ。でも、早川さんの生育歴読んでくれました？」

「もちろん、読んだよ！」

「早川さんの家庭も、父親がギャンブルばかりやってた借金漬けのネグレクト家庭だったんですよ。周りの子が高校に進学するのに、早川さんだけは中学卒業と同時に家を出て仕事をするしかなかったんです」

「そ、それはわかってるよ」

「違法と承知で未成年者を雇うようなスナックに始まって、結局ソープに身を沈めて、男に優しい言葉をかけられては騙され、子どもができたら誰の子かわからないって言われて捨てられる。それでも、どうしようもなく寂しくて、また男に縋っては騙され……。結局、異父の子どもを二人抱えることになってしまって、今の生活があるんですよ」

「早川さんが辛い生活をしてきたのはわかってるよ。わかってるけど、だからって子どもを金蔓みたいに考えるのは……」

「散々騙され続けたんです。今の早川さんに人を信用しろなんて言っても無理だし、お金以外に信用できないって考えても、私は責めることができないんですよ。だって、もし早川さんと同じ環境で生まれ育ったとしたら、自分は同じ道を絶対に歩まなかったって言いきる自信がないんですもの」

「……」

「それにね、あんな母親でも、ときどきすごく優しい顔で子どもと接することがあるんです。私は、その時の顔が本当の早川さんの顔だって思いたいし、あの親子にずっとそういう笑顔で生活できるようになってもらいたいんです。でも今のままじゃ、早川さんを変えることはできない。だから、無理矢理にでも子どもと引き離して、あの子たちが早川さんにとってただの金蔓なのかどうかを考えてほしかったんです」

「あの親子をそんな風に……」

「子どもが手元からいなくなれば、子どもが自分にとって本当はどういう存在だったのかって、きっと考えると思うんですよ。私は二十八条を、早川さんが真剣に自分の人生に向き合って、もう一度母親になるためのきっかけにしたいんです。だから里崎さん、子どもが施設に入ることは、ゴールじゃないんです。始まりなんですよ」

「ゴールじゃなくて、始まり……」

「私たちが目指すゴールは、あの親子三人がこの先、幸せに暮らせるようにすることなんです。里崎さんは、早川さんがもう一度人を信頼しようって思う最初の人になってあげないといけないんですよ。これから里崎さんがあの親子の再統合を担うんですから」

「お、俺が、あの親子の再統合を……、早川さんが信頼する最初の人間に……。そ、そうだったな……」

「相談に乗って、早川さんを勇気づけて、エンパワーメントしていくんです。そして、一日も早く家族が一緒に暮らすことができるように援助してあげるんです。早川さんにもう一度本当のお母さんになってもらうんですよ。だから里崎さん、早川さんのことを敵だとは思わないであげてくれませんか？」

「……俺って本当に駄目だな。同じようなことを赴任早々に課長から肝に銘じるようにと言われてたのに……。すっかり忘れてしまっていたよ。本当に、俺って人の弱さや悲しみってものがわからないんだよな。なんでもすぐ単純に敵味方みたいに考えてしまって、ケースの底流にある本質をいつも見れてないんだよ。なんか、正義の味方にでもなったような気分で二十八条の申立書を作ってた自分が恥ずかしいよ。緑川さん、言いにくいこと言ってくれてありがとう」

「いえ、偉そうなこと言ってすいません。でも、申立書の出来がすごく良かったもんだから、余計に私の気持ちをわかっておいてほしくて。すいません」

「謝らないでくれよ。本当に感謝してるんだよ。ありがとう」

　里崎は改めて児童相談所でケースワーカーをしている福祉専門職員の、底知れぬ温かさに触れたような気がした。子どもたちの未来に光を灯そうと一心に奉仕する姿勢や、アウトローとして生きるほかに術を知らなかった、悲しい人生を背負った親たちに注がれる優しい眼差し。それらはまさに、事務職である自分に、人間としての根っこの違いを感じさせるものであった。緑川がケースと向き合う姿勢からは、人間の本質的な弱さや、脆弱さに対する深い理解と、深い慈しみの心が滲み出ていた。

　里崎は、自分という存在が、児童相談所のケースワーカーとしては、いかにも未熟で不適切な人材であるということを改めて突き付けられた気がした。

　しかし、里崎は自分の未熟さを悲しんでいるだけではなかった。自分の未熟さを、言葉でも、態度でもなく、体から滲み出る、人としての重厚さのようなもので素直に認めさせてしまう素晴らしい人々に、一歩、いや、半歩でもいいから近づきたいと、心から願うようになっていた。

「緑川さん、俺の作った申立書って、理屈っぽくて、攻撃的だけど、子どもたちを一時保護して、欠けてる部分を付け足したら、最後に、今の緑川さんの思いを込めた一節を入れたいんだけどどうかな？　児相が本当に目指すのはこの家族の再統合なんだって一節をさ」

「いいですね！　そうしてもらえるとすごく嬉しいです」

「お母さんのフォローってとても難しそうだけど、またいろいろ教えてよ」

「もちろんです。頑張りましょうね、里崎さん！」

「うん。週明けの火曜日、援助方針検討会議にかけるんだろ？　職権一時保護と二十八条申し立ていきたいってことを」

「はい。この申立書があれば、きっとＯＫ出ますよ」

瞬く間に、次の火曜日はやってきた。里崎が援助方針検討会議にケースを提出するのは今回が初めてである。いつもの通り、長谷部課長が司会を務めたが、この日は、里崎のケースが二十八条を見据えた職権一時保護という重い内容であったため、ほかのケースは素早く検討が済まされた。そして、いよいよ里崎の順番が回ってきた。

「そしたら、今日のメインディッシュとでもいうべき里崎さんのケースについて検討したいと思います。里崎さん、説明してくれる」

「はい、その前に、ちょっと書類を配りたいんですけどいいですか？」

「どうぞ。援助方針検討票以外に何かあるの？」

「はい、ちょっと前もって作った書類があるので」

里崎が配った書類を見て、長谷部課長は少し驚いた表情を見せた。

「あっ、これ申立書じゃない！　もう作ったの？　検討会議前に？　ちょっと準備良すぎるんじゃないの」

「時間があったもので。それに、今日見といてもらった方がいろいろ意見ももらえていいのかなと思って」

里崎は少し面映ゆそうに答えた。

「なるほどね、じゃあ、早速説明してくれる？」

「はい、今日提出してますのは、早川優子七歳と将太五歳の姉弟についてです。この二人にはこれまで二度にわたって母親の同意による一時保護を行っています。一時保護を解除する前には必ず母親に生活状況の改善を約束してもらっていますが、全く履行(りこう)できていません」

里崎は、緑川がケースを受理した頃からの話を含め、早川姉弟のケース概要について説明を始めた。現状が如何(いか)に酷(ひど)い状況であって、もはや、地域社会の協力なしではまともな生活ができないところまで生活環境は悪化していることも説明した。その上で、母親が指導に従わない現状を考えると、職権の一時保護による母子分離を行い、母親が生活環境を改善できるまでの一定期間、子どもたちを施設へ措置することが最善の策であると熱心に訴えた。

そして、この二か月、既に二十八条の申し立てを視野に入れた関係機関の継続的な家庭訪問による調査も実施済みであり、二十八条の申し立てが承認される可能性が十分にあると報告した。最後に、里崎が田丸、緑川のアドバイスから組み立てた、申立書についてその構成や裁判所へのプレゼンテーションの方法に至るまで丁寧(ていねい)に説明を行った。

里崎の一連の説明が終わると、前山次長がまず口を開いた。

「さすがに事務屋さんですね。この申立書はよくできてると思うね。筋もとおってるし、説得力もある。これに、さっき里崎さんが言ってたように、一時保護後の発達検査の結果や経過観察記録なんかを追加したら、もう文句ないでしょう。これなら今回は勝てそうだね。どうですか東村所長？」

「そうですね、私も、同感です。何といっても、申立書の最後に家族再統合に向けた一節が書かれているのが優しくていいですね。職権の一時保護の上、二十八条の申し立てでいいんじゃないですか。里崎さん、頑張りましたね」

「はい、ありがとうございます。課長、実施日はいつにしますか？」

「そうねえ、もう、早い方がいいから、今週の金曜日でどうかしら？　子ども二人を連れ出す役に、西村さんと後藤さん、母親対応は、里崎さんと緑川さん、運転手に柴田君の五人でどうかな。緑川さん、お母さんが暴れるタイプならもう少し人数増やすけど、どう？」

「まず暴れたりしませんし、暴れても里崎さんなら片手で押さえつけられると思うんで大丈夫です」

「そう、じゃあ、そのメンバーで行くわよ。里崎さん都合は？」

「はい、ＯＫです」

「では、今週金曜日の午前中に職権の一時保護を行います。里崎さんは、職権による一時保護の措置書を作っといてくださいね。当日お母さんに渡さないといけないから」

長谷部課長が念を押すように里崎に言った。

「わかりました」

「それでは、以上で今日の援助方針検討会議は終了します。お疲れ様でした」

会議が終わると、里崎は緑川に駆け寄った。

「緑川さん、いよいよ金曜日だね。何か今から緊張するな」

「早すぎますよ。それと、里崎さん、多分辛い一時保護になると思いますから、泣かないでくださいね」

「えっ、どうして辛い一時保護になるの？　子どもは、あそこから抜け出せるなら喜ぶだろうし、どういう意味で辛いわけ？」

「前の二回の一時保護のときも、子どもたちは家を離れるのすごく嫌がったんですよ。母親と離れたくないから大泣きされちゃって。今回は、職権の一時保護なので、早川さんも多少抵抗すると思いますから、余計に子どもたちは不安定になる可能性があるんです。きっと離すの大変だと思うし、かなり泣かれると思いますから」

「あの家から出るのを嫌がるってこと？　どうして？」

「どうしてって、あの子たちにはあの家の環境が普通ですからね。特に住みにくさはないんですよ。身体的虐待を受けてるわけでもないですから、母親が構ってなくてもあの子たちにとってはたった一人の母親ですもの。あんな酷い家でも、あの子たちにとっては安心できる場所なんですよ」

「あの酷い環境が、安心できる場所か……。ゴキブリだらけの家が……。何か切なくなるよな。ずっとあの中で生活してたら、感覚が麻痺してしまうってことか。人間って生きるためにはどこまでも鈍感になれるようにできてるんだな。恐ろしいな……」

「そうですね。切ない話ですね。でも、これから変わっていくんですよ。っていうか呼び戻すんですよ。あの子たちが生きるために封じ込めてきた感覚を」

「そうなってほしいってほんとに心から思うよ」

「ともかく、覚悟しといてくださいよ！　かなり辛い保護になりますから」

「わかった。覚悟しとくよ」

里崎にとって、初めての経験となる、この職権一時保護は、緑川の言ったとおり、里崎の心を震わす辛いものになるのであった。

揺れる思い

金曜日。いよいよ里崎にとって初めての一時保護が実施されようとしていた。しかも、児童相談所長職権による一時保護が。

朝から里崎は極度に緊張していた。里崎のそんな様子を見てとった緑川が声をかけた。

「里崎さん！　さすがに学習しましたね。今日はスーツじゃないいじゃないですか！」

「当たり前だろ！　あんな苦い経験をしてるのに」

「ふふふふ……。思い出しても笑えますね。天下の公道でズボン脱ごうとしたんですからね。まあ、でも、今日は作業着だし、適切な服装ですよ」

「うるさいなあ。笑うな！」

里崎の緊張が一気にほぐれた。

チームは二台の車に分かれて出発した。里崎と緑川が乗り込んだ一台は、子どもの分離後、不安定になるかもしれない母親に対応するチームである。後藤、西村、柴田のチームは、母親から速やかに子どもを分離し、車に乗せて一時保護課に直行する段取りだ。職権の一時保護を行う場合、現場ではできるだけ時間をかけずに速やかに分離を行うのが鉄則である。保護者のペースに合わせて話を聞いてしまったり、要求を受け入れ、ダラダラと時間をかければかけるほど、分離が難しくなり、子どもへの負担も大きくなる一方だからだ。

「着いた。里崎さん、行きましょうか」

「ああ」

分離した子どもを乗せた後、すぐに発進できるように、柴田はエンジンをかけたまま待機した。

里崎、緑川、後藤、西村の四人が早川洋子のマンションへと向かった。

先日と同じ景色が里崎の目の前に広がっている。しかし、里崎の心が投影されているのか、マンション周辺の空気は、張り詰めた緊張感を湛(たた)えているように思えた。

里崎は、鼓動の高鳴りを感じていた。

緑川がいつもと変わらぬ調子でドアを開けて中に入っていく。

「お母さん、こんにちは。子ども家庭センターの緑川です」

「おや、緑川さん。里崎さんも……。あれ、ほかにもいるの？　珍しいね、四人も来るなんて」

母親と子どものポジションは最悪だった。母が子どもを両脇にしっかり抱えており、子どもたちも母にしがみつくようにひっついている。四人の誰もが不味(まず)いと思った。

しかし、里崎以外はその思いを曖(おくび)にも出さず母親に近づいていく。そして、緑川が、職権による一時保護通知書を母親に見せながら口を開いた。

「お母さん、今まで何度も生活状況を改善してってお願いしてきたでしょ。でも、何にも改善してくれなかったから、今日は同意じゃなくて、児童相談所長の職権による一時保護をさせてもらいます。子どもの健康や福祉を守るためです。これがその措置書です。この措置に不服がある場合には六十日以内に審査請求をすることができますから、知事あてに申し立ててください。いいですね。それじゃあ、お子さんは預かっていきます」

その瞬間母親は、子どもを取られまいと、ギュッと強く子どもたちを胸元に引き寄せた。

「冗談じゃない、何言ってるのよ！　預けるつもりなんてないからね！　親の私が嫌だって言ってるんだ！　勝手に子どもを連れていったりできないだろ！　いいから帰ってよ！　もう二度と来ないでちょうだい！」

「さっきも言ったように、これは職権による一時保護なの。お母さんが嫌でも児童福祉法上の権限で子どもを預かることができるの。だから、子どもを離してちょうだい」

「嫌よ！　絶対にいや！　絶対にこの手を放さないから！　出ていってよ！」

「西村さん、後藤さん、子どもを保護して」

「はい！　さあ、将太君、優子ちゃん、先生と一緒に行こうね」

西村と、後藤がそれぞれ、将太と優子を抱きかかえようとした。しかし、母親は必死で抵抗し、離そうとしない。子どもたちも離れまいと、必死に母にしがみついた。

西村と、後藤がひるまず強引に引き離そうとすると、母も子どもたちも一気に不安定になり始めた。

「いや～！　お母さん怖いよ～！　助けて！　やめてよ！　離してよ～！　いや、いや、離して～！　助けて、怖いよ～！　ひ～ん、ひん、ひん」

将太が大声を上げて泣き出した。優子も必死で母親にしがみつき、離れまいと母親の服を強く握りしめた。

「嫌よ！　離してよ～！　お母さんと一緒にいるんだから～！　離して～！　いや～！　やめて！　あ～、あ～、もう～、もう～、嫌だってば～！　お母さん助けて！」

「ちょっと、あんたたち！　酷いじゃないか！　嫌がってるでしょ！　離しなさいよ！　ちょっと！　これじゃあ、人さらいと同じじゃないか！」

子どもたちは足をばたつかせ、時折、西村と後藤を激しく叩きながら必死で抵抗した。子どもたちの泣き叫ぶ声が里崎まで動揺させていた。

「緑川さん、こんなに嫌がってるから、今日のところはやめにした方がいいんじゃないかな。日を改めた方が良くないかな」

緑川が低くドスの利いた声で里崎に言った。

「里崎さん、安っぽい善人にならないでください。なんのために、みんなが二か月も頑張ってきたんですか？　将来のためでしょ！　早く手伝って！」

緑川の一喝に里崎は我に返った。そして、母親と優子に近づくと、その大きな手で、優子を抱える母親の腕をつかみ、ゆっくりと引き離した。西村は、間髪容れず優子の両脇に手を入れると、一気に母から引き離し、緑川と二人がかりで優子の体を抱え、素早く車へと連れていった。

次に里崎は、両手でしっかりと将太を抱える母の両手首をつかむとまた、ゆっくりと子どもから手を引き離させた。その瞬間、後藤が将太を一気に自分の手元に引き寄せ、一目散に車まで抱き抱えて連れていった。里崎は、子どもたちの泣き叫ぶ大声が、次第に小さくなっていくのを背中で聞きながら、子どもを追いかけようとする母の両肩を、ぐっと上から押さえつけた。

車が走り去る音を聞くと、母親は、どうすることもできないと悟ったのか、小さな声で呟いた。

「わかったわよ。手を離してよ。もういいよ。好きにしてくれれば。勝手に連れていくんだから、あとはそっちで責任持って育ててやってよ。私は、もう関係ないからね。もうどうでもいいよ」

緑川が、肩で息をしながら部屋に戻ってきた。母と、里崎の周りにはこの激しい争いに巻き込まれて命を落とした大量のゴキブリの亡骸が散らばっていた。

「里……」

里崎に声をかけようとした緑川が、黙って里崎の顔を見つめていた。

里崎は目に涙をいっぱい浮かべていた。そして、自分の意思で、自分の言葉でゆっくりと母に話しかけた。それは、なんのテクニックもない、里崎の素直な気持ちをそのまま伝える言葉だった。

「お母さん、ごめんね。こんなやり方して。でもね、どうしてもお母さんに今の生活をやめてほしいんです。将太君や優子ちゃんともっと、楽しく生活してほしいんです。今でも楽しいって言うのかもしれません。でも、もうこれ以上放ってはおけないんです。僕も応援しますから、もう一度あの子たちと一緒に住めるように頑張ってください。お願いします」

「もういいって言っただろ！」

母親は吐き捨てるように言った。里崎は食い下がった。

「生活が安定するまで、子どもたちを施設に入れることに同意してください。同意してもらえないと、裁判所に施設入所の申し立てをすることになります。そうなったら、簡単に子どもに会えなくなりますよ。だから、施設入所に同意して、一日も早く生活を立て直して、将太君と優子ちゃんを迎えに行きましょう。申立書を作ったのは僕ですが、あれを裁判所に送りたくはないんです」

「うるさいねえ、もう帰ってよ。もう何も話したくないわ。あんたたちの顔も見たくないんだよ！　さっさと帰ってよ」

「お母さん！　話を聞いてください！」

「うるさい！　帰れ！　帰れって言ってんだよ！」

「里崎さん、帰りましょう」

「でも、緑川さん……」

「いいから、帰るんです。さあ！」

里崎は緑川に強く腕を引っ張られ、仕方なく、車に乗った。

「里崎さん、今日のところは、もうそっとしときましょう。これ以上何を話しても、今は興奮するだけですから。でも、早川さん、里崎さんの話は確実に聞いてましたよ。だから、少し、一人で考えてもらいましょう」

「子どもたちの泣き顔が目に焼き付いてるし、泣き叫ぶ声が、耳から離れないよ。辛い一時保護になるって聞いてたから、覚悟していたはずなのに……。こんなにも辛いとは。ものすごくかわいそうなことしたみたいで」

「今の里崎さんに感傷的になるなとは言いませんけど、少し冷静になってください」

「これでよかったのかなあ……」

「あのまま、放っておく方がよっぽどかわいそうなんじゃないですか？　一時、かわいそうな思いはさせますけど、あの子たちのこれからの長い人生を考えると、必要なことじゃないですか？　教育も受けずに社会に放り出されるのと、教育を受けて社会に出ていくのと、どっちが幸せなのか、冷静に考えなきゃ駄目（だめ）ですよ。子どもの未来を見据（みす）えないと」

「そうだな……。でも、子どもを取られまいとする、早川さんの姿を見たら、本当に、お金のためだけなのかって、思えてきたんだ。あの必死の形相……。お金のためだけじゃないように思えて。なんとか、同意で施設入所させられないかな。ここに来るまでは、二十八条しかないって思ってたけど、今は、正直迷ってるんだよ。本当に、二十八条を使わないといけないのかって……」

「確かに、今までに見せたことのない必死な様子でしたね。自分も気づいていない何かが早川さんの中で動き出したような気がしますよね。なんていうか、母性みたいなものが。とりあえず、二、三日一人で考えてもらいましょうよ。それから、もう一度会いに行きませんか？　今は待つのが肝要だと思いますよ」

「うん、わかった……。なんとか、早川さんに施設入所を認めさせる方法はないのかな。なんとしても同意してほしいよ」

何か良い方法はないかと真剣に考え始めた里崎だったが、あの緑川が一年がかりで為し得なかったことを、どうすれば実現できるかなど、今は想像すらできなかった。

しかし、里崎には、この難題を解決するための助言を与えてくれる人に心当たりがあった。そう、初めての非行面接において、見事に家族の再統合をやってのけた魔術師。司馬係長、その人である。

SOSA（ソーサ）を使え

事務所に戻ると、里崎は早速、司馬係長のいる判定係へと赴いた。

「司馬さん、ちょっといいですか？」

「何？」

「この前、援助方針検討会議にかけた早川姉弟のケースのことで相談したいんですが」

「ああ、里崎さんが二十八条の申立書を作ってたやつね。あれは会議で決まったとおりでいいんじゃないの？」

「はい、でも、二十八条の適用に気が乗らなくなってきて。なんとか施設入所を同意させる方法はないですかね？」

「でも、母親は、生活保護の子ども分の加算がなくなるのが嫌だから、絶対に同意はしないって踏んでるんでしょ」

「そうだったんですけど、さっき一時保護したときの母親の様子を見てたら、どうにも、お金だけで割り切ってるようには思えなくなってきて」

「どうして、そう思うの？」

「確かに、現実的な問題として、お金の問題はありますから、加算金のことは大きいとは思うんですけど、それだけじゃあないような気がするんです。ともかくものすごい形相で、必死に子どもを抱きしめてましたから。あれは、母親の顔だったように思うんです」

「ふ～ん。なるほどね。ちょっと、緑川さん呼んでくれる」

「緑川さんですか？　はい。ちょっと～！　緑川さん！　こっちに来てよ！」

「なんですか？　大声で言わなくても聞こえますよ！」

近づいてくる緑川に向かって、司馬は悪戯っぽい笑みを浮かべながら言った。

「里崎さんが緑川さんの見立てに文句つけてるよ」

「ええ!?　違いますよ！　文句なんてつけてないじゃないですか、司馬さん！」

「またですか？　今度はどんな文句があるんですか？」

「だから、文句じゃなくてさ、さっき帰りの車で話してたことさ。緑川さんも感じたって言ってただろ。早川さんの母性みたいなものさ」

「ああ、その話ですか」

「どうなの？　緑川さんは一年ほど早川ママを見てきて、二十八条しかないと踏んだんでしょ。それが変化したの？」

司馬は落ち着いた表情で緑川に尋ねた。

「う～ん、そうですね。究極のシチュエーションで初めて見せた母性ってところかな？　確信は持てませんけど。なんせ、今までが酷すぎましたから。ただ、私も関わってる間中、早川さんは、子どもへの思いは持っているとは感じてましたからね。でも、ちょっとぐらいの刺激じゃあ、もうどうにもケースが動かせないと思えたので、二十八条っていうカンフル剤が必要だとは踏んだんですけど……」

司馬は黙って頷くと、眉を少し上に動かして、話を続けるよう、緑川に促した。

「職権の一時保護も、かなりの衝撃だったように見えました。なんていうか、母親が自分でも気づかないうちに鈍感になっていた部分に電気が走ったような感じっていうのかな？　『貧すりゃ鈍する』って言いますよね。生活に追われて完全に鈍感になってた母性が、強い刺激を受けて覚醒したような気がしたんですよ」

「ふ〜ん。なるほど。母性が蘇りかけてると、二人ともなんとなく感じてるんだ。ところで、緑川さん、これまでどんな風にお母さんと付き合ってきたの？」

「どんな風……ですか？　どんな風って、そうですねえ、エンパワーメントするために励まして、一緒に頑張ろうって感じですけどね」

「お母さんの生活がどんな風になったらいいのか、具体的なイメージって伝えたの？」

「具体的なイメージですか？　まあ、部屋をきれいにするとか、仕事を見つけて頑張ってみるとかは伝えましたけど」

「ＳＯＳＡ使ってみた？」

「えっ！　ＳＯＳＡですか？　いやあ〜、ああいうアカデミックなのはちょっと苦手で」

「里崎さん、今の聞いた？　この人たち福祉専門職っていうのは、どうにも職人気質でさ。自分たちが経験的に身につけた独自の技をたくさん持ってるから、とかくそれに頼りがちでさ。僕が研修で伝えるような、スキルをあまり使おうとしないんだよ」

「そ、そんなことありませんよ……」

緑川はとてもばつの悪そうな顔をして言った。

「ＳＯＳＡはもう何度か研修で伝えてるのに、みんな全然実践場面で使ってくれないんだよね。ホント、困るよなあ〜。研修する甲斐がないんだよね〜。里崎さん、どう？　早川ママにＳＯＳＡ使ってみる？」

「使ってみるって言われても、そもそもソーサってなんですか？　初めて聞く言葉なんですけど」

里崎は困惑した表情を浮かべた。

「そうか、里崎さん、まだ一回ロールプレイ研修受けただけだもんね。じゃあ、SOSA(ソーサ)のこと説明する前に、ネグレクトケースを扱う際に、特に有効な技を教えてあげようか?」

「ええ! そんなのあるんですか? 教えてください、是非、是非」

「里崎さん、亀って知ってる?」

「はあ? カメって爬虫類(はちゅうるい)の、甲羅(こうら)のある亀ですか?」

「そうそう、その亀」

「司馬さん、僕、一応義務教育修了してるんですけど」

「ふふふ……。まあ、まあ、まあ。亀触ったことある?」

「ありますよ、そのぐらい」

「亀の頭とか足を突っついたことある?」

「ありますよ! もちろん」

「じゃあ、その時どんな反応するかも知ってるよね」

「もう、司馬さんマジっすか? わかりますよ! 首をひっこめたり、足をひっこめたりするんでしょ」

「う~ん、良くできました。じゃあさ、しばらく亀の頭や、足を突っつき続けたらどうなると思う」

「そりゃあ、しぶとく突っつかれたらしばらくは警戒して首も足も出さないでしょ。もう、なんなんですか? 何が言いたいんですか?」

「そうだよね。ずっと突っつかれたら、亀だって頭も足も出すのが嫌になるよね。それで甲羅の中に閉じこもって、うるさい人間がどっかに行くまでじっと外の様子を窺いながら我慢してるわけだよね。ほとんどの人はこの亀の心境を理解してるのに、ネグレクトの家庭の心境は理解してないんだよ」

「どういうことですか？　もう少しわかるように説明してくださいよ」

「まだわかりにくい？　困るなあ、里崎さん。説明過多になってしまうな」

「いや、司馬さん、明らかに説明不足だと思いますけど」

「そう？　仕方ないなあ。里崎さんさあ、ケースワーカーとして早川さん家を初めて訪問したとしてだよ、ゴキブリだらけの家を見て、お母さんに、なんて言う？」

「そりゃあ、こんな酷い環境じゃ子どもたちがかわいそうだから、親なら、しっかり部屋を掃除して、子どものために衛生的な環境を作るように説得しますよ」

「里崎さん、僕はケースワーカーとしてってあえて言ったのに。その意味がわかってないなあ。この前、すぐに暴力をふるってしまう子どもに、何度も正論を語って説得しようとする正義感の強い先生の話をしたでしょう。忘れたの？」

「もちろん、覚えてますよ」

「今の里崎さんの答えは、倫理観や正義感に訴える先生の答えでしょう。『話せばわかる症候群』にケースワーカーが罹っちゃ駄目でしょ」

「あっ！　そうか！　人は他人から何を言われても、自分が変わろうと思わなければ決して変わらないんでしたね」

「そうそう。このお母さんは、多分各地を転々としてきてるんじゃないかな？　どう、緑川さん？」

「そうですね。早くて半年、長くても一年おきに引っ越してます」

「ほらね、お母さんは、引っ越したくないんだけど、周囲が引っ越させちゃうんだよ。どこに住んでも近所や、学校、幼稚園に保育所っていうような関係機関から、さっき里崎さんが言ったような大義名分を金科玉条みたいに毎日言われたらどんな気がすると思う？　『親なら親らしくしっかりしろ！』『まじめに働け』『子どものこと考えてあげなさい』『家を綺麗にしなさい』ってな具合にさ」

「……」

里崎は、自分の立場を母親に置き換えて考えてみた。黙っている里崎に、司馬はさらに語り続けた。

「どこに行っても周囲から同じことを繰り返し言われて、指導されて、時には怒られて。お母さんが落ち着けると思う？　お母さんだってそれができれば苦労しないんだよ。でもさ、借金まみれの家庭で、もっと酷いネグレクト環境で育てられたんだよ。どうすればいいかなんてわかるわけないよね」

「そうですね……」

里崎は、小さく、嚙みしめるように呟いた。

「方法がわからない人に、方法を教えてあげずに、ひたすら問題を解いて解答しろって言い続けてるんだよ。言われる方はたまったもんじゃないよね。だから、誰とも交流しなくなるし、家庭訪問も受け付けなくなる。ひたすら甲羅に閉じこもった亀のように、災難が過ぎ去るのを待つしかないんだよ。だからね、ネグレクトの家庭に行って闇雲(やみくも)に頑張れなんて言うのはナンセンスだし、デリカシーに欠けた話なんだよ」

「じゃあ、司馬さんならどんな風に話しかけますか？　あのお母さんに」

里崎は縋(すが)るような眼をして司馬に問いかけた。

「そうだね、相手は、児童相談所が来たら、すごく厳しく指導されると思ってるんだろうね。予想どおりのことを言ったら、『またか』って思われちゃうでしょ。それじゃ、駄目(だめ)なんだよ」

「だから、どう話すんですか？　じらさず教えてくださいよ」

「僕ならこう言うね。『お母さん、小さいお子さんを二人も抱えて、よく頑張ってますね。しかも、病気のせいで体も思うように動かせないのに、自分で生活保護の申請も市役所にしたそうじゃないですか。ガス、水道、電気も止められずに生活できてるなんて、ほんと、大したものですよ。僕だったら、自分一人じゃ市役所にも行けなかっただろうし、とっくに電気もガスも止められてると思うなあ。お母さんはどうしてそんな風に頑張れたのかなあ。ちょっと秘訣(ひけつ)を教えてほしいな』って、出だしはこんな具合かな」

「な、なるほど。ともかく、何とか生きてることを褒(ほ)めるんですね」

「そう。自分の常識にとらわれ、上から目線で話はしない。現状でできていることを順番に評価することが大切だと思うんだよ」

「ほかには何か評価できますか？」

緑川も興味深げに司馬に尋ねた。

「そうだね。たとえば、『子どもたちが明るくて、いい表情してるね。生活が苦しいと、母親がイライラして子どもを叱りつけることが多いから、そういう家に行くと表情の暗い子どもが多いけど、お母さんの子どもは本当に朗らかで、いい顔してるね。生活は苦しくても明るく過ごしてるからかな？　苦しい中で、よくイライラせずにやってこれましたね。お母さんは根っから明るくて大らかな性格なんでしょうね。本当に感心しますよ』ってな感じ」

「確かに、子どもたちは明るくていい表情をしてるんですよね～。そこを褒めるのかあ～」

緑川が、参ったという表情を浮かべながら呟いた。

「責められると思ってたお母さんは、拍子抜けするだろうし、今まで家に来た連中と全く違う反応を示した相手に興味を持つでしょ。この人はどういう人なんだろうって。この部屋を見て、それでも、自分を評価してくれるこの人は一体どういう人なんだって。そう思わせればしめたもんだよ。ジョイニングができたようなものだからね」

「また、非難されると思って身構えていたら、逆に褒められるわけですからね～」

「相手を安心させることができれば、いろんな話ができるようになるし、相手の状況をまず受け入れてるんだから、こっちの話も聞いてくれるようになるでしょ」

「なります、なります。この人となら話してもいいって思いますよ！」

緑川が大きな瞳を輝かせた。

「そこから少しずつ信頼関係を築いて、具体的な援助をして、実際に変化を体験させて、生活が良くなったことを実感してもらうことができれば、お母さんにも自信がつくし、自主性が生まれてくるはずだよ」

「それにしても、すごいですね。あの家を見て、お母さんを評価することから始めるなんて。普通は、悪いところばかり目立ってるから、そこにフォーカス当てて指導したくなるもんだけど……。あの状況から、いいところを見つけて、そっちを評価してしまうんだからな〜」

　里崎は深く感心させられた。

「亀が頭も足もひっこめたくなるようなやり取りをしても意味がないんだよ。首も足も伸ばして、安心してやり取りができる人になってあげないとね。誰だって、自分を責める人よりも、自分を認めて、評価してくれる人と会いたいでしょ。どう？　里崎さん、わかる？」

「本当に、目から鱗が落ちた気分です。常識的な家庭はこうあるべきっていう感覚にとらわれてるから、それと比べて落ちるものはすべて駄目だって評価になりがちなんですね。いいところを見つける前に、粗探しが先行してしまうんですよね。それじゃあ、共感なんてできてないってことですよね」

「そういうこと。ケースワーカーが世間一般の人と同じコミュニケーションスタイルをとってたんじゃ、何もケースは変わらないよ」

「本当ですね！　司馬さん！　ありがとうございます。これからお母さんと話をするときは、今教えてもらったことを肝に銘じます。ありがとうございました！」

「ちょっと、ちょっと、どこ行くの！　まだ、ＳＯＳＡの話をしてないよ！」

「ああっ！　そうだった。今のはまだソーサへのプレリュードでしたね」

「そうだったじゃないよ。早合点だな、里崎さんは」

　司馬は緑川と目を合わせて笑った。

「いや、でも、プレリュードがあまりに素晴らしい話だったから、つい忘れてました。それで、司馬さん、ソーサってなんですか？」

「ＳＯＳＡ（ソーサ）というのはだね、サインズ・オブ・セーフティー・アプローチっていってね、一つのケースに含まれる安心できる部分と危険な部分、わかりやすくいうと、ケースのいいところと悪いところを一枚の表にまとめて、ケースの内容を明瞭化する方法なんだよ」

「ケースのいい部分と悪い部分を視覚化するってことですか？」

「そうそう。ケースの強みと弱みは何か。考えられることをできるだけ多く表に書き出して、視覚化することで、ケースの内容をわかりやすくするためのスキルなんだよ。ほら、これがＳＯＳＡの表だよ」

「意外にというか、かなりシンプルですね……」

「ははは……。紙が四つに分割されてるだろ。真ん中から右がケースのいいところを書く部分。右に行くほど安心できる度合いが高くなっていく。同じレベルの安心をさらに上下の枠（わく）を使ってランク付けするから、最も安心できるいいところは右上の角に来ることになるわけ。逆に左半分は危険なことを書くわけだから、正反対に考えればいい。わかる？」

「ってことは、最も危険で心配な点が左下の角に来るわけですね」

「そういうこと。この表を作ることで、ケースを具体的に分析しやすくなるんだよ。場合によっては、これをクライアントに見せると児相がどれだけ真剣に考えているかが伝わるし、何をすれば児相も地域社会も安心できて、何を放置すると問題なのかが、クライアントにも具体的にわかる。だから、頑張りやすくなるんだよ」

司馬は、どうだという表情で二人の顔を順に眺（なが）めた。

「自分のことって、実は自分ではわかりにくいものですもんね。こうして、図式化すれば、具体的で、とても理解しやすくなるわけだ」

「肝心なのは、クライアントの生活から、児相がいかにたくさんのいいところを見つけているかを伝えることなんだよ。だから、悪いところを次々と粗探しするんじゃなくて、いいところ、評価できるところを必死で見つけることが大切なんだよ」

「さっきの司馬さんの話と繋がってきました」

「それを見せてあげれば、児相がクライアントに直してほしいと思っていることももちろんあるけど、それ以上にたくさんのことを評価してるんだってことが伝わって、相手も安心するでしょ。ネグレクトケースのように、クライアントが何をどうすればいいのかわからず混沌としているときには、ＳＯＳＡを使って具体的に視覚に訴えて伝えることは、とても有効なんだよ。里崎さん、どう？　これ？」

「す、すごいです。これ、使わせてください。司馬さん、ＳＯＳＡの表作りを手伝ってください。お願いします。これを使って、早川さんを説得してみます。ねっ、やってみようよ、緑川さん」

里崎の熱意に緑川は頷くしかなかった。

「ほお〜。やる気だねえ〜。緑川さん、里崎さんのこういう素直なところは見習わないと駄目だよ。職人気質の福祉専門職の人はみんな、少しは里崎さんの開拓精神を見習って、新しいスキルにチャレンジしてもらわないとね。里崎さん、頑張ってよ。三和の児相で今後ＳＯＳＡが市民権を得るかどうかの試金石になるからね。成功させてよ」

「そんなあ！　プレッシャーかけないでくださいよ。僕みたいな素人は技術がない分、使えそうなものはどんどん試さないと。使えるかどうかを迷ってる余裕なんてありませんから」

「じゃあ、とりあえず、作ってみようか」

「はい、お願いします」


司馬を中心に、里崎と緑川がSOSA(ソーサ)のシートを埋(う)めていった。里崎と、緑川は思いつくかぎり早川ファミリーの良いところを見つけ出し、右半分の紙面に書いていった。どんな些細(ささい)なことでも、プラスに思えることは書き出していった。悪いところしか探しようがないと思っていたケースだが、見方を変えて、どんなに些細で当たり前に思えることでも、評価する姿勢で臨めば、ずいぶんたくさんのプラスポイントが見つかることに、里崎のみならず、緑川も驚いた。

「司馬さん、何かこれすごいですね！　私、早川さんの良いところはかなりわかってるつもりでしたけど、こんなにたくさんあるなんて……。今の今まで気づいていませんでした。正直驚きました」

緑川は、完成したSOSAのシートを見つめながら、感慨(かんがい)深げに呟(つぶや)いた。シート左下の角には里崎の文字で一言「ゴキブリ」と記されており、その対角線上に当たる右上の角には緑川の文字で「誰よりも、子どもを大切に思っていること」と記されていた。

緑川に続いて、里崎もまた満足げな笑みを浮かべながら、静かに口を開いた。

「ほんとですね。このケースでこんなに評価できるところがあるなんて。一般的に当たり前だと思っていることも、見方を変えれば、こんなにたくさん評価できるんですね……。僕は個人的に緑川さんが書いた『笑顔が素敵』っていうのがすごく気に入ってるよ。確かに、そうなんだよね。

笑顔が素敵って大事なんだよね」

「私は、里崎さんが書いた『表情が豊か』っていうのがいいと思うわ。生活が荒むと暗い表情しかできなくなるもんだけど、早川さんは、ほんとに表情が豊かだもんね。天性の強さみたいなものを感じるもん」

「ほらね、やってみると、僕たちみたいなケースワーカーですら発見があるでしょ。だから、ＳＯＳＡは有効だっていうのに、緑川さんたちは使わないんだから」

「わかりましたよ、これからは活用しますから、勘弁してくださいよ」

「まあ、わかればいいんだけど。じゃあ、里崎さん、これ使って早川ママと話してきなよ。今回は、里崎さん一人で行くんだよ。緑川さんが一緒じゃ駄目だよ。里崎さんが一人で行って、このＳＯＳＡを使ってお母さんとじっくり話をするんだ」

「え！　どうして、僕だけなんですか？　緑川さんにも一緒に行ってもらった方が……」

「早川ママは、緑川さんが職権の一時保護を計画したと思ってるから、マイナスイメージを持ってると思うんだよね。でも、そこが狙い目で、里崎さんがこのＳＯＳＡを使って、緑川さんがいかに早川さんのことを評価してたのかってことを伝えるんだよ。自分のことを一番評価してくれてたのが、実は緑川さんだったと知れば、早川さんの気持ちは変わるんじゃないかな」

「なるほど。僕が間接的に緑川さんの熱い思いを早川さんに伝えるわけですね」

「緑川さんの心の声を聞けば、職権の一時保護という強硬手段を使ってでも、自分を立ち直らせようとしてたんだってことに気がつくんじゃないかな」

「確かに！　いいですね！」

「それに、里崎さんは、緑川さんの気持ちを伝えるためだけに、わざわざ一人で会いに来たってことにもなるんだよ。そういう里崎さんの誠実な気持ちも、伝わるんじゃないかな。早川さんが里崎さんを信用することにも繋がると思うんだけどね」

「そうかあ〜。そういう意味もあるのかあ〜」

「緑川さんや、里崎さんの優しい気持ちに早川さんが応えようと思えば、子どもの施設入所に同意するんじゃないかな。里崎さん、こういうストーリーで頑張ってみてよ。できる?」

「司馬さん！　ほんとにすごいですね。なんか、できそうな気になってきました。やってみます。頑張ってきます」

里崎は、すぐにでも早川洋子に会いに行きたかったが、緑川が少し時間をおくようにと言っていたことを思い出し、じっと待った。

二日後、早川洋子が里崎に電話をかけてきた。子どもたちが元気にしているかを聞いてきたのだ。子どもの現状をとても心配していることが、電話の様子から伝わってきた。里崎は早川の母性が目覚め始めた今がチャンスだと思った。電話を切ると、すぐに一人で早川洋子の家に向かった。里崎は、三人の思いを込めたSOSにすべてをかけてみることにした。

里崎が早川の部屋に着くと、玄関の両脇に真新しい植木鉢が一つずつ置かれていた。水やりをしてからそれほど時間がたっていないらしく、鉢の下のコンクリートは、まだうっすらと濡れていた。

里崎は軽く肩を回し、大きく息を吸い込むと、インターホンのボタンを押した。

「お母さん！　こんにちは！　子ども家庭センターの里崎です」

「ええ！　里崎さん。さっき電話で話したばかりじゃないですか。どうしたんですか？」

「どうしても見てほしいものがあって、今日はそれを持ってきました。見てもらえませんか？　そんなに時間はとらせません。かわいい花ですね」

「ああ、あれ。殺風景だから、花でも育てようかなって。ホームセンターで植木鉢とマリーゴールドの苗（なえ）が売ってたから」

「へ〜、マリーゴールドか。かわいい花がいっぱい咲くからいいですよね」

「それで、なんですか？　一体」

「あ、そうそう。本題に入らないといけませんね。ちょっと、これを見てもらえますか。これ、緑川さんが作ってたものなんですが」

「緑川さんが？　なんですか、これは？」

「これは、早川さんのお家（うち）にどんな弱みと強みがあるかを表にしたものです。見てください。左側に弱みが書かれていて、右側には強みが書かれています。ほら、左側はお母さんが今までいろいろ言われてきたことだから、もうわかりますよね。周りの人が心配になってしまうようなことばかりが並んでます」

「そ、そうねえ。聞き飽（あ）きたようなことね」

「でも、僕が見てほしいのは、反対の右側の部分です。ほら、ものすごい数の強み、つまり、いいところが書いてあるでしょう。確かに緑川さんは早川家の弱いところも気にはしているけど、それ以上にこれだけたくさんのことを強みとして評価してたんです。だからこそ、なんとしてもお母さんに頑張ってほしかったんです」

「……」

早川は、黙ってＳＯＳＡのシートをじっと見つめていた。里崎は静かに早川に語り続けた。

「こんなにたくさんいいところがあるんだから、気になるところを少しずつでも減らして素敵な家族になってほしいと願っていたんだと思います。だからこそ、職権の一時保護っていうような強引なやり方を使ってでも、お母さんにもう一度、子どもたちのことを考えてもらいたかったんですよ」

「緑川さんが、こんなものを作ってくれてたなんて……」

緊張に強張っていた早川の表情が少し和らいだ。

「緑川さんはお母さんのことを誰よりも評価しているし、頑張れる人だって信じているんです。この右上の角に書いてある言葉を見てください。『誰よりも、子どもを大切に思っていること』って書いてあるでしょう。緑川さんが考えていたお母さんの最も優れた強みっていうのがそれなんです」

里崎はそう言うと、シートの右隅をそっと指さした。

「ほんとだ……」

早川は里崎の指先が示した文字をじっと見つめていた。

「信じているんですよ、緑川さんは……。子どもたちのことを一番大切に思っているのは、ほかでもない、お母さんなんだってことを」

「緑川さんが、私なんかのことをこんなに評価してくれてたなんて。私、今まで人から評価してもらったことなんてほとんどないから、こんなに些細なことまで気づいて褒めてもらうのは初めてだわ。ふふ……。笑顔まで褒めてくれるのね」

早川は、シートの右側に並べられた自分と自分の家族への評価をまじまじと眺め、一つ一つ目で追っては、時折、嬉しそうな表情を見せるのであった。今まで、人から後ろ指ばかり指されてきた早川にとって、自分のことをこんなに細かく見つめ、認めてくれる人が存在したことは、驚きであり、喜びであったのだろう。早川洋子が、初めて自分という人間が認めてもらえたと感じた瞬間だった。

そして、無我夢中で話していた里崎は、この時初めて部屋の大きな変化に気がついた。あれほどたくさんいたゴキブリの姿が見えなくなっていたのだ。

「早川さん！　今気づいたんだけど、ゴキブリがいなくなってますね？」

「ああ、将太と優子がいなくなったから暇でね。燻煙式の殺虫剤使ったのよ。箒で掃いたら小さな山ができるほどゴキブリが死んだのよ。笑っちゃうよね」

里崎は目を皿のようにして早川の顔を見つめると、少し興奮気味に言った。

「すごいじゃないですか！　いきなり左下の角に書いてある、この家で最も危険度が高いと判断されてたゴキブリがかたづいてるじゃないですか！　すごいですよ！　こんなことができるなら、ほかの問題もすぐに解決できますね。しかも、誰に言われたわけでもなくて、自分で殺虫剤を買ってきて、自分一人で退治して、掃除したんですよね！　お母さん！　お母さんなら絶対できますよ。シートの左半分の問題、絶対解決できます！」

「そうかな？　自信ないわ。今までもずっとできなかったんだから。きっと、またできないのよ。

「私は駄目だから」

早川は、照れくささと不安が入り交じったような、微妙な笑みを浮かべながら言った。

「現にゴキブリがいなくなったじゃないですか。今までのことなんかどうでもいいんです！　今、お母さんが何をしたか、これから何をするかが大事なんです。僕も手伝いますから、頑張りましょう。それに、緑川さんっていう、お母さんのことをこんなに理解して評価してる仲間もいるじゃないですか！　一人で頑張るのは辛くても、仲間がいれば頑張れるものです！」

「そ、そりゃあ、そうかも知れないけど……」

「大丈夫。必ずできます！　だから、生活が軌道に乗るまでの間だけ、子どもたちを僕らに預けてくれませんか。しばらくは辛いですが、これから先のこと考えましょう。家庭裁判所への申し立てなんてしたくないんです。一緒に頑張りましょう！」

「でも……できるかな？　私に……」

「きっとできます、お母さんなら」

早川は、伏し目がちに小さく頷くと、里崎の顔をじっと見つめた。その目には決意が見えた。

「さ、里崎さん……、お願いがあるんだけど……」

「何、なんでも言ってよ」

「緑川さんに来てもらってくれない？」

「いいけど、どうして？」

「子どもの施設入所に何か必要な書類があるんだったら、緑川さんにそれを持ってきてほしいの。緑川さんから受け取って、緑川さんに渡したいんだ。駄目かな？」

「お母さん……。わ、わかった。すぐ連絡するよ。ちょっと待っててね」

里崎は部屋から勢いよく走り出ると、事務所に電話をかけた。

「もしもし、里崎ですが、緑川さんいますか？　……あっ、もしもし、早川さんが、施設入所の同意書とか誓約書とか一連の書類を緑川さんに持って来てほしいって言ってるんだ！　今来れるかな？」

「ええ！　本当ですか？　同意してくれたってことですか？　わかりました！　すぐ行きます。すっ飛ばしていきますから、ちょっと待っててください」

電話越しに緑川の興奮した声が届いた。

「あの、車ぶつけないでね！」

「わかってますよ。一言余計ですよ」

どの道を、どんなスピードで走ってきたのかと思うような短時間で、緑川がやってきた。そして、マンション前で待っている里崎の姿を認めると、勢いよく駆け寄ってきた。

「書類！　持ってきたよ！」

「行こう！」

二人は、早川の待つ部屋に走り込んだ。

早川は、緑川の姿を見ると、堰を切ったように話し始めた。

「緑川さん……。ごめんなさい、急に呼び出して……。里崎さんに見せてもらったのよ。ソーサとかいう表を……。嬉しかったわ。あんなにたくさん褒めてもらって。笑顔まで褒めてくれて。いつも家庭訪問しながら、私のことあんな風に思って見てくれてたんだなって……」

緑川はとても優しい笑顔を見せた。早川も恥ずかしそうな笑顔を返した。

「子どもがいなくなって、今度は帰ってこないかもしれないって思うと急に寂しくなってきて。どうしたら返してもらえるんだろうって考えて、ともかく、部屋をかたづけることから始めようって思って。そしたら、里崎さんが来て、この表を見せてくれて……」

「そうだったの……」

「悪いことといっぱい書いてあるのかなって思って見たら、悪いことよりいいことの方がずっとたくさん書いてくれてあって……。その気持ちが嬉しくて……。緑川さん、里崎さん、子どもたちをよろしくお願いします。私、左側に書いてあること直すように頑張ろうと思います。助けてくれますか？」

「もちろん‼」

緑川と里崎の返事がシンクロした。

「緑川さん、書類もらえますか？」

母としての覚悟が深く染み込んだ声だった。

緑川は、そっと書類を差し出した。早川は決して綺麗とはいえないが、しかし、丁寧なしっかりとした文字で自分の名前を書類に書き込んでいった。その様子を里崎と緑川はそっと見守った。

書類を書き上げた早川の顔は、どこか晴れ晴れとしているように、里崎と緑川には見えた。それは、早川が母として生きる道を歩み出した瞬間でもあるように思えた。里崎も緑川も、そんな早川を全力で支えたいと心から思っていた。

緑川は書類を受け取ると、そっと早川の肩に手を乗せ、「ありがとう」と呟いた。心に染みる声だった。

緑川は施設入所の同意書を、まるで宝物のように丁寧に鞄に仕舞い込むと、早川の目を真直ぐに見つめ、小さく頷いた。早川も黙って小さく頷いた。新しい明日に向かう契約が成立した瞬間だった。

里崎と緑川は、早川の視線を背中に感じながら車に向かって歩き始めた。

「折角作った二十八条の申立書、無駄になっちゃいましたね」

「いいんだよ、そんなこと。どっちみちまた作るときが来るだろうから、今回の経験は無駄にはならないさ。やってみると、意外に俺向きだなって思ったしさ」

「さすが、事務屋さんですね。今度から私の分もよろしくお願いしますね」

「なんで人の分まで作るんだよ。嫌なこった」

「日頃こんなにお世話になってるんだからいいでしょ」

「誰が世話になってるんだよ！」

「里崎さんに決まってるでしょ！」

仲が良いのか悪いのか、微妙な関係ではあったが、緑川が里崎を一人のケースワーカーとして認め始めていることだけは、確かなことだった。

里崎はエンジンをかけると、ゆっくりとアクセルを踏んだ。バックミラーには何時までも里崎の車を見送る、早川の姿が映っていた。あの人の力になりたい。母と子の楽しそうな笑顔が見たい。里崎は素直にそう思うのだった。

その後、里崎は部屋の掃除を手伝ったり、早川に付き添ってハローワークに足しげく通ったりと、時間を見つけては支援を続けた。

そして、司馬係長や緑川の力も借りながら、定期的に関係機関とケースカンファレンスを開き、今後、どのように早川の家庭と地域社会が関わり、支援していくべきなのかについて話し合いが持たれた。その際も、やはり、SOSAを使って説明が行われ、子どもたちの受け入れ準備は着実に整えられていった。

このケースは、里崎が関係機関と連携しながらケースを動かす、児相の鬼平へと育っていく大きなきっかけとなった。

そして、四か月後、将太と優子は母の待つ、温かい家庭に地域社会から歓迎されながら帰っていった。

しっかりと子どもたちを抱き寄せる早川の姿は、里崎の心に熱く焼き付けられた。

太陽を思わせるオレンジ色の花を満開にした、かわいらしいマリーゴールドが、母と子を温かく見守っていた。

悲しい虐待

残暑が色濃く残る九月、空気はまだしっとりとして蒸し暑さを残していた。児相のエントランスの両脇にある花壇では、ピンクのペチュニアと黄色いガザニアが旺盛に花を咲かせている。里崎はここを通るたびに、もう一色ぐらい別の花がほしいといつも思うのだが、何の花で、どんな色にすべきかは、忙しさもあり、なかなか決断できないでいた。決断はできないものの、花に気をとめるゆとりぐらいは心に持っておきたいと考えていた。好きな花のことすら目に入らぬようになっては、いいケースワークなど、きっとできないのだろう。花が綺麗(きれい)だと思っている間は、まだ頑張れる。里崎は自分にそう言い聞かせて頑張ってきた。

この頃には、引き継いだケースや、新規の相談も含めると、かなりの数の面接をこなした甲斐(かい)あってか、里崎も少しはケースワーカーらしくなってきていた。

そんなある日、担当地区の小学校教諭から一本の電話が入った。

「里崎さん、与力町南小学校の山田先生から電話が入ってます。電話回します」

「はい、相談課、里崎ですが」

「どうも、はじめまして。私、与力町南小学校で一年生の担任をしております山田と申します。突然のお電話で申し訳ないんですが、知り合いの先生が以前そちらのセンターに相談したところ、ずいぶんいろんな助言をいただいてとても助かったと申しておりましたので、今日お電話させていただいた次第です」

「ああ、そうなんですか。それで、どういったご相談ですか?」

「はい、四月に城山県から引っ越してきた子どもがいまして、うちのクラスに入ったんですが、ともかく、大変な子どもで、五か月間いろいろやってみたんですが、もう、私もどうしていいものか全くわからなくて……。クラスが崩壊(ほうかい)しそうなんです。なんとかお力をお借りできないでしょうか」

「先生、少し落ち着いてくださいね。何が大変なのか具体的に話してもらえますか?」

「ああ、そうですね、申し訳ありません。何と申しますか、落ち着きがないんですよ」

「でも先生、一年生なら落ち着きがないのもしょうがないと思うんですけど」

「はあ、そうなんですが、私も教師を長くしておりますが、あんなに落ち着きのない子は初めてでして……」

「どの程度落ち着きがないんですか？」

「はい、席に座っていることができなくて、ずっと教室を歩き回っているような状況で、ほかの子どもも影響されて授業ができない状況なんですよ」

「先生、それは落ち着きがないっていうようなもんじゃないですね。わかりました。保護者の方は、そのことに悩んでいてうちに相談したいとか考えてるんですか？」

「いいえ、保護者の方にはまだ何も話してないんですが、先に一度様子を見に来てもらえないでしょうか？」

「わかりました。ちょっと上とも相談しますので、とりあえず子どもの名前と家庭状況を教えてもらえますか」

「はい、名前は、高木雄太です。マンションで母親と二人暮らしですね」

「わかりました。後で連絡させてもらいます」

「はい、なにとぞよろしくお願いいたします」

多分躾(しつけ)の悪い家庭の子どもなんだろうけど、先生はいやに深刻そうだし、放っておくのはかわいそうだよな。電話の様子から山田先生の深い懊悩(おうのう)を感じ取った里崎は、何とかしてあげたいと考え、中山係長に相談した。

「中山係長！　ちょっといいですか？」

「はい、なあに、里崎さん」

「今、与力町南小学校から電話があって、クラスに一人大変な子どもがいるから見に来てほしいって言うんですよ。席についてじっとしていられない子どもらしくて、教室の中を歩き回ってるらしいんですが。まあ、よっぽど躾のなってない子どもなんでしょうけど、先生はかなり深刻そうで、一度、子どもの様子を学校に見に来てほしいって言ってます。名前は高木雄太で、母子家庭です。どうしましょう？」

「そう、多分ＡＤＨＤだと思うけど、見に行きましょうか。里崎さん今日出れるの？」

「はい、大丈夫ですけど。ＡＤＨＤですか？　躾とかじゃなくて？」

「多分ね。見てみないとわからないけど。じゃあ、一時に行くって連絡しておいて」

「了解です」

ＡＤＨＤってことは発達障害か。一体どんな様子なんだろう。動き回るってどの程度なんだろう？　ちょっと、想像できないな。まあ、現場に行けばわかるか。里崎は初めての相談内容に不安と興味が入り交じる思いで、受話器を取った。

「もしもし、与力町南小学校ですか。山田先生いらっしゃいますか。……あっ、山田先生ですか、先ほどの件ですが、今日一時に係長と一緒にお伺(うかが)いしますので、よろしくお願いします」

「ありがとうございます。よろしくお願いいたします」

電話を切ると、里崎と中山係長はすぐに与力町南小学校へ向かった。

校門の前に立つと、リコーダーが奏でる澄んだ音色が響いてきた。自分が小学生だった頃の思い出が、里崎の心に不意に蘇り、とても懐かしい思いがした。玄関へと続くアプローチの両脇には大きな桜の木が何本も植えてあり、桜のアーケードのようだった。緑の葉をすり抜けてきた木漏れ日が描く美しい模様の上を、里崎と中山はゆっくりと進んでいった。

校長室に向かうと、事情を担任から聞いていた校長が、一年生の山田先生のクラスに里崎たちを連れていってくれた。

そこで里崎が目にした光景は、ＡＤＨＤが何たるかを瞬時に理解させる光景であった。一人の男の子が、教室中を縦横無尽に走り回っている。あるときは窓辺に走り寄って外を眺め、また黒板に走り寄っては先生に話しかけ、ほかの子どもの消しゴムや鉛筆に気をひかれればそちらに走りという具合に、動き回っているのだ。

この状況にほかの子どもが反応しないわけもなく、まさしく授業どころではなかった。中山係長は、里崎に目をやると静かに口を開いた。

「ＡＤＨＤね。もちろん児童精神科医じゃない私が診断確定するわけにはいかないけど、どうみてもＡＤＨＤだわね」

「どうするんですか？」

「先生に母親を説得してもらって、センターに検査に来てもらう方がいいわね。それから、子ども診療所で田辺ドクターに診断してもらって、必要があれば投薬治療を始めないと。このままじゃ、子どもにとっても、周囲にとってもいいことなんてないわ。あれ？　里崎君、ちょっとあの子の右の頬見て。痣じゃないかな？」

「え？　痣ですか？」

中山係長の意外な言葉に、里崎は目を凝らして子どもの右頬を見た。

「あっ、ほんとだ。確かに痣っぽいですね」

「気になるわねえ。里崎さん、前の掲示板の時間割見える？　次の授業は何かな？」

「体育ですね」

「そう、ラッキーだわ。里崎さん、今日は時間あるよね。体育の授業までこのまま待機するわよ。ただの発達相談じゃ済まなくなるかもね。体操服に着替えるときにはっきりするわよ」

「えっ！　どういうことですか？」

「身体的虐待があるかもしれない」

「そんな、まさか。転んだだけでしょう。あんなにガサガサするんですから」

「里崎さん、あの子は家でも同じなのよ。しかも、母子家庭だから母親は一人で対応しないといけないのよ。自分の子どもが家であの調子で暴れまくったら、どう思う。かなりのストレスだよね。あの子を静かにさせようと叩いてしまう可能性って高いと思わない？」

「そうか、確かにそうですね。家でもあの調子でやられて、しかも、一人で頑張らなきゃいけないとなると、かなり辛いですね。気がつきませんでした」

「発達障害の子どもを育てるのって想像を絶する大変さなのよ。だから、発達障害のケースは、虐待についても気を配った方がいいってことを覚えておくのよ」

「わかりました」

里崎は中山係長の鋭い視線に圧倒されながら、算数の授業が終わるのを待った。そして、着替えの時間、里崎と中山係長は雄太の体を注視した。

雄太がTシャツを脱いだ瞬間、二人は息をのんだ。上半身一体におびただしい数の痣がついていたからだ。特に、腰のあたりには、大きな棒状のもので叩かれたような長い線状の痣がついていた。中山係長は側に立っていた山田先生に話しかけた。

「山田先生、授業はこの体育が最後ですね。授業が終わったら、雄太君を残して校長室に連れてきてもらえますか。必ず連れてきてください。本人が嫌がっても、絶対に帰さないでください。お願いします」

「はい、わかりました」

授業終了後、暫くして山田先生に伴われ雄太が校長室にやってきた。雄太は、教室では見かけないパソコンやプリンター、置物やトロフィーといったものに次々と興味を示し、落ち着きなく校長室を動き回った。中山はそんな雄太の両肩にそっと手を添えると、雄太と視線を合わすようにしゃがみこんだ。

「高木雄太君？　こんにちは。私、子ども家庭センターの、中山です。こっちの体の大きい人は里崎さんていって、私と同じセンターの先生よ」

「先生なの？　山田先生と同じ？」

「山田先生とはまた違うのよ。先生たちはね、学校の先生じゃなくてね、子どものお話を聞くセンターの先生なの。雄太君のほかにもね、たくさんのお友達が先生のところにお話に来るんだよ。それでね、嫌なこととか、しんどいことをたくさん話してくれるの。先生はね、そういうお友達から嫌なこととかしんどいことを教えてもらったらね、しんどくなくなるようにしたり、嫌なことをなくすようにするお仕事をしてるのよ。雄太君は山田先生のこと好き？」

「うん、好き。やさしいから」

「そう、先生ね、山田先生のお友達なのよ」

「山田先生のお友達なの？　先生本当？」

「そうよ、中山先生も、里崎先生も先生のお友達なのよ。だから、安心して中山先生とお話ししてね」

「うん、わかった」

「じゃあ、雄太君。このソファーに座ってくれるかな」

中山がそう促（うなが）すと雄太は素直にソファーに腰掛けたが、ふわふわしたソファーの感触が面白いようで、今度はソファーに座ったまま体を上下左右に動かして遊び始めた。

「雄太君、飴（あめ）食べる？」

中山がバッグから飴を取り出して見せると、雄太はすぐに飴に反応した。

「うん、食べる、食べる」

飴を舐（な）め始めて、落ち着いた雄太に、中山は優しく問いかけた。

「あれ～、雄太君、今日は、お顔に怪我（けが）してるよね。このほっぺのところ。どうしたの？」

「転んだ」

「そう、転んだんだ。転んでどこかにぶつけたの？」

「転んだだけ」

「そう。どこで転んだの？」

「う～んとね、忘れた」

「そっかあ、忘れちゃったんだ。雄太君、先生たちね、さっき、体育の授業の前から雄太君たちのクラス覗いてたんだよ。知ってた？」

「知らな～い」

「そっか……。それでさ、体操服に着替えてるときにも先生たち雄太君たちを見てたんだけど、雄太君、体にたくさん怪我してたね。あれどうしたの？」

「転んだ」

「そうか、たくさん転んだんだね。先生ね、怪我が早く治るおまじない知ってるからちょっとやってあげようか。じゃあ、ちょっとシャツ脱いでね」

近くで見ると、間違いなく痣であった。かなりの数である。中山は、そのほとんどが強く抓られてできたものだとすぐに悟った。中山は里崎に向けて小さな声で呟いた。

「こりゃ、酷いわね。継続的にずっとやられてるな」

「えっ、どうして継続的にやられてるって思うんですか？」

「色よ色。痣の色よ」

「色ですか？　色で何がわかるんですか？」

「もう、子どもの頃怪我したことないの？　机の角とかに思いっきりぶつけたら、紫色に腫れあがったでしょ」

「ええ」

「でも、紫色になる前は赤みがかったピンクでしょ。それから紫色の痣になって、時間がたつとくすんだ緑色に変わって、最後に濁（にご）った黄色になってから肌色に戻るでしょ。要するに、痣っていうのは、ぶつけた直後から治るまで、時間の経過とともに色が変わるわけ。この子の痣は一色じゃないでしょ。顔のは赤いし、体についてるのは、赤、紫、緑、黄色って全色揃（そろ）ってるでしょ」

「そうか！　一日でやったんなら、痣は一色じゃないとおかしいんだ。これだけの色が揃ってるってことは継続的に虐待されてるってことか」

「雄太君、たくさん転んだんだね。痛かったでしょ。でもねえ、雄太君、先生ね、雄太君と同じような怪我をしたお友達たくさん見てるんだよ。そのお友達はね、転んだって言ってなかったよ。転んでできる怪我はね、擦（す）り剝（む）いたりするから、血が出て瘡蓋（かさぶた）ができるんだよ。でも、雄太君の怪我は血が出てないよね。これはね、抓られたり、叩（たた）かれたりしたときにできる怪我だと思うんだけど、どうかな？」

「違う。転んだの」

雄太は、抓られたことを絶対に認めようとしなかった。しかし、嘘（うそ）がばれるのを恐れてか、次第にまた落ち着きがなくなり、体を小刻みに揺（ゆ）すったり、足を伸ばしたり縮めたりし始めた。虐待されている子どもは、ほとんどがそうなのだが、決して虐待されていることを認めようとはしない。子どもたちはよくわかっているのだ。どんなに辛い家庭でも、自分が帰るところはそこしかないということを。それ故（ゆえ）に決して正直には話さない、いや、話せないのだ。もし、人に話せば、家に帰ってからどんな酷い目に遭（あ）わされるかわからない。帰る家がなくなるかもしれない。それが恐ろしくて、正直には話せないのである。

雄太は動揺し、不安と、恐怖が全身を支配していた。小さな手が小刻みに震え始めていた。

中山は、その手をしっかりと握ってゆっくり、そして優しく話しかけた。

「雄太君、心配いらないよ。先生たちが絶対に守ってあげるから。この先生見てごらん、すごく体も大きいから、どんな怖い人が来ても絶対に雄太君を守ってくれるんだよ」

「ほんと？」

中山は大きく頷いた。

「もう、絶対に叩かれないようにしてあげるし、絶対に抓られないようにしてあげる。もし、雄太君がお家に帰るのが嫌なら、先生がお友達のいる別のお家に連れていってあげるから。何があっても、先生たちが絶対に雄太君は守ってあげる。大丈夫だよ。もし、お母さんとずっと一緒にいたいんなら、抓らないお母さんに変えてあげるから。だから何も心配しないでいいんだよ」

「お母さん、怒らなくできるの？」

「できるよ。だから正直に先生に話してくれるかな？　お母さんに抓られたんだよね？」

「ヒ、ヒ、ヒ～ンヒンヒンヒン」

突然雄太が泣き出した。どうしていいのかわからなくなったのだ。多分雄太には、母への恐怖や憎しみのほかに、愛着や思慕も残っているのだろう。それ故、正直に言うことで、母が誰かに叱られてしまうのではないか、という母を気遣う思い。毎日抓られる家には帰りたくないという思い。そして、正直に話したあとで、家に帰されたら、どんなに酷い目に遭うのかという恐怖心。そんな複雑な思いが溢れ出し、混乱した幼い心が、雄太を泣かせてしまったのである。

「雄太君、ごめん、ごめん。もう先生何も聞かないから。大丈夫だよ。あとは先生に任せて、一緒に行こうね。お母さんは、優しいお母さんに変わって雄太君を迎えに来てくれるから、心配しないでね」

「山田先生、センターまで一緒に行ってもらえますか？」

「はい、雄太君も不安でしょうから。よろしいですよね、校長先生」

「もちろんです。一緒に行ってあげてください」

「ありがとうございます。里崎さん、ちょっと雄太君と話しててね。事務所に電話してくる。職権の一時保護になるから」

「わかりました。雄太君、先生と折り紙して遊ぼうか。ほら、先生折り紙いっぱい持ってるんだよ」

　里崎が雄太と折り紙をしている間に、中山係長は校長室を出てセンターに連絡を入れた。

「もしもし、中山ですけど、次長か課長がいれば、代わってくれる？」

「はい、前山ですけど、どうしたの？」

「里崎さんの管轄（かんかつ）する与力町南小学校に来てるんですが、継続的に身体的虐待を加えられてる一年生の男の子がいます。このまま帰すわけにもいきませんから、職権の一時保護をかけたいと思います。所長にも伝えてもらえますか」

「わかった。戻ってくる前に県立三和病院に寄って、診断書取っとくようにしてくれるかな。保護者が全く話にならん場合は、警察への告発もあるから」

「わかりました。そうします。母親が学童保育に迎えに来たら、センターに連絡するように伝えてほしいと学校にお願いしておきます。夕方までに帰るつもりですが、母親から先に連絡があれば、センターに呼んでおいてください」

「わかりました。気をつけて」

中山は校長室に戻ると、早足で校長のもとに歩み寄った。

「校長先生、お願いがあります。山田先生には同行していただきますので、母親が迎えに来たら、雄太君が児童相談所に保護されたと伝えてもらえますか。これ、うちのパンフレットですから、その時に渡してください」

「お母さん、怒りませんかね？」

「母親が騒いでも、虐待の疑いがある場合には、学校は児童相談所に報告するという児童虐待防止法上の義務があるということを説明してください。あとは、こちらで対応しますから」

「わ、わかりました。雄太君をよろしくお願いします」

校長は、不安そうな表情は見せたが、覚悟は決めたようだった。

里崎と折り紙をするのがよほど楽しかったのか、さっきまで泣いていた雄太はすっかり機嫌が良くなり、里崎にじゃれつき始めていた。センターに行くことにもほとんど抵抗もなく順調に車に乗り込んだものの、車の中では落ち着きなくはしゃぎまわり、里崎は手を焼いた。

途中、県立三和病院の小児科を受診し、雄太の痣の状況を診断してもらった。ほとんどの痣は中山の見立てどおり、人が強い力で抓ったものだろうということだった。腰の長い痣は、掃除機の柄のようなもので強く叩かれたものであろうと医師は判断した。

強い打撲を受けた場合には、周辺の細胞が傷つき、細胞内の細胞液が血液中に流れ出すために、一部の酵素の数値が上がる場合がある。血液検査では、背中の大きな痣が原因したのか、若干の細胞破壊の反応を確認することができたが、それ以外に特に異常は発見されなかった。全治一週間の診断書が出された。

検査後、センターに到着した雄太は、スムーズに一時保護所に入所した。同じ年頃の被虐待児が何人か保護されていたので、すぐに仲良くなり楽しそうに走り回っていた。ＡＤＨＤということもあり、一時保護課の職員は大いに手を焼いたが、雄太はのびのびとできるのがよほど嬉しかったのか、とても楽しそうにしていた。

雄太の元気そうな様子を確認して、山田先生は児童相談所を後にした。

そして、五時半過ぎ、ついに、母親から里崎あてに電話が入った。

「里崎さん、高木幸子さんからお電話です。雄太君のお母さんだっておっしゃってますよ。電話回します」

里崎は一つ深呼吸をすると、受話器を取った。

「お電話代わりました。相談課の里崎です」

「私、雄太の母親です。校長先生から聞きましたけど、どういうことですか！　親の許可なく勝手に雄太を連れていくなんて！　すぐに連れてきてください！」

「お母さん、雄太君は児童相談所が職権による一時保護をさせてもらいました。ですから、すぐにはお返しできません。できれば、お話をお伺いしたいので、センターまでおいでいただけますか」

「人の子どもを勝手に連れていっておいて、私に来いって言うの！」

「申し訳ありませんが」

「わかりました。すぐ行きます。行けば返してもらえるんですよね！」

「いいえ、すぐにはお返しできません。今後のことは、お会いしてお話を伺ってから決めることになります」

「ともかくすぐに行きます！」

母親の怒りを正面から受け止めた里崎は、天井を見上げてため息をついた。

「どう、里崎さん。どんなだった、お母さんは？」

長谷部課長が里崎に尋ねた。

「むちゃくちゃ怒ってますよ。あんなに怒ってる人と話なんてできるんですか？」

「まあ、その辺は、中山さんに任せとけばいいわ。中山さんお願いね」

「はい、わかってます。とりあえず私が話をするから、里崎さんは適当なタイミングでお母さんに声かけてあげて。『大丈夫ですよ』って優しくいい声でね。それで十分だから。いいタイミングでよ。わかった」

「はい、やってみます。でも、お母さん怒ってましたよ。すごく」

「当たり前でしょ！　自分の子どもが勝手に連れていかれたんだから、普通怒るでしょ」

「そうなんですけど……」

三十分後、母がものすごい形相でやってきた。

「里崎さんていますか！　高木ですけど！」

「高木さんですね、どうぞ、こちらです」

後藤が母を面接室へと案内した。中山はメモ用紙を持つと里崎に声をかけた。

「さあ、里崎さん行こうか！」

「はい。お願いします」

面接室の戸を開けると、母が恐ろしく険しい表情で里崎たちを睨みつけてきた。

「子ども家庭センターの中山です」

「里崎です」

「どういうことか説明してもらえますか？　なんの権利があってうちの子を勝手に連れていったんですか！」

「そうですよねえ。突然大切なお子さんが連れていかれたんですから、驚かれたでしょうし、何が起こったのかわからずに混乱もされたと思います。その点については、本当に申し訳ないと思っています」

「そしたら、今すぐ雄太を返してくださいよ！　連れて帰りますから！」

「それができないんですよ。児童虐待防止法っていう法律がありますから、私たちは虐待を受けている子どもを保護しないといけないんです。私たちだって、こんな強引な真似はしたくないですよ。保護者の方の気持ちを考えると、私たちもすごく辛いですから」

「そう思うんなら、今すぐ雄太を返してちょうだい！」

「お母さんも日本に住んでいる限り、日本のいろんな法律に縛られてますよね。それと同じで、私たちも、法律に逆らうことはできないんです。だから、子どもの安全が確認できるまでは雄太君をお返しするわけにはいきません」

「法律の規制っていっても、それは、虐待されてる子どもに対する法律でしょ！　私が虐待したって言うんですか！　何か、証拠でもあるんですか？　雄太が私に虐待されたって言ってるんですか？」

「雄太君は、転んだって言い続けてましたよ。決して叩かれたとも、抓られたとも言いませんでした。泣きながら、転んだだけだって言ってましたよ。お母さんは、雄太君と二人で暮らしてるんですから、雄太君の体にたくさんの痣があるのは気づいてますよね。あの痣はなんだとお考えですか？」

「あれは、私がやったものよ！　でも雄太が言うことを聞かずに暴れ回るから躾でやったんです。あれを虐待だっていうんですか？」

「お母さん、あんなに痣ができるまで抓ったりするのは決して躾とはいえないんですよ」

「親が子どものためを思って厳しく躾けるのは当然でしょ！　あれは躾ですよ！」

「民法でいう親の懲戒権のことを拡大解釈されてるのかもしれませんね。懲戒権は子どもが事故に遭いそうなときに、あわてて子どもの襟首を摑んで引っ張り戻すっていうような緊急時の行為は認めてますが、それ以上の行為は認めていません。叩くことは基本的にどんな場合も躾とはいえないんです。ですから、今お母さんが雄太君にしていることは虐待に当たるんですよ」

「そんな、それじゃあ、私がテレビでよく言ってる虐待をしたっていうんですか？　虐待なんて、そんなつもりはないですよ。私も逮捕されるっていうんですか？」

　母は、少し狼狽している様子だった。

「お母さん、落ち着いてください。もちろん、雄太君が家に帰るのが絶対に嫌で、お母さんを罰してほしいと願ったり、お母さんも全然反省してもらえなくて、これからも同じことを続けるっていうなら、そういうこともありますよ。でも、雄太君はそれを望んでいませんし、私たちもそれは望んでいませんから」

「望んでいないって、でも、虐待だって思ったから雄太を連れてきたんでしょ。私に罰を与えるために雄太を連れてきたわけでしょ」

「お母さん、違うんですよ。確かに今お母さんが雄太君にしてることは、躾と呼ぶにはふさわしくない不適切なやり方です。でもね、お母さんがそうしてしまう気持ちがよくわかるから、子育てのお手伝いをしたいって思ったんですよ」

「子育ての手伝い？」

「ええ。ただ、さっきも言ったように法律がありますから、雄太君を預からないわけにはいかなかったんです。でも、本当に私たちがしたいことは、お母さんが今のような辛い子育てをしないでも済むように、雄太君との関わり方を一緒に考えさせてもらいたいってことなんですよ」

「辛い子育て……」

母親は机に目を伏せると小さく呟いた。

「私たち、雄太君の授業を受けてる様子も見ました。授業中にずっと走り回ってる雄太君の様子を。だから、この子を育ててるお母さんって、どんなに大変なんだろうってことがわかったんです。きっと、一人でものすごく苦しんでるはずだって思ったんです」

「一人で……苦しんでる……」

母親の目に悲しみが浮かんでくるのが見えた。

「私がお母さんの立場だったら同じことはしない、なんてとても言えません。だから、専門機関として子育てに協力させてもらいたいって思ったんですよ。ほんとに大変だったでしょ。話してもらえませんか？　今までのこと。もう、一人で苦しむのはやめましょうよ。私たちに協力させてくれませんか。ねっ、お母さん」

「……」

黙って俯（うつむ）いている母の表情に、心の葛藤（かっとう）を見た中山は、さらに語を継いだ。

「雄太君、お母さんのことかばって泣きながら転んだって言ってましたよ。お母さんが好きだからじゃないですか。お母さんが一生懸命育ててくれたって思ってるからじゃないですか。だから、もう、辛い子育ては終わりにしませんか」

中山係長は母を包み込むような優しい声で語りかけた。その声は母の心の奥に届いたようで、葛藤から解放された母は、こらえきれずに泣いた。

「うう……。うううう……。雄太、雄太ごめんなさい。ごめんなさい。ううう……」

「大丈夫ですよ、お母さん」

里崎が母に声をかけた。珍しく、いいタイミングだった。

母は、これまでの辛く、苦しかった思いを淡々（たんたん）と語り始めた。それは、とても悲しいストーリーだった。

「私、なかなか子どもができなくて、何度も何度も不妊治療をして、お金もすごくかかって。主人はもういいんじゃないかって言ったんですけど、諦（あきら）められなくて。二年も治療を続けて、やっとできたのが雄太なんです」

「そうだったの。雄太君は待望の赤ちゃんだったのね」

中山は、話し方を少しフランクに変えながら母に問いかけた。母は小さく頷いた。

「歩き始めるまでは普通の子だと思ってました。主人も、私もかわいくてしょうがなくて、ほんとに幸せでした。一歳を過ぎて、よちよち歩き出した頃の感動は今でも鮮明に覚えています。主人と雄太との三人で過ごした本当に幸せな記憶です」

中山は優しい眼差しで黙って母の話に耳を傾けた。

「でも、二歳になった頃からです。足もともしっかりし始めると、ともかく動き回る子で、最初は元気のいい子だなって思ってたんですけど……。目離しが全くできないぐらいに動き回るから、私も主人もつきっきりで、それこそ、へとへとでした」

「わかるわ」

「気になって、母に聞いても、男の子はそんなもんだって言われて。私も頑張らなきゃって思って一生懸命、雄太を追いかけてました。でも、三歳になると、もうどうにもこうにもならないぐらいに走り回るようになって、衝動的に物を投げたり壊したりすることも増えてきて、いよいよ大変になってきたんです」

「そうだったの。乳幼児健診は行ってたの?」

「ええ。三歳児健診でも、元気のいい子ですねって言われただけで、特に問題ないって言うことだったので、子育てってこんなに大変なものなんだと思うと、ほかの人たちはよく楽しそうに子育てができるんだなって……。自分が駄目な母親に思えてきて……」

「お母さんは、全然駄目なんかじゃないのにね。辛かったね」

「そのうち、雄太の行動がどんどんエスカレートしてきて、怒っても怒っても、言うことを聞かないもんだから、主人が雄太を叩くようになっていったんです」

「旦那さんが先に手を出すようになったんだね……」

「主人は『こいつは馬鹿だから、言ってもわからない。体に教えてやらなきゃ駄目だ』って言ってどんどん叩くようになっていったんです。私はそれが嫌で、主人と喧嘩ばかりするようになって。だんだん主人と会話もしなくなって、話すときといったら、主人が雄太を叩いて私がそれに怒って喧嘩をするときだけ。それで結局一昨年離婚したんです」

「子育てが原因で旦那さんと……」

「それから今までの一年三か月は地獄でした。はじめのうちは、私も一生懸命雄太を怒らないようにしようって思って頑張ったんです。でも、どんなに説明しても、何度同じことを言っても、雄太は何も変わらなくて」

「一生懸命頑張っても、何も効果が得られないのって、本当に辛いよね」

「ある時、雄太がいつものように走り回ってて、私の仕事の書類にジュースを溢したんです。その時、私、発作的に雄太の頬をひっぱたいてしまって。そしたら、あの子おとなしくなったんです。もちろん少しの間ですけど。でも、どうしても言うことを聞かせたいときに叩いたり、抓ったりすると、おとなしくなったから……」

「それが、きっかけだったのね」

「それからだんだん、雄太を静かにさせたいときは、私も叩いたり、抓ったりするようになっていったんです。もう止められなくて。結局私も、主人と同じことを雄太にしてるんですよ。あの子を叩く主人が許せなくて離婚したのに、気がつくと私も同じように叩いたり、抓ったりしてたんです。私は、本当に酷い、鬼のような母親なんです」

里崎が低く、優しい声でそっと母に語りかけた。

「お母さん、大丈夫ですよ。誰もお母さんのこと責めたりできませんから」

里崎の、優しい声に母親は耐えきれず、嗚咽した。すすり泣く母に、中山が静かに話しかけた。

「お母さん、ずいぶん頑張ってきたね。誰にも相談できずに、一人で悩みながら、必死になって雄太君と二人で頑張ってきたんだね。どんなに大変だったか、私なんかにはとても想像もできないわ。私だってお母さんの立場だったら、きっと同じことしてたと思うよ」

母は、涙を溢しながら、頭を左右に振った。

「私、駄目な母親なんです……。鬼です、私は……」

「お母さんは、駄目なんかじゃないし、もちろん鬼でもないわよ。むしろ、よくここまで頑張ってきたと思うよ。でも、このままじゃ、お母さんも雄太君も辛すぎるよね。お母さんも雄太君が好きだし、雄太君もお母さんが好きなのに、二人の関係は健全じゃない。これは悲しすぎるよ。自分を責めるのはやめて、前を向こうよ」

「前を向くって？」

「お母さん、私たちはたくさんの子どもを見てきてるの。だから経験的に言わせてもらうんだけど、雄太君は、多分発達障害だと思うの。ＡＤＨＤじゃないかな。注意欠如多動性障害っていう障害なんだけどね」

「雄太は、病気なんですか？　発達障害ってなんですか？　どんな病気なんですか？　治るんですか？」

「発達障害っていうのは、脳の一部の機能に問題がある障害なの……」

中山は、雄太の症状について簡単に説明した。

「そ、そうなんですか」

「お母さんがどんなに頑張っても、雄太君はお母さんの思うようには頑張れないし、雄太君自身も、自分を止めようとしても止まらないのよ。雄太君は、じっとしていることができない障害があるんですもの。お母さんが育てにくいのは当然だし、お母さん以外の人でも決してうまく育てられる子どもではないのよ。だから、もう自分を責めるのはやめようよ」

「雄太は、言うことを聞かなかったんじゃないんですね。聞きたくても聞けなかったんだ……」

「もちろん、詳しいことはドクターの診断がないとわからないわよ。それでね、お母さん。うちのセンターには子ども診療所が併設されてるから、そこの児童精神科医に雄太君を診察してもらわない？　ＡＤＨＤなら、投薬治療ですごく症状が良くなる場合もあるのよ」

「薬ですか？　でも、副作用とかがあるんじゃ？」

「そうね、食欲が落ちるとかいくつか副作用はあると思う。でも、このままじゃ、雄太君は学校でほかの子どもたちや保護者からいろいろと酷い噂をたてられたりすることが考えられるでしょ。そういうことを放っておいたら、雄太君の自尊心がどんどん傷つく結果になりかねないと思わない？」

「そうですね。いじめの対象になっちゃうかもしれませんよね……」

「それを避けることの方が、副作用よりもずっと重要だと思うの。お母さんにとっても、投薬治療は大切じゃないかな。子育てのストレスをこのまま放っておいたら、それこそ取り返しのつかないことにならないかな？　詳しいことは、ドクターが十分説明してくれるから、お母さんも納得できると思うよ」

「わかりました。じゃあ、お願いできますか」

「ありがとう！　それから、この機会に、ＡＤＨＤの子どもとの接し方についても、私たちから助言させてもらいたいんだけど、どうかな？　できれば家庭訪問させてもらって、部屋についても、どんな風にした方がいいか助言したいんだけど」

「お願いします」

「良かった！　もう一つお願い。学校の担任にも、雄太君のことを十分に理解してもらうことも大切だと思うの。雄太君との接し方や、授業中、どんなことに気を配ってもらう方がいいかとか。そうすれば、家でも、学校でも雄太君は今よりずっといい環境で関わってもらえることになるし、何よりも、お母さんと学校の連携（れんけい）が良くなれば、どんなやり方が効果的なのか情報交換できて、スキルが増えることになるでしょ。私たちに学校の指導もさせてもらえないかな？」

「ありがとうございます。是非お願いします」

「じゃあ、お母さん、しばらく雄太君の行動観察をするために、一時保護課で雄太君を預からせてもらえるかな。お母さんが一時保護に同意してくれるなら、私たちも職権の一時保護を、同意に切り替えるわ。そうすれば、いつでも面会もしてもらえるわけだし」

「わかりました。雄太をよろしくお願いします」

「ありがとう！　それじゃあ、今日は水曜日だから、来週の火曜日あたりにもう一度来てもらえるかしら？　その時、ドクターから診断結果や、投薬治療等についても詳しく説明させてもらうからね」

「あの、雄太にはいつ頃会えますか？」

「そうねえ、今日は雄太君も疲れてるし、まだ、どんな顔でお母さんに会っていいかわからないだろうから、申し訳ないんだけど、少し様子を見させてもらえるかな。できるだけ早く面会してもらえるようにするね」

「わかりました。じゃあ、連絡待ってます。携帯にかけてもらえますか？」

「ええ。いろんなことがとても心配だと思うけど、お母さんなら、絶対に大丈夫だから」

母は、来所したときの厳しい表情とは打って変わって、憑き物が落ちたような柔和な表情をしていた。里崎は、母にそっと手を差し伸べて握手をした。里崎の大きな手が母のか細い手をギュッと握りしめた。

「お母さん、今まですごくしんどかったと思いますけど、一緒に頑張りましょうね。雄太君、きっと良くなりますよ」

母は、深々と頭を下げて帰っていった。

里崎は、怒りに震えて来た母が、今頭を下げて帰っていく後ろ姿を見ながら、不思議な気分になっていた。

「中山さん、なんでこんな風になったんですかね？　お母さん、あんなに怒ってたのに。お母さんにとって、僕たちはさっきまで憎き敵だったはずでしょ」

「職権で一時保護した後、親は私たちに強い敵意を向けてくるけど、それをまともに受けてちゃしんどいでしょ。だからね、私はいつも児童虐待防止法のせいにしちゃうのよ」

「虐待防止法のせいに？」

「そう。私は一時保護なんかしたくないんだけど、法律がやらせるんだってね。法律上の決まりだから、児童相談所の職員だって逆らえない。しょうがなくやってるんだって。法律のせいで、保護者が子どもを連れていかれても何もできないのと、私たちも同じ立場なんですよって言っちゃうのよ」

「そういう理屈かあ」

「そんな風に言われたら、相手も仕方ないなって思っちゃうでしょ。こういうときは法律を悪者にしちゃうのよ」

「悪者にねえ～」

「あとは、法律上仕方なくやったけど、私個人としてはお母さんの気持ちが痛いほどわかりますよって共感するの。それから、こんな面倒な法律なんて相手にしないで、私たちと話し合って、うまく解決しましょうよって、持ちかけるのよ。私たちも、法律どおりの強引なやり方なんて嫌いなんです。お互いに、話し合っていい方法を探しましょう。私たちは、敵じゃなくて味方ですよってことにしちゃうの。わかった？」

「なるほど。児童相談所は敵ではありませんよ。保護者と同じで、法律によって縛られてるんです。立場は違うけど協力し合って子どもの安全を確保できれば、結局、子どもは家庭に早く帰れるんですよって説明して、対立関係を避けるわけですね。中山さんって狡猾ですね」

「何が狡猾よ！　スキルよスキル！　私一人に喋らせといて、お礼もなしに狡猾って！　嫌な人ねえ里崎さんて。それに、いいとこだけ持っていっちゃってさ。きっとお母さん、里崎さんのことすごく優しいいい人だって思って帰ったわよ！　最後に握手なんてしちゃってさ。里崎さんの方がよっぽど狡猾（こうかつ）じゃないの？」

「そんなあ！　僕は本当にお母さんに頑張ってほしいと思ったから、自然に握手したくなっただけですよ」

「都合のいいときに、『大丈夫ですよ、お母さん』なんていい声で言っちゃってさ」

「中山さんが言えって言ったんじゃないですか！」

「まあ、うまくいったからいいか。でもそれにしても、お母さん本当にしんどかっただろうね。なんせあれぐらいハイパーなADHDだもんね。三歳児健診で見つけてあげてほしかったな。そしたら人生変わってたかもしれないのに」

里崎は世の中の不条理を感じていた。この母は教養もあり、優しく、きっと子どもが好きで、それこそ、子どもがほしくて、ほしくて仕方なかったはずなのだ。二年にもわたる不妊治療の末、ついに授かった我が子が生まれたときには、どれほど嬉（うれ）しかったことだろう。しかし、その子が発達障害であったこと、そして、周囲の誰もそのことに気づいてあげられなかったことが、母の苦しみを限界まで押し上げ、求めて、求めて、ついに生まれた最愛の我が子を虐待させてしまった。

おそらく、この母は、普通に子育てをしている母親よりもずっとずっと忍耐強かったはずだし、ずっとずっと子どもへの愛情も深かったはずである。にもかかわらず、この母親をして虐待せしむる世の中の不条理を、里崎は言い知れぬ悲しみとともに感じていた。誰がこの母を責めることができるだろう。里崎は、虐待の裏にある悲しい物語に触れた気がした。

どんな人間でも条件が整えば、いつでも虐待者になってしまう――

長谷部課長から以前に聞いた言葉を、真実の響きとして、しっかりと受け止めていた。あんな、まじめなお母さんが、大切な我が子を虐待してしまうのか。長谷部課長が言っていたとおり、虐待するかしないかは、本当に紙一重なんだな。人間って弱くて、悲しいものだなあ……。ともかく、全力であのお母さんのフォローをしていこう。そして、一日も早く雄太君をお家に帰してあげよう。

里崎は心に強く誓った。

翌日、判定係のスタッフが、雄太に対してＷＩＳＣⅣによる発達検査を行った。

雄太は、全体的なＩＱに関しては知的な遅れはなかった。しかし、やはり雄太の能力は個人内差が大きく、得意とする分野と苦手とする分野に大きな溝があった。さらに、注意力が持続せず、問題が思うようにできないとすぐにイライラするといった衝動性も見受けられる等、ＡＤＨＤの児童が示す、特有の検査結果が見て取れた。

検査結果はすぐにまとめられ、子ども診療所の児童精神科医、田辺ドクターに手渡された。その後、ドクターは雄太を診察し、ＡＤＨＤであるとの診断確定がなされた。ドクターは、一日も早い投薬治療が、雄太には必要であると判断した。そのため、母にインフォームドコンセントを行い、投薬治療の開始について納得してもらう必要があった。ドクターは里崎に、母親を来所させるようにと指示を与えた。

月曜日、里崎は早速、母に連絡をとった。

「もしもし、高木さんの携帯でしょうか？」

です か?」

「はい、そうですけど」

「中央子ども家庭センターの里崎ですが、今電話よろしいですか?」

「あっ、はい、大丈夫です。雄太に会えるんですか?」

「あ、いや、そうじゃないんですが、昨日、うちの田辺ドクターが雄太君のことを診察しまして、その結果についてお母さんにお話ししたいと言ってるんです。お母さんはいつがご都合よろしいですか?」

「はい、いつでも結構です。明日でも、明後日でも大丈夫ですが」

「では、明日にしましょうか。夕方五時頃はいかがですか?」

「それなら、夕方一時間だけ休暇をとれば行けますから、お願いします」

「じゃあ、明日夕方五時にお待ちしています」

里崎は、受話器をゆっくりと戻すと深呼吸をした。ケースが動き始めている。そんな気がした。


翌日、母は時間どおりにセンターにやってきた。

「こんにちは。わざわざすいません。お仕事まで休んでいただいて」

「いいえ。いいんです。それで、雄太どうなんでしょうか?」

「はい、その点については、ドクターが詳しく説明してくれますから。こちらにどうぞ」

里崎は診療室に母を案内した。母は、とても緊張している様子だった。

診療室では、田辺ドクターが優しい笑顔で母を待っていた。

「どうもはじめまして、田辺です」

「はじめまして、雄太の母の高木です。この度（たび）はお世話になりました。それで先生、雄太はどうなんですか？」

「それじゃあ、早速説明させてもらいますね。それにしてもお母さん、これまで一人で頑張ってこられたと聞いてますが、ずいぶん大変だったでしょうね！　雄太君を一人で育てるのは並大抵（なみたいてい）のことではないでしょうからね。頭が下がる思いがしますよ。これまで医療機関を受診されたこともないんですよね？」

「はい、ありません。健診でも特に問題ないと言われてましたから」

「そうですか。それじゃあ、一人で悩まなきゃしょうがありませんね。雄太君をお預かりしてから、こちらで、ＷＩＳＣⅣ（ウィスクフォー）という発達検査をさせてもらいました。これは、子どもの持つ能力をいくつかの分野に分けて検査する発達検査なんですが、雄太君は、全体としての力でいえば、知的な遅れはありませんね」

「良かったあ。安心しました」

「ただ、雄太君の持っている力には、分野ごとにばらつきがあるんですよ。そのせいで雄太君自身もある部分では自信が持てるのに、ある部分では自分でも納得がいかないぐらいできないという状況を抱えてしまってます。本人自身も不安定でしんどいところがあるでしょうね」

「そうなんですか」

「それから、やはり注意力の足りないところが目立ちますし、衝動的に感情を抑えられないところも目立ちますね。興味がすぐにあちこちに飛んでしまって、特に、目から入ってきた刺激にはすぐに反応したくなって、行動が抑えられないんですよ。結果的に、次々と目移りしては、動き回るという行動に出てしまいます。検査の結果と雄太君の行動を見せてもらった結果、私はＡＤＨＤだと診断します」

「ＡＤＨＤですか。この前、中山さんがそうじゃないかって……」

「ＡＤＨＤというのは、注意欠如多動性障害という発達障害です。これは、脳の機能の一部に先天的な問題があるために、注意力が維持できなかったり、自身の行動を抑制できない障害です。原因が特定されているわけではありませんが、一般的によくいわれている原因の一つをもう少し具体的にいうと、脳内で出ているドーパミンという脳内ホルモンが足りないために起こる障害です」

「ドーパミン？」

「ドーパミンというのは原始的な脳である大脳辺縁系の最も奥にあるＡ神経が作っているホルモンです。さまざまな働きをしますが、集中力を維持するためにも重要なホルモンです」

「集中力を維持するホルモンですか……」

「ＡＤＨＤの子どもは、なんらかの異常によりそのホルモンのできる量が少なかったり、あるいは量は適正に作られているのに、レセプター、いわゆる受容体といって、ドーパミンを受け取る器官に異常があるために、注意力が維持できなかったり、行動を抑制できなかったりするのではないかと考えられています。ですから、雄太君の行動が治まらないのは、お母さんの育て方が悪いといった理由ではないんですよ。雄太君は、発達障害なんです」

「それで先生、治るんでしょうか？」

「多動は一般的に、年齢が上がるとともに治まってくるといわれてます。しかし、まずは、一日も早く投薬治療によって雄太君の逸脱行動を抑えていかなければなりません」

「でも、先生、あんな小さな子どもに、継続的に投薬治療をして副作用なんかは大丈夫なんでしょうか？　とても心配で」

「そうですね、その点について説明しましょう。薬を使うんですから、当然副作用はあります。一般的には、少し食欲が落ちたりするなどいくつかの副作用が報告されています。ただ、今考えなくてはいけないことは、副作用を心配して雄太君に投薬治療をしない場合に起こってくる二次障害です。その方がよほど怖いんですよ」

「二次障害ですか？」

「ええ、そうです。雄太君がこのままの状態で学校に行き続けると、しだいに周囲からその行動が異常なために、白い目で見られてしまう可能性があります。そして、さまざまな、悪意に満ちた噂の対象になってしまうことも考えられるんです」

「そんなことに……」

「周囲から馬鹿にされたりすることや、先生から注意ばかりされることで、雄太君はどんどん自分は駄目な人間だって思い込むようになり、自尊心が下がってしまいます。そうなると、自主性も育ちませんし、自信もつきません。私は、その方が薬の副作用よりもよほど恐ろしいことだと考えています」

「わかりました。それで先生、どんな薬をいただけるんでしょうか？」

「はい、コンサータかストラテラという薬を処方します。これらは、先ほど言ったドーパミンを補完する薬です。もし、薬が合えば、かなり効果が期待できます。ただ、薬だけではなくて、雄太君が日常生活をできるだけ順調に送れるように、学校や家庭での協力も必要です」

「どうすれば、いいんですか？」

「特に視覚から入る刺激には反応してしまいますから、部屋の中はできるだけ物を置かずにシンプルにするように心がけてください。勉強なども、注意力が長続きしないので、短い時間で別の課題に切り替えていくことが効果的です。勉強する場所については、部屋の隅に設けて刺激が入りにくいように工夫するのもいいでしょう」

「わかりました」

「そして、その都度できたことを十分褒めてあげることが、自信をつける上では重要です。自尊心の向上にもつながります。こうしたことは学校にも私から話をさせてもらえるとありがたいのですが、どうでしょう？ 今の説明に加えて、刺激の少ない一番前の席に座らせてもらったり、雄太君用に時間を限定した課題を作ってもらったりと、いくつかお願いしたいこともありますから」

「わかりました。先生、投薬治療お願いします。それと、学校にも先生からお話しいただけますか？」

「もちろんです。早速そのようにさせていただきます。お母さんから何か質問はありませんか？」

「いえ、よくわかりました。先生、雄太をよろしくお願いします」

「お母さん、あなたはとても頑張ってこられたんですよ。とってもね。でも、誰もその頑張りを評価してくれなかった。辛かったですね。もう一人じゃありませんよ。これからは私たちと一緒に雄太君が少しでも快適に過ごせるように頑張っていきましょう。困ったときは、いつでも電話してください。なんでも相談に乗りますから」

「はい、ありがとうございます。先生、よろしくお願いします」

子ども診療所の素晴らしいところは、児童精神科医による子どもの診察が可能であるだけではない。最大のメリットは、発達障害の子どもを抱え、悩み、うつ状態にまで追い詰められた母のケアも一括して行えることだ。子どもの投薬治療とともに、母も田辺ドクターから精神的なケアを受けることができるのである。

雄太の診察結果を聞いた母は、里崎に伴われて診療室を後にした。

「里崎さん、あの子、病気だったんですね。それなのに、私、ずいぶん酷(ひど)いことを……」

「お母さん、もう、やめましょう。田辺ドクターも言ってたじゃないですか。自分を責めるなって。お母さんは、雄太君がＡＤＨＤだとは知らなかったんだし、状況が同じなら、僕だって同じことをしてたと思いますよ」

「里崎さんも……。ほんとに？」

「ええ。今は、自分を責めるよりも、これから、どんな風に雄太君と楽しく過ごしていくべきかを、前向きに考える方がずっといいじゃないですか。大丈夫です。雄太君もわかってくれますから。一緒に頑張りましょう」

「はい」

母は、ホッとした表情を見せた。

「投薬治療を進めて雄太君の様子が落ち着いたら、また電話します。その時には面会もしてもらいますから。今は、一人の時間をゆっくり楽しむぐらいのつもりで、本でも読んで過ごしてください」

「里崎さん、本当にありがとうございます。なんていうか、肩の荷が軽くなった気がします。ずっと一人で悩んできましたから。でも、今は違います。雄太のこともよくわかったし、何より、一人じゃないって思えるようになりました。ありがとうございます。中山さんにもよろしくお伝えください。この前、中山さんがかけてくれた言葉……、本当に嬉しかったと。じゃあ、失礼します」

「できるだけ早く電話しますから」

母は、笑顔で里崎に頭を下げて帰っていった。その後ろ姿は、六日前の夜に里崎が見た後ろ姿とはどこか違い、軽やかなものに見えた。母の苦しみが少し軽くなったような気がして、里崎は嬉しかった。そして、改めてこの母子を支えたいと強く感じていた。

その日の夕食後から、雄太への投薬治療が開始された。翌日、里崎は、その効果に驚かされることになる。

「おはようございます」

「あっ！　里崎さん、ちょっと来て」

「どうしたんですか？　中山係長。朝からテンション高いですね？」

「いいから、一緒に一時保護課に来て！」

「まだ、朝礼前ですよ」

「いいから、いいから」

中山係長に半ば強引に一時保護課に連れていかれた里崎はそこで、中山係長のテンションが上がった理由を目の当たりにした。

そこには、机にきっちりと座って勉強している雄太の姿があった。多少体動はあるものの、昨日までとは比べものにならないほど落ち着いた姿がそこにはあった。

「え！　あれ、雄太君ですよね！　嘘みたいだ。信じられない。座ってるじゃないですか！　あの雄太君が、集中して勉強してますよ！」

「ふふ～ん。効いたのよ。薬、合ったのね、雄太君に」

「すごい、すごいですよ、中山さん！　この様子をお母さんや、山田先生が見たらどんなに喜ぶか。想像しただけで嬉しくなりますね」

「そうね。ほんとにね。こんな当たり前の姿を見たくて、どれほどお母さんと山田先生は苦しんだんでしょうね。特に、お母さんはね……」

「中山さん、お母さんに連絡してもいいですか？」

「その前に、雄太君の気持ちを確認しないとね。今日の夕方にでも話をしようか」

「はい、お願いします」

夕方、里崎と中山は、雄太を面接室に連れていった。

「雄太君、調子はどう？　しんどくない？」

「しんどくないよ。楽しいよ」

「そう、良かった。お母さんに会えないけど、寂しくない？」

「う～ん、ちょっと寂しいけど、でも、怒られないから……」

「そう。じゃあね、もし、お母さんが怒らない優しいお母さんになってたらどう？」

「怒らないの……そしたら、会いたい！　前は、優しかったもん」

「そうなんだ。先生ね、お母さんとお話ししたんだよ。それでね、雄太君と楽しくできるようにお願いしたの。そしたらね、お母さんも雄太君が好きだから、優しくしたいって言ってたよ。どう、お母さんに会ってみる？」

「ほんとに、ほんとに怒らない？」

「うん、約束するよ。お母さんは怒らないって言ってたよ。もしまた怒って、雄太君のこと抓（つね）ったり、叩（たた）いたりしたら、先生に言うんだよ。そしたら、先生がいつでも雄太君を助けに行ってあげるから。それでまたお母さんと話をして、怒らないようにしてもらうから大丈夫なんだよ」

「ふ～ん、そうなの。じゃあ、お母さんに会いたい！」

「わかった。じゃあ、お母さんに連絡しとくね」

「いつ来るの？」

「いつがいいかな？」

「明日！」

「そう、じゃあ、お母さんにそう言っとくね」

雄太は、落ち着いた様子で中山係長の話を聞くことができていた。その様子から、中山係長はイケると確信した。

「里崎さん、じゃあ、お母さんに連絡しといて。明日、三階のプレイルームで雄太君が落ち着いて遊んでる様子を、マジックミラー越しに見てもらって、それから、対面してもらおうか」

「はい、わかりました。連絡します」

里崎は、喜び勇んで母に電話をかけた。

「もしもし、高木さんですか。子ども家庭センターの里崎ですが、よろしいですか？」

「はい、大丈夫です」

「いつも突然なんですけど、明日の夕方ご都合どうですか？　今日、雄太君に話を聞いたら、お母さんに会いたいって言ってるので、明日、久しぶりに会ってもらおうと思うんですけど」

「は、はい！　必ず行きます。雄太が私に会いたいって言ってくれてるんですか？」

「ええ、そうですよ。だから、心配しないでください。五時半なら仕事を休まずに済みますか？」

「はい、五時半なら大丈夫です」

「じゃあ、その時間にお待ちしてます」

翌日の夕方、その日も雄太の母は時間きっちりに来所した。母は笑顔を浮かべていたが、どこか自信なさげな様子だった。

「お母さん、いきなり会ってもらうのもなんですから、まずは、雄太君の様子をこっそり見てもらえますか。今、雄太君は、うちの児童心理司と一緒にプレイルームで遊んでますから、その様子を隣の部屋の、マジックミラー越しに見てもらおうと思います」

「はい、わかりました。なんか、緊張しますね」

冷静な中山とは対照的に、里崎は母の驚く様子を想像しながら、わくわくして母をプレイルーム横の観察室に案内した。

「さあ、どうぞ。あの窓から見てください。雄太君からはこっちが見えませんから」

母は、少し心配そうな表情を浮かべながら、ゆっくりとマジックミラーに近づいて行った。

「えっ！　あれが雄太ですか？　あんなに落ち着いてパズルができるなんて。とっても嬉(うれ)しそうな表情だなあ……。あんな顔するんですね、あの子。あんなに静かに集中して遊べるなんて……」

「薬がすごく合ったみたいですね。ドクターの話だと、特に副作用も見受けられないってことですから、安心してください。ほんとに、良かったですね」

そう言うと、中山は優しく母の肩に手をやった。

「お母さん、雄太君寂しかったと思いますけど、頑張ってくれてましたよ。あの様子だと、学校に行ってももう大丈夫ですね。ドクターから山田先生には既に話がいってますから、学校の受け入れ態勢もバッチリだそうです。じゃあ、そろそろ会いますか？」

里崎が母に嬉しそうに伝えた。

「はい」

母は、期待と不安が入り交じった様子で静かに答えた。母の不安は、プレイルームのドアを開けた瞬間に消し飛んだ。

「ゆ、雄太！」

「お母さん！」

雄太は満面の笑みで、母に走り寄り抱きついた。

「雄太、ごめんね、ほんとにごめんね。辛かったでしょ。ごめんね」

「お母さん、どうして泣いてるの？」

「大丈夫、雄太がとても賢(かしこ)いから嬉(うれ)しくて泣いてるだけよ」

「ふ～ん、お母さん、一緒にパズルしようよ！　こっちに来て！」

母はハンカチで涙をぬぐいながらも、笑顔で我が子と一緒にパズルを楽しんだ。おそらく母にとって、子どもとこんな風にゆったりと遊ぶのは初めての体験だったのだろう。込み上げてくる喜びや感動を必死で抑えながら、遊んでいる様子は、里崎に、母のこれまでの苦しみを彷彿(ほうふつ)させた。

「里崎君、今日付けの一時保護解除でいいよね。今日、一緒に帰ってもらいましょう。今から私が所長の了解を取るから」

「はい、雄太君あんなに嬉しそうですしね。それに、お母さんも」

母は、田辺ドクターから薬について説明を受けたのち、二週間分の薬をもらって雄太と一緒に帰っていった。その姿は、なんの変哲(へんてつ)もない仲の良い母子の姿であった。里崎と中山係長は、母のこれまでの苦労が報われ、雄太と楽しい生活ができるようになることを切に願って、母の車を見送った。

翌日、もう一人、泣きながら里崎に電話をしてきた人がいた。与力町南小学校の雄太の担任、山田先生だった。

「もしもし、里崎先生ですか？　雄太君が、雄太君がしっかり席に座って勉強をしてくれてます。あの雄太君が……。里崎先生、本当にありがとうございました。長く教師をしてますが、こんなに感動したのは初めてです。本当にありがとうございました」

「良かったですね。これからも、お母さんと連携(れんけい)しながら雄太君の発達を支えてあげてください。もちろん、うちも引き続きお手伝いさせてもらいますから、よろしくお願いします」

「こちらこそよろしくお願いします。校長もくれぐれもよろしくと申しておりました。本当にありがとうございました」

里崎は、児童相談所の仕事が本当に好きになっていた。常に、子どもの命と背中合わせという恐ろしくストレスの強い仕事であることに間違いはない。しかし、一方で、長く子どもの発達障害に気づかず、子育てに悩み続け、ついには最愛の我が子を虐待までしてしまっていた母を救い、子どもに、優しい母を取り戻すこの素晴らしい仕事の魅力に強く惹かれていた。

里崎は、児童相談所のケースワーカーとして、着実に成長を続けていた。そして、児童相談所の優秀なケースワーカーとともに仕事をすることで、一人の人間としても少しずつ深みを増していったのである。

クリスマス・イブの立ち入り調査

とても寒い十二月だった。クリスマス・イブの朝、里崎は明け方の身を切るような寒さで目を覚ました。窓の外に目をやると、分厚い暗灰色の雲が空を覆い、低く垂れこめていた。車で通勤している里崎は、黒い雲を見つめながら、雪が降らなければいいが、と思った。

暖かい寝床から、決死の覚悟で這い出すと、急いで石油ファンヒーターのスイッチを入れ、四つ切りの食パンを一枚トースターに投げ込み、コーヒーの準備をした。

テレビからはクリスマスセールのコマーシャルが次々と流れてくる。世の中はクリスマス一色になっていたが、仕事に追われる里崎は、そうした世の中の浮ついた空気を手放しで楽しむことはできなかった。

焼き上がったパンにたっぷりとバターを塗り、熱いコーヒーで流し込むと、シャワーを浴び、手早くスーツに着替えた。首にマフラーを巻き、ダウンジャケットのファスナーをしっかりと閉めると、お湯の入ったペットボトルを片手に、勢いよく外へ出た。木枯らしが吹き、体感温度は予想以上に冷たく、耳が凍るようだった。車に駆け寄り、真っ白に凍りついたフロントガラスにペットボトルのお湯をかけると、急いで車中に逃げ込み、キーを回した。冷え切ったエンジンが大声を上げ、繰り返される過酷な一日の始まりを告げる。

事務所に着くと、普段と変わらず、朝から電話が鳴り続けていた。里崎は、パソコンのキーを叩きながら、こんな寒い日に、虐待通告だけは受けたくないものだと思った。

この頃には、里崎も、いくつもの所内研修や、実践での経験により鍛えられ、それなりにケースワークができるようになっていた。感情のコントロールという点ではいまだに苦しんではいたものの、担当地区の関係機関との連携も良好で、さしずめ、プチ鬼平といったところまで成長していた。

里崎自身も自分の成長を実感しており、児童相談所で、何とかやっていけそうだと、密かに自信を持ち始めていた。新規の虐待ケースもいくつかこなしており、児童相談所における主だった相談を一とおりは経験していた。過酷な日々ではあったが、里崎はほんの少し、気持ちに余裕を持ち始めていた。

里崎が、事務所の窓越しに見える街並みに目をやると、風に流され、雪が舞い散り始めていた。降ってきたか。里崎は少し憂鬱な気分になった。この冬は、よく雪が降った。暖かい三和市内でも十一月から積雪を観測するほどで、異例といえるほど寒い冬だった。

それでも、世の中は厳しい寒さにも負けず、イブを祝う楽しい雰囲気に満ちていた。これまで、里崎の人生において、クリスマス・イブを恋人と過ごすようなことはなかったし、今年のイブもやはり、同様だった。子どもの頃、家族と過ごした記憶以外にクリスマスに特別楽しい思い出があるわけではなかった。とはいえ、世の中の楽しげな雰囲気の恩恵にあずかり、里崎もほんの少しほのぼのとした気分を味わっていた。

「課長、また雪ですね。今年はどうなってんだろ。今日もこれからどんどん寒くなりそうですね」

「ほんとねえ！　朝からこの調子じゃ、帰りは大丈夫かしら。道路が凍結とかしたら厄介よね。まあ、イブに雪っていうのは雰囲気があって本来なら喜ぶべきなんでしょうけど、交通渋滞とか、事故っていう現実的なリスクを先に考えちゃうのよねえ。私も情緒がなくなったもんね」

「当然ですよ。三和で車が使えないってのは孤立を意味しますからね」

「そうなのよ！　やっぱ、車が使えないのは大問題よね」

「おや、緑川さんに後藤さん、今日は早いね。いつも遅刻ギリギリなのに。わかった。幸せそうな世間の雰囲気が許せなくて、昨日は眠れなかったんだ。二人とも、今日に限って、突然宗教学者みたいなこと言い出すんじゃないの。ほとんどの日本人はクリスチャンでもカソリックでもないのに、どうしてクリスマスを祝ったりするんだとか、キリストが生まれた日だと知ってるのかとか言っちゃってさ。ああ、外の気温よりサブい話だね」

「なんですか！　朝から！　失礼な！　ほんとムカつくんですけど」

「ほんとですぅ。里崎さんだって、どうせ誰からも相手にされずに一人で過ごすくせにぃ。何を偉そうに上から目線で言ってるんですかぁ〜！　最低ですぅ！」

「里崎さんだってってことは、やっぱり……。寂しいねえ〜。ああ、サブ〜」

「別に私たち寂しくなんてありませんから。勝手に寂しい女にしないでくださいよね！　ねえ、桜子ちゃん！」

「そうですぅ。楽しく生活してるんですからねぇ！　ほっといてくださいよ」

「ああ、何か二人の姿が防衛機制の合理化の話に出てくるキツネに見えてくるねえ。『あのブドウは手が届かないけど、酸っぱくておいしくないブドウだからいいんだ』ってか」

「用がないならあっちに行ってくださいよ！　鬱陶しいし、面倒くさいですから」

「はいはい、行きますよ」

　里崎は、楽しそうに緑川や後藤とじゃれあっていた。しかし、一本の電話が、そんな浮かれた気分の里崎を地獄へと突き落とすことになる。美しい雪のクリスマス・イブは悪夢のような長い一日へと変貌していくのだった。

　その一本の電話から始まった驚くべきケースは、里崎に改めて児童相談所で勤務することの壮絶さを思い知らせる、忘れられない虐待ケースとなった。

「里崎さ〜ん！　桜川町の地区担当者と話をしたいって、熊崎県中央児相から、電話です。電話回しますね」

「了解！　朝からいきなりかよ。熊崎県中央児相からなんの電話だろう？　もしもし、お電話代わりました、地区担当ワーカーの里崎です」

「お世話になってます。私、熊崎県中央児相の島谷と申します。実はですね、熊崎市にお住まいの女性から、虐待の疑いがあるということで通報をいただきましてね」

「はあ。それで、どうしてうちに電話を？」

「通報をくれた女性は熊崎市在住なんですが、被虐待児の住んでる場所は、三和県の桜川町だっていうもんですから、通報内容をお伝えしようと電話させてもらいました。一応、私の方から説明はしますが、詳しくは、直接通報者から話を聞いてもらえますか？　連絡先は後でお伝えしますし、通報者の了解も取ってますから」

「わかりました。それで、どんな内容なんでしょう」

「はい、今回通報をくれたのは被虐待児の実母の母なんですよ。要するに、被虐待児の母方祖母からの通報です」

　里崎は受話器を片手にメモを取り始めた。

「四か月ほど前に母が再婚したらしいんですが、相手の男が暴走族上がりの建設労働者で、とても暴力的な男らしいんですよ。おばあちゃんの前でも平気で孫を大声で怒鳴ったり、叩いたりしていたらしくて、おばあちゃんは実母に何度も別れるようにと説得したらしいですけど、実母は男が好きらしくて、息子を躾けてくれてるだけだって男の味方をする始末で、話にならんそうです」

「なるほど、気になりますね」

「おばあちゃんは心配で毎日のように孫の顔を見に行ってたそうですけど、三か月前に突然夜逃げ同然でいなくなってしまって、行方がわからなくなったらしいんですよ。三日前に、実母からお金を貸してくれって連絡があったらしくて、早速、車で三和まで行ったらしいんですが、お金だけ取られて、家には入れてもらえなかったらしいんですよ」

「それで、三和に住んでることがわかったわけですね」

「そうなんです。訪問した際に、おばあちゃんは、玄関から大きな声で孫に呼びかけたらしいんですが、返事がないし、実母は孫は体調が悪くて寝てるから会えないって言うばかりで、決して家の中には入れようとしなかったらしいんです」

「おばあちゃんは、孫に会わせない理由があるんじゃないかと考えたわけですね」

「ええ。おばあちゃんは、孫が継父から虐待されてるんじゃないかって心配になったらしくて、うちに電話くれたんですよ。一度、おばあちゃんに電話してあげてもらえますか？」

「わかりました。早速電話してみます。じゃあ、通報者の名前とか、被虐待児の家族構成とかわかってる範囲で教えてもらえますか？」

「はい、通報者は木山佐智子。電話番号は０××× - ×× - ××××。被虐待児の名前は佐藤弘志、十二歳小学六年生。実母は佐藤里美三十二歳、継父は佐藤真司三十三歳です。弘志君たちが住んでる今の住所は、三和県桂山郡桜川町唐石三八 - 二九　カサ・デ・マルイ二〇四号です。じゃあ、詳細はおばあちゃんから聞いてもらえますか」

「了解しました。ありがとうございます。もしかしたら、また電話するかもしれませんがよろしくお願いします」

「こちらこそ、よろしくお願いします」

クリスマス・イブの朝から虐待通告とはついてないな。唐石か。ずいぶん山奥だな。とりあえず、おばあちゃんに電話して状況を確認してみるか。子どもの様子は後で小学校に電話すれば確認できるし。里崎はもう一度メモに目を通した。

「ほ～ら、里崎さん。朝から静粛な乙女に嫌みばっかり言ってるから仕事を呼ぶんですよ！　言葉には気をつけましょうね！」

「緑川さん、今から調査に入るから、邪魔しないでくれる！」

当初、里崎はそれほど深刻なケースではないだろうと踏んでいた。心配性の祖母が気を揉み過ぎているところがあるのだろうと考えたのだ。

「もしもし、木山さんのお宅ですか？　私、三和県中央子ども家庭センターの里崎と申しますが、佐智子さんはいらっしゃいますか？」

「はい、私です。島谷さんから、三和の児童相談所から電話が来るって聞いてました。お忙しいのに、わざわざありがとうございます」

「いいえ、こちらこそ虐待通報いただいてありがとうございます。島谷さんから概要は聞いてますが、もう一度説明してもらえますか？」

祖母の話は、島谷から聞いた話とほとんど同じであった。新しい情報としては、実母が二年前に夫の浮気が原因で離婚したということ。離婚後働いていたスナックで佐藤と知り合って結婚したということと、佐藤が躾と称してたびたび弘志を叩いていたが、その回数が徐々に増えていた上、時には食事を与えないということもあったという点だった。

また、唐石に引っ越した理由は、佐藤が子どもの頃、一時期住んでいたことがあり、その頃からの友人が経営する建設会社に作業員として雇ってもらえたためだと判明した。

里崎は、弘志がどんな子どもだったのかを確認するために、彼の通っていた熊崎市立春野小学校に電話をすることにした。

「もしもし、春野小学校ですか？　私、三和県中央子ども家庭センターでケースワーカーをしている里崎と申します。実は、三か月ほど前まで、そちらに通学していた佐藤弘志君のことでお伺いしたいことがありまして。弘志君の担任だった先生はいらっしゃいますか?」

暫くすると、受話器の向こうから野太い男の声が聞こえてきた。

「もしもし、弘志の担任をしてました森です。弘志は今、三和にいるんですか? 突然いなくなってしまって心配してたんです。住民票も何も移してないから、どこに行ったのかもわからなくて、転校の手続きもできないままなんですよ」

「えっ、じゃあ、学籍はまだ、春野小学校に残ったままなんですか?」

「はい、そうなんです。だから、学校に行ってるのかどうか心配で心配で。先生から電話をいただいたので、もしかしたら居場所がわかるんじゃないかって飛んできましたよ。それで、弘志は元気にしてるんですか?」

「それがですね、先ほど熊崎県の児相から連絡をもらったばかりで、つい今しがたおばあちゃんの聴取が終わったところなんですよ。ですから、まだ、弘志君には会えてないですし、三和県の桜川町に住んでることも、ついさっきわかったばかりなんです。それで、まずは弘志君の学校での様子を聞かせてもらいたいと思いまして、お電話させていただいた次第です」

「ああ、そうなんですか。でも、児相から電話があったってことは何かあったんですか?」

「ええ、おばあちゃんが継父からの虐待を心配して、熊崎の中央児相に相談したんです」

「なるほど。いやあ、あの継父はほんとにどうしようもない奴ですよ。仕事もろくにしないで、パチンコだのなんだのってギャンブルばかりして。私も、弘志から、叩かれるって聞いたもんですから何度か家庭訪問して継父に叩くなって言ったんですけどね。継父も母親も躾だって言い張って怒鳴り散らすもんですから、それ以上は私も言えなくて」

「そうだったんですか」

「母親は継父の言いなりで、実の子どもなのに、守ってやろうとしないんですから。母親もあてになりませんよ。継父と知り合うまではあんな風じゃなくて、それなりに弘志のことをかわいがってたんですけどね」

「そうですか。弘志君は学校に痣を作ってきたりしましたか？」

「いや、そこまで酷く殴られてる様子はなかったですね。私が知る限りでは痣は見てませんね」

「弘志君はどんなお子さんでしたか？」

「成績は良くて、明るい子でしたよ。正直で正義感も強くて、クラスでも信頼されてましたから。あの母親が産んだ子どもとは思えないぐらいいい子でしたよ。まあ、おばあちゃんがしっかりした人で、実質的にはおばあちゃんが育ててたようなもんですからね。それが弘志には救いだったんでしょうけど」

「なるほど」

「ただ、継父が家庭に入ってきてからは、元気がなくなって、学校も休むことが多くなりましたね。その後、すぐにいなくなっちゃったもんですから」

「弘志君の健康状況は？」

「待ってくださいね、身体測定の記録見ますから。身長は百五十センチ、体重は四十二キロ、健康面での特記事項はないですから、全く問題ないですね」

「わかりました。先生、いろいろありがとうございました。弘志君の様子が確認できたらまた連絡します」

「はい、是非お願いします。元気でいてくれれば良いんですが……」

「では、失礼します」

ちょっと雲行きがおかしくなってきたぞ。継父の暴力がエスカレートしてなきゃいいけど、実母が弘志君を守れないようだしな。嫌なムードだな。よし、次は、唐石山小学校に電話して、最近の状況を聞いてみよう。でも、住民票を移してないんじゃ、転入を把握すらしてない可能性も強いな。

里崎は、あまり楽観視できないケースかもしれないと考え始めていた。

「もしもし、唐石山小学校ですか？　私、三和県中央子ども家庭センターで、ケースワーカーをしております里崎と申しますが、校長先生いらっしゃいますか」

「もしもし、お電話代わりました、石井です。里崎先生、いつもお世話になっております。先日は、うちの二年生の女の子が発達相談でお世話になったそうで、お母さんが里崎さんにずいぶん親切にいろいろ教えてもらったと喜んでましてね」

「そうですか。それは良かったです」

「ちょっと、学校としてもとっつきにくいところのあるお母さんでしたが、その後、先生のフォローのおかげで、担任との関係も良くなりましてね、いやあ〜、ありがとうございました。それで、今日はどういったご用件ですか？」

「はい、実はですね、熊崎市の児童相談所から、虐待されてる可能性のある児童が三か月前に校長先生の学校区内に引っ越してるって情報がありまして、その子どものことで何かご存じないかと」

「もしかして、佐藤弘志君のことですか？」

「そ、そうです。校長先生、住民票を移してないのにどうしてご存じなんですか？　弘志君は登校してるんですか？」

「いや、登校はしてないんですよ。しかし、三か月も前から転入してきてたのか。少し長くなりますが、よろしいですか先生？」

「もちろんです」

「学校が弘志君の存在を知ったのは一か月前のことなんですよ。たまたま回覧板を持っていった方がうちの児童のお母さんでしてね。玄関から中の様子が見えたらしいんですが、ずいぶん痩せた男の子が一人、母親に支えられながら歩いてるのが見えたそうなんですよ。見かけない男の子だったし、痩せてたので、『最近、体の具合が悪い転校生が来たんですか？』って学校に問い合わせてくれたんですよ。それがきっかけで、就学してない児童がいるってことになって、私が家庭訪問に行ってきたんです」

「弘志君はどんな様子でしたか？　かなり痩せてたんですか？」

「ええ、正直驚きました。すごく痩せてましてね。一人では歩くのもおぼつかない様子で、お母さんが支えながら歩いてましたね」

「一人じゃ、歩けない感じですか？」

「ええ。それと不思議なことに、なぜかつま先立ちで歩いてたのが印象的でしたね。私も気になったのでどこか悪いんですかって聞いてみたんですが、前の学校でいじめに遭って、精神的なストレスで拒食症になったんだってお母さんが言ってました」

「拒食症ですか……」

「それで、体重を聞いてみたら二十四キロだと。心配になって、病院には行ってるんですかって聞いたら、唐石高原診療所に通院してると言ってました」

「唐石高原診療所ですね」

「まあ、医者にもかかってるなら安心だと思いまして、それ以上は聞かなかったんですけどもね。引っ越してきた理由も、田舎で静養する方がいいと医者から言われたからだと説明してくれました」

「そうですか」

「ただね、学校には来れないにしても、住民票を移してもらわないと、学籍が前の学校のままで、転校の手続きができないから、なんとかできませんかってお願いしたんですがね」

「母親は何と……」

「お母さんは、体調が良くなったら手続きしますの一点張りで、絶対にウンとは言わないんですよ。いろんな事情で住民票が移せないなら、住民票を移動させずに転校できる場合もありますから、前の学校だけでも教えてくださいって言っても、これもどうしても嫌だと言って聞き入れてもらえませんでした」

「それで、前の学校との連絡も取れないままだったんですね」

「まあ、いじめがあったということでしたし、お母さんもナーバスになってるのかなって判断したんですがね。とりあえず、六年生が使うテキストやプリント類だけでも毎週届けさせてくださいとお願いして、それだけはやっと了解が得られました」

「ずいぶん秘密主義ですね」

「でも、今日の里崎さんからの情報で弘志君が熊崎市から来たことだけはわかりましたね。元の学校を教えてもらえますか？」

「もちろんお教えしますが、もう少し待ってください。今、校長先生から聞いた話は、僕が前の学校の担任から聞いた話とかけ離れているんですよ。三か月前に熊崎を出ていく直前の弘志君は、少し元気をなくしてましたが、体重は四十二キロあって健康そのものでした。いじめに遭うどころか、クラスのリーダー的な存在だった子どもなんですよ」

「ええ！　まるで別人じゃないですか！」

校長は驚きの声をあげた。受話器を握る里崎の手に嫌な汗が滲んできた。

「そんなしっかりした健康な子どもが拒食症になるなんて、どう考えてもイメージが結びつかないんですよ。でも、現実に、三和では痩せた弘志君が目撃されている……」

「た、確かにおかしいですね……」

「校長先生、弘志君は、かなりやばい状況かもしれません。ここからは児相の介入すべき問題になりますので、心配だとは思いますが、今の僕との話は、しばらく誰にも言わずに内密にしてください」

「わ、わかりました」

「ちょっとでも相手に情報が伝われば、危険なことになるかもしれませんから、絶対に他言しないでくれますか？　先生同士でも話題にしないでください。警察等の関係機関にもすべてこちらから連絡しますから、絶対に動かないでください。お願いできますか？」

「は、はい。お約束します。でも、里崎先生、もともと元気だった子が四十二キロから、二十四キロに体重が減るなんて、どういうことですか？　虐待ってことは叩かれたりしてるかもしれないってことでしょ。体重が減るというのは？」

「食事を与えてもらっていないのかもしれません」

「そ、そんな。そんな酷いことが……」

「わかりません。すぐに、唐石高原診療所に電話して、弘志君の受診時の様子を確認してみます。もしかしたら本当に拒食症なのかもしれませんし。それから、最後に校長先生が弘志君の姿を確認したのはいつですか？　教材を毎週届けてもらってるってことは、一週間ぐらい前ですか？」

「そ、それが、弘志君の姿を見たのは一か月前の最初の訪問のときだけで、それ以降は中に入れてもらえなくて、ドア越しに教材を渡してるだけなんですよ。弘志君は具合が悪くて寝てるって言われまして……」

「正確には何日前ですか？」

「ええと、三十二日前です。せ、先生、弘志君大丈夫でしょうか？」

「なんとも言えませんが、今は情報収集に最善を尽くします。校長先生が訪問すれば、ドアは開けてくれますか？」

「はい。それは必ず開けてくれます」

「そうですか。あっ！　それともう一つお願いがあります。弘志君の住んでるマンションの二〇四号室の見取り図がほしいんですが、校長先生はマンションの大家さんご存じないですか？」

「あのマンションの大家さんは民生委員をしてくれていてよく知ってます。大家さんにだけは事情を説明していいですか？　そしたら、見取り図を貸してくれると思います」

「わかりました。じゃあ、大家さんに説明してください。ただし、これは児童虐待に関する調査の一環ですから、民生委員といえども守秘義務が発生します。その点くれぐれもよく説明してください」

「わかりました。信用できる人ですから大丈夫だと思います」

「今日中にまた、連絡します。今後も協力お願いできますか？」

「も、もちろんです。私にできることならなんでも言ってください」

「ありがとうございます。ではのちほど」

冗談（じょうだん）じゃないぞ！　子どもの命に関わるようなハイリスクケースかもしれないぞ！　しかも、弘志君が最後に目視されてるのは、一か月も前となると、生きてるのかどうかも……。頼む、診療所に行っててくれ！　受診履歴があってくれよ！

里崎の心臓は一気に早鐘（はやがね）を打ち始めた。心臓の鼓動の激しさが耳まで聞こえてきそうな勢いだった。自分の関わる子どもの命が風前の灯火（ともしび）の状態で、今まさにその命の灯が消されようとしているかもしれないという恐怖が、里崎の全身を支配していた。

里崎は祈るような気持ちで、唐石高原診療所に電話をした。

「もしもし、唐石高原診療所ですか？　私、中央子ども家庭センターのケースワーカーで里崎と申します。児童虐待に関する通報がありまして、調査の過程で、対象の被虐待児がそちらの診療所を受診しているという情報がありました。恐れ入りますが、対象児童の受診履歴について確認したいんですが」

「ええ、何？　虐待？　あんた、児童相談所の人？　でもね、患者の個人情報だから、電話では答えられないよ！」

「先生、それはもちろんそうなんでしょうけど、我々も地方公務員法上の守秘義務がありますから、信用してください。子どもの命に関わる問題なんです。一刻を争うんですよ！」

「ともかく、電話じゃ駄目(だめ)だよ。本当に児童相談所の人か確認できないでしょ」

「だったら、一〇四で中央子ども家庭センターの電話番号を確認して、電話かけてくださいよ。それで、里崎を呼んでください！　そしたら僕が電話に出ますから、間違いないでしょ！　時間がないんです。お願いします」

「ああ、わかったよ！　しつこいな。じゃあ、いったん切るよ」

まったく、何、悠長(ゆうちょう)なこと言ってるんだよ。こんな時にかぎって妙(みょう)にきっちりした診療所に当たっちまったなあ！　遅いな、まだかよ。

里崎は焦る気持ちを抑えながら電話を待った。

「里崎さ～ん！　唐石高原診療所のドクターから電話です」

「はい里崎です！　先生！　これで児相だって信用してもらえますか？」

「わかったよ、それで何が知りたいの？」

「三か月ほど前から、そちらに佐藤弘志っていう小学六年生の男の子が拒食症の治療で通院してると思うんですが、治療経過を教えてください」

「佐藤弘志ねえ、ちょっと待ってね。う～ん、そんな子どもは受診してないね～。それに、拒食症なら、うちに来たとしても、精神科を紹介するはずだしな。うん、やっぱり受診履歴はないね」

「間違いありませんか？」

「ああ、間違いないね。もし来てたら絶対に印象に残る患者だろうしね」

「わかりました。ありがとうございます」

最悪だ。一か月前の段階で、身長百五十センチ、体重二十四キロの男の子が、医療的なケアも受けずに家に閉じこもってるってことかよ。むちゃくちゃやばいぞ。

里崎は、今度は体中の血の気が引いていくのを感じていた。背筋が凍りつくような恐怖が全身に走った。

「か、課長！　長谷部課長！　緊急の協議をお願いします！」

「どうしたのよ、里崎さんそんなに泡食って！」

「子どもが、子どもが、殺されてるかもしれません！」

相談所全体の空気が一気に凍りついた。凍てついた空気を裂くように、長谷部課長が落ち着いた静かな声で言った。

「殺させないわ。絶対に。司馬さん、中山さん、センターテーブルに集まって。所長、次長は私が呼んできます」

緊急の協議が始まった。里崎はこれまで集めたすべての情報を手際よく説明した。

継父による虐待ケースであること。実母の支援が期待できないこと。三か月前に比べて弘志の体重が四十二キロから二十四キロに激減していること。しかも、それが確認できたのは一か月も前のことであり、医療機関の受診履歴もないこと。すべての情報がケースの深刻さを物語っていた。

　里崎の報告をある程度聞くと、前山次長はすぐに席を立った。

「続けといてくれ。弁護士の中村先生に、立ち入り調査を実施して問題ないか確認してくる。問題ないかというより、絶対必要なケースだと思うが……」

　長谷部課長が会議を続けた。長谷部がこんな厳しい表情をしているのを、里崎は初めて目にした。状況が逼迫している何よりの証拠だった。

「司馬さん、どう見る」

「う〜ん。やばいね。継父ってことだし。この継父が入ってくるまでは、一時的に母子家庭状態になってたわけだから、母子関係は一時強まってたはずだよね。そんな状況にいきなり暴力的な継父が割り込んできたんだから、子どもは絶対に継父に懐かないでしょ。継父は自分に懐かない、言うことを聞かない子どもを躾がなってないと言っては虐待を始める」

「虐待がエスカレートする典型的なパターンよね」

「実母は男に嫌われたくないから男の言いなりで、虐待をやめさせようとしない。どんどんエスカレートしてる可能性が強いよね。立ち入り調査の上で、職権の一時保護かな。中山さんはどう思う？」

「私も同じ意見ね。それにさっき里崎さん、弘志君がつま先立ちで歩いてたって話してたよね。尖足じゃないかな？　だとしたら、かなり長期間寝たきりってことでしょ。やばいよね」

「センソクですか？　なんですか、それ」

里崎が不安げに中山に尋ねた。

「長い間寝たきりになってると、筋肉が衰えてくるし、足首の関節が重力に逆らえなくて伸びた状態で固定しちゃうのよ。だから、つま先立ちになるの。それが尖足っていうのよ。要するに、それだけ体力、筋力が衰えてるってことだからね。すごく心配だわ」

前山次長が話に割って入った。

「中村先生が、絶対に立ち入り調査が必要なケースだし、速やかに行動するようにと言ってる。里崎さん、立ち入り調査の準備してくれるか。所長、職権の一時保護でよろしいですか？」

「いいでしょう。すごく心配なケースですね。時間との勝負です。早急に関係機関と連携して行動に移ってください。里崎さん、立ち入り調査チームを編成して、段取りも作ってください」

「すぐにかかります！」

「それから、手のすいてる人に、職権一時保護の通知書と、警察への援助依頼書を作ってもらってください。出発までに間に合わなければ、書類は後出しということで私から警察に説明しておきます。管轄は桜川署ですね。じゃあ、里崎さんよろしくお願いします。立ち入り調査はうちでもそうはありません。少なくとも去年と今年はやっていませんから、うちで経験があるワーカーも限られています。何度も経験しているのは前山次長ぐらいです。里崎さん、大変ですが、仕切ってやれますか？」

里崎の頭はコンピューターのようにフル回転していた。まさに、危機感が人を大きく育てるという状況であろうか、里崎はこれまでの児相での実践経験や研修で学んだことを思い出しながら、とても冷静に、綿密な計画を考えていた。

「大丈夫です。やります。みなさん、集まってください。そしたら、今考えた段取りを説明します。補足等あれば、どんどん質問してください」

事務所に残っていた職員がセンターテーブルに集まり、里崎の説明に耳を傾けた。

「まず、部屋の見取り図については、校長先生が手配してくれてます。立ち入り調査の前に校長室で打ち合わせを行います。関係者は、警察、校長先生、それと、子どもの健康状態を確認してもらうための保健師」

「保健師は誰にするの？」

「桜川保健所の子ども家庭係で虐待を担当している、石橋保健師に同行を依頼しようと思ってます」

「うちからは誰を出す？」

「児相からは、まず、男全員参加です。僕と、司馬さん、柴田君に本田君、紅一点で中山さんにもお願いします」

「わかった」

四人が声を揃えて気合のこもった返事をした。

「それから、一時保護した後は病院に直行することになると思いますから、病院の手配が必要です。いちばん近い総合病院といえば、公立桜川病院ですから、課長から連絡しといてもらえますか？」

「了解」

「いつも、虐待児の受診でお世話になってる山形ドクターに話を通してもらえばスムーズにいくと思います。時間外受診も必要かもしれないので、帰らないでくれって頼んでください。あと、弘志君の状態が悪いと救急車による搬送が必要になりますから、桜川町消防本部に救急車の出動を依頼するかもしれないと仁義を切っといてください」

「わかった。今からすぐに電話しときます」

「お願いします。それじゃあ、突入の仕方と、突入後の役割分担を説明します。まず、校長先生に同行してもらって、声をかけてもらいます。ドアが開いた瞬間に僕から一気に中に入りますから、柴田君は僕と一緒に突入してください」

「わかりました」

「二人で継父を押さえてますから、中山係長は、立ち入り調査証を提示しながら、立ち入り調査だということを宣言してください」

「そっか、調査証を持っていかないといけなかったわね」

「その間に、司馬さんは実母の話を聞きながら、実母を押さえてください」

「実母ね。了解」

「本田君は台所を押さえてください。包丁なんかを持っていかれないように注意してください。重要な役目です」

「了解！　台所、死守します！」

「ここまでは四人で一気にやらないといけないので、ドアの横で一列に並んで一斉に突入できるようにしましょう。中を押さえたら、警察と一緒に中山さんと保健師の石橋さんで弘志君の様子を確認してください」

「弘志君の状況把握ね」

「弘志君が座ることができて、動かせるようなら、速やかに移動して、桜川病院に直行してください。駄目な場合は、救急車を呼んでください」

「わかった。私は現場に残らず、石橋保健師と一緒に病院に向かえばいいのね」

「はい。残った四人で継父と、実母に経過を簡単に説明して、三十三条の職権一時保護通知書を渡して引き揚げます。場合によっては、継父と実母はそのまま警察に事情聴取のために連れていかれるかもしれませんが、その辺りは警察に判断を任せましょう。だいたいこんなところかな？どうですか、司馬さん」

「里崎さん、立ち入り調査マニュアルも相当読み込んでたみたいだね。いいんじゃないかな。ねえ、中山さん」

「うん、私もバッチリだと思う」

中山係長が何気なく外の景色を見て叫んだ。

「あっ！　里崎君、ゆ、雪よ、雪！」

「あ〜！　しまった、雪だ！　三和市内でこの状況なんだから唐石山は大変な雪だぞ、きっと。路面凍結もあるかもしれない。うちには、スノータイヤを履いてる車はないですよね？」

「ないわよ、そんな車」

「そうだ、課長！」

「何、里崎さん。桜川病院の山形ドクターと消防の救急車はどっちもＯＫよ！」

「あっ、ありがとうございます。でもそうじゃなくて、職員録を貸してください」

「ええ、職員録？　何で今必要なの？　はい、これ職員録」

「すいません。ええと、桂山土木事務所、桂山土木事務所と。誰がいるんだろ？　あっ、神田さんが総務課長してるのか。よし、使えるかも。中山さん、ちょっと電話してきます」

「どこに電話すんの？」

「桂山土木事務所です」

「桂山土木事務所？　どうして？」

「土木事務所は管内の道路や河川の維持管理や工事をやってます。雪でもパトロールには行くので、当然、スノータイヤを履いてます」

「なるほど！」

　里崎は、急いで自分の席に戻ると、職員録を片手に電話をかけた。

「もしもし、桂山土木事務所ですか？　私、中央子ども家庭センターの里崎といいますが、総務課長の神田さんお願いします」

「もしもし、神田です。里崎君か、久しぶりじゃないか？　岩田土木以来だな。それで、今日はどうしたの？」

「神田さん、ちょっと助けてほしいんですよ。道路管理用のスノータイヤを履いてる車を二台貸してください」

「急に何を言うのかと思ったら、車を貸せってか。まあ、使用申請を上げてくれれば貸せると思うよ」

「神田さん、緊急事態なんですよ。そんな申請上げてる時間はないんです。だからこそ直接、総務課長の神田さんに電話してるんですよ。唐石山に住んでる子どもが虐待されていて、命に関わる状況なんです。一刻を争うんですよ。貸してください。お願いします」

「虐待ってお前、なんの仕事してるんだ。子ども家庭センターってなんだ？」

「神田さん、今そんな話をしてる時間はないんですよ。岩田土木のときには、神田さんのためにあんなに仕事したんですから、いいでしょ！　僕が頼んでるんですよ！　僕が！」

「相変わらず強引だな。わかったよ、二台でいいんだな？　それで、今日、何時頃に来るんだ？」

「まだ時間ははっきりしませんが、段取りがつき次第出発します」

「わかったよ。好きな時間に来いよ。準備しとくから」

「ありがとうございます。感謝します。じゃあ、のちほど」

「ああ、待ってるよ」

「よし、車は桂山土木が二台貸してくれます。桂山土木まで行ってそこで車を乗り換えます。保健所が土木事務所の向かいにあるので、その際に保健師の石橋さんにも同乗してもらいます。今度こそどうですか？　司馬さん！」

「お見事！　事務屋の人脈まで使って、完璧だね。里崎さんもすっかり一人前のケースワーカーになってきたじゃん。ねえ、中山さん」

「そうね、こういう段取り作りはさすがに事務屋さんは上手よね。まあ、その分面接は下手糞だけどね。ふふふ……」

「中山さん！　そういうこと、今言わなくてもいいでしょ。僕は褒められて成長する子なんですから、もっと褒めてくださいよ」

「駄目駄目、調子に乗るから」

こうした張り詰めた状況でなお、冗談を言いながら自分たちの頭をクールに保ち続ける児童相談所職員の精神力は、まさに強靭そのものであった。

「じゃあ、後は僕の方から校長先生と保健師の石橋さんに協力依頼をしておきます。所長！　警察の方は？」

「はい、ＯＫですよ。駐在所の二名が参加してくれます」

「了解です。駐在には僕から小学校に集合する旨、伝えときます」

「里崎さ～ん、これ、警察への援助依頼と、職権一時保護通知書ですぅ～」

「あっ、後藤さんが作ってくれてたんだ。やっぱり暇だもんね？　後藤さんが一番」

「里崎さん！　シュレッダーにかけるから返してください！　人が折角心配して作ってあげたのにぃ～！　本当にどんなときでも感じ悪いですぅ！」

「ごめんごめん、ありがとう。助かります」

「ああ、里崎さんと柴田君はこれ着けていってよ」

「司馬さん、なんですか、それ？」

「あっ、これ。防刃チョッキ」

「防刃チョッキ？」

「だって、刺されたら痛いでしょ。死ぬかもしれないし。ヤバそうなときにはいつも着けるんだよ。今日は、立ち入り調査なんだから必携だよ」

里崎は改めて現実に引き戻された気がした。これから自分がやろうとしていることは命に関わる非常に危険な仕事なんだと。しかもその仕事を、警察のように訓練を受けているわけでもない、ただの地方公務員である自分がやるんだということを。

「課長、もしかして、僕が配属になったときに体が大きくっていいって言ってたのは、こういう仕事があるからですか？　防刃チョッキを着ていくような危険な仕事があるから？　そうなんでしょう！」

「よく覚えてるわね。まあ、正解かな」

「何が、まあ、正解かなですか！　こんな大事なこと最初から教えといてくださいよ！　心の準備ってものがあるでしょ！」

「だって、怖がられたら嫌だなって思ったから」

「怖いに決まってるじゃないですか！」

「里崎さん！　児童家庭課の田丸さんから電話です」

「はい、里崎です」

「立ち入り調査するんだって！」

「なんで知ってんの？」

「馬鹿ね、立ち入り調査とか職権の一時保護とか大変な仕事のときは、すべて主管課の児童家庭課に報告があるのよ。さっき、東村所長から電話もらってびっくりしちゃって」

「なるほど。それで、どうしたの？」

「どうしたのって、心配して電話してるんじゃないの！　立ち入り調査は私もやったことないから何も助言できないけど、ともかく気をつけてね！　絶対に怪我(けが)しちゃ嫌だよ！　怪我したら絶対に許さないからね！　防刃チョッキ着けた？」

「ああ、着けたよ。それと、どうして俺の体ががっちりしてるのがいいのかもわかったよ。どうりで理由を教えないわけだよな」

「でしょ。時期が来ればわかるって言ったとおりでしょ。最初から教えるには刺激が強すぎるから。私はそういうこともすべて見通して里崎君を指導してるんだから。まさに、神ね。もっとも私の場合、美の女神ってところなんだけど。うふふふふ……」

「忙しいから切るよ！」

「絶対に無理しないでね！　絶対無事で帰ってきてよ！　ちょっとでも怪我したら嫌だからね！わかった！」

「わかったよ。絶対怪我しないで帰ってくるから」

「じゃあ、気をつけてね。大丈夫、里崎君には女神がついてるから！　それじゃ」

「女神か……。ふふ……。まあ、信じるか」

「じゃあ、里崎さん行こうか！」

司馬がいつになく気合の入った声で号令をかけた。

「はい、司馬さんよろしくお願いします。時間がないので、飯は途中でコンビニに寄って、車中で食べながら行きますね」

「了解」

里崎が最初に通報を受けてから三時間が経過していた。里崎たちは、はやる気持ちを抑えながら唐石山に向け出発した。

走れ！　児童相談所

学校に向かう車中で、五人は同じことを考えていた。ただただ、「生きていてくれ」と。

雪はますます強くなり吹雪(ふぶき)の様相を呈してきた。止めどなく降り続く雪が、次第に周りの風景から色を奪っていく。墨絵のような景色の中、雪のカーテンを切るように車は進んだ。寒々とした景色が里崎の不安感を増幅させていった。

三十分後、桂山土木事務所に到着した一行は、保健師の石橋と合流し、車を雪道対応車に乗り換えた。唐石山小学校までは約五十分の道のりであったが、六人にとっては、途轍(とてつ)もなく長い時間に思われた。山道にさしかかると、そこはまさに銀世界。雪国のようであった。慣れない雪道を慎重に運転するためか、さらに時間が長く感じられた。間に合うのだろうか？　里崎は何度も心の中で自問していた。幾重(いくえ)にも重なるワインディングロードを越え、車はついに唐石山小学校に到着した。駐在の警官と並んで出迎えた校長が車に近づいてきた。

「里崎さんですか！　本当にご苦労様です。よろしくお願いします」

「校長先生、こちらこそよろしくお願いします。急な話ばかりで、ずいぶん無理を言いました」

「いえいえ、お安いご用ですよ。さあ、寒いですからどうぞ中へ」

六人は、ギシギシと雪を踏みしめながら、校長室へと向かった。校長室の机には、既にマンションの見取り図が拡げられていた。各人が簡単に自己紹介を済ませると早速会議が始まった。

「校長先生、早速ですが、今日の立ち入り調査の段取りを説明したいと思います。よろしいですか？」

「あ、はい、結構です。お願いします」

「じゃあ、まずはこの見取り図を使って部屋の様子を教えてもらいたいんですが、いいですか？最初に聞きたいのは台所の位置ですがどこでしょう？」

「はい、玄関を入ってすぐの右側が台所になってますね」

「ここですね。ラッキーだな。この位置なら継父や実母よりも先に押さえやすいね。次は、弘志君がいる部屋はどこかわかりますか？」

「ええと、玄関を入って左側に小さめの部屋が二つあるんですが、奥の方の部屋だと思います。前に家庭訪問したときに、母親がその部屋に弘志君を連れていってましたから」

「ここですね。いちばん奥の広い部屋がリビングですよね。右側の部屋は寝室かな？」

「奥の部屋がリビングなのはわかりますが、右側の部屋は見てないんでわかりませんね。でも、多分寝室だと思います。左の手前の部屋は物置のように使ってましたから」

「わかりました。十分です。そしたら、立ち入り調査の段取りを説明しますね。まず校長先生には家庭訪問を装って声をかけてもらいます。ドアが開いたら、一気に手前に引っ張って大きくドアを開けてください。その瞬間に我々が室内に突入していきますから」

里崎は、先ほど児相内で行った立ち入り調査の段取りを、校長、警官、保健師の石橋に向けて詳しく説明した。約三十分ほどの打ち合わせが終了すると、いよいよ、現場に向かうこととなった。

全部で八世帯が入居できる小さなマンションだった。現場は、二階の左奥の部屋である。マンションの前には、いかにもと思えるような改造された黒い車が止まっていた。どうやら継父は在宅のようだ。里崎、柴田、司馬、本田の四人は、校長に先駆けて足音を消しながらゆっくりと階段を順番に上がっていった。校長を含めた五人がドタドタと階段を上ったのでは不審に思われ、玄関を開けてもらえないかもしれないからだ。立ち入り調査の最大の弱点は、ドアを開けてもらわないことには、鍵を壊してまで、中に入ることが認められていない点である。もちろん、中で子どもが死にかかっていることが明らかにわかるような場合には、ドアを壊すことも認められるが、子どもの安否がはっきりしない状況では、そこまでの行為は認められていない。それ故、なんとしても、保護者に疑われることなく、校長先生にドアを開けてもらう必要があった。

四人は、ドアの開く右側に一列に並んで身をかがめて待機した。準備ができると、校長が何食わぬ顔で、ドタドタとけたたましく靴音を立てながら階段を上っていった。四人の心臓は、お互いの心臓の音が確認できるほどに、激しく鼓動していた。二時十五分、校長が声をかけた。

「こんにちは。校長の石井ですが、お母さんいらっしゃいますか？」

ドアに人が近寄ってくる足音が聞こえてきた。その足音がドアの前でピタリと止まった次の瞬間、鍵を開ける音とともに、里崎の目の前でドアノブがゆっくりと回り始めた。校長はドアノブに手をかけると勢いよく一気にドアを引っ張った。里崎の目にはドアの開く瞬間が、まるでストップモーションのように見えていた。隙間から雪駄を履いた女の足が見えた。「母親だ！」と里崎は思った。ものすごい力で引っ張られたドアに、母親はまるで釣り上げられた魚のようにくっついて外に姿を現した。

その瞬間、里崎は母の左腕を摑むと一気に外に引っ張り出し、司馬に母を託して部屋に突入していった。柴田、本田が後に続いた。本田は予定どおり台所に仁王立ちして継父に備えた。

「児童相談所による立ち入り調査です。弘志君はどこですか？」

「なんだ！　お前ら！　人の家に勝手に上がり込んできやがって！　ふざけんなよ、コラ！」

継父がものすごい形相で奥のリビングから登場した。手には何も持っていないようだ。素手であると確認すると、里崎も柴田も安心した。ふと左の部屋を見ると、そこにはガリガリに痩せこけた少年が一人、ベッドに横たわっていた。弘志だった。虚ろではあるが目を開いて里崎を見つめている。その目が一瞬まばたきした。

「生きてる！」

里崎も柴田も心の中でそう叫んだ。継父は声に迫力はあるが、里崎や柴田のような大男に比べるといかにも見劣りする体格であった。それでも継父は里崎めがけて一直線に向かってきた。そして、里崎の胸倉を摑むと、鬼のような顔をして睨みつけてきた。

「佐藤真司さんですね。この手を離しなさい。これ以上の暴力を使うと、公務執行妨害で同行している警察官に逮捕されますよ！」

「関係あるか！　おい、コラ、舐めてんのか！」

継父はさらに里崎に殴りかかろうとしたため、里崎と柴田は仕方なく継父の両腕を押さえると、継父を壁に押し付けた。中山は、必死で抵抗する父に向かって立入調査証を見せると、立ち入り調査の実施を宣言した。その様子を見て、あわてて警察官が中に入り、継父を押さえ込んで、叫んだ。

「これ以上やると公務執行妨害で逮捕するぞ！　おとなしくするか！」

警官の姿を実際に見ると、継父も少しやばいと思ったのかおとなしくなった。

「わかった。もうわかったから離してくれ」

継父は力なくその場に座り込んだ。里崎と柴田は警察官の力を借りながら、継父を居間に導き炬燵に座らせた。その間に中山と、保健師の石橋が素早く弘志に駆け寄った。

「弘志君ね？　大丈夫？　もう安心していいのよ。心配しないで、必ず元気になれるから」

中山の言葉に、弘志は、かすかに首を縦に振るのが精いっぱいだった。弘志の目から安堵の涙が溢れていた。弘志自身、「助かった」と実感したのだろう。

早速、石橋保健師が身体のチェックを始めた。血圧も低く、極度の低栄養状態であった。足首は尖足状態であり、動けなくなって長い時間が経過していることを物語っていた。髪も相当抜け落ちていて頭皮が一部でむき出しになっている。皮膚は魚のうろこのようにガサガサにただれ、いかに栄養状態が悪かったかは、一目瞭然であった。服の下には無数の体罰の跡が、痣として残っており、ところどころに、たばこの火を押し付けたとみられる火傷の跡が見受けられた。経験豊富な中山ですら目を背けたくなるような酷い虐待の痕跡が弘志の全身を覆っていた。とても自立歩行のできる状態ではなかったので、中山はすぐに救急車を手配した。正に、ぎりぎりの状態であった。

一方、司馬は外で騒ぎまくっていた実母の相手をしていた。丁寧に立ち入り調査と職権の一時保護の意味について説明すると、実母は、もはや、どう足掻いても弘志は児童相談所に保護されてしまうと気づいた様子で、すぐに静かになってしまった。司馬は、おとなしくなった実母を伴って里崎たちのいる炬燵にやってきた。

二人の警察官は、実母と継父の興奮状態が落ち着いているのを確認すると、署に連絡をするために部屋から出て行った。

里崎は救急車を待つ間、継父と実母に今回の立ち入り調査に至った理由や、弘志を職権の一時保護により預かることを説明した。そして、継父に職権一時保護通知書を手渡し、納得がいかない場合には、六十日以内に知事に審査請求ができることも説明した。里崎の話をしばらく黙って聞いていた継父であるが、やはり、納得がいかないのか、有無を言わさずに弘志を一時保護されることに怒りが湧いてくるのかは不明だが、しだいに興奮状態が再燃してきているようだった。

「里崎とか言ったな！　お前らな、さっきから黙って聞いてりゃ勝手なことばかり言いやがって！　何が、虐待だよ！　俺はな、弘志が言うこときかねえから躾でやってんだよ！　言ってもわかんねえ馬鹿には、体に教えてやらなきゃいけねえんだよ！　だいたい、親が自分の子どもに何をしようと勝手じゃねえか！　他人のお前らが口出すことじゃねえだろうが！」

「そうよ！　この人はね、弘志が賢くなるように、弘志のためを思って、躾けてくれてるのよ！　あんたたち関係ないじゃない！　実の母親の私が躾だって言ってるんだから、躾じゃない！　何勝手に虐待とか言ってんのよ！　ごはんだって与えてるけど、好き嫌いが多くて食べないんだから仕方ないでしょ！　あの子の我がままなのよ。だから躾けてるの！」

里崎が語気を強めて言った。

「あのねえ、あんたたちが弘志君にやってることは、どこをどう取っても虐待以外の何ものでもないんだよ。こんなのが躾なら、日本中の子どもは親から殺されるのを待ってるだけになっちゃうよ！　それに、まだ新しい火傷の跡や痣がついてるじゃないか！　動けなくなってる子に、さらに執拗（しつよう）に虐待を加えておいて、何が躾だよ！」

「母親の私が躾って言ってるんだから、躾なのよ！」

「お母さん、あんた弘志君の実の母親なんだろ！　自分がおなか痛めて産んだ子どもが、こんな酷（ひど）い目に遭（あ）わされてて何も思わないの！　弘志君死にかけてるんだよ！　あんなに痩（や）せこけて、全身にたばこの火を押し付けられた火傷やら、殴（なぐ）られた痣だらけになってる自分の子どもを見て、お母さん、何も思わなかったの？」

「うるさい！　あんたに関係ないでしょ！」

母親は金切り声をあげた。部屋の空気に再び怒（いか）りの感情が満ち始めていた。

「だいたい、こんなに衰弱してる我が子を病院にも連れていってないなんて、お母さんは弘志君が死んでもいいと思ってたんじゃないの！　佐藤さん！　あんたさ、もし弘志君が死んでたらどうする気だよ！　弘志君だってかわいそうだし、あんたらだって場合によっては殺人犯になってしまうんだよ。誰一人得する人間なんていないじゃないか！　いい大人がそんなことも考えられないのかよ！」

継父と母親のあまりに酷い言動にヒートアップしてしまった里崎を押さえようと、司馬が話しかけた。

「里崎さん、もうその辺にしなよ。気が動顚（どうてん）しているお母さんや佐藤さんを落ち着かせる立場の君がそんな調子じゃ駄目（だめ）じゃないか」

司馬がさらに話を続けようとしたその時である。継父が激昂（げっこう）して大声を上げた。

「里崎！　お前、さっきからマジムカつくんだよ！　偉そうなことばっか言ってんじゃねえよ！

このボケが！」

継父はそう怒鳴るや否や、ズボンのポケットから手を出して里崎めがけて襲いかかった。手には鈍く光った小さなナイフが握られていた。

柴田が叫んだ。

「危ない！　里崎さん！　ナイフだ！」

里崎は継父の右斜め前の至近距離に座っていた。そのため、全く回避行動をとる間もなかった。畜生！　間に合わない！　駄目だ！　やられる！

里崎の目には、継父の右手にしっかりと握られたナイフの白刃が、ゆっくりと自分の左胸目がけて進んでくるのが見えた。継父の腕を押さえようとしたがもはや、間に合わない状況だった。里崎が覚悟を決めたその瞬間、里崎の脳裏をなぜか、田丸の美しい笑顔が過った。

「ドスッ！」という鈍い音とともにナイフがダウンジャケットの左胸を切り裂き、突き立てられた。強い衝撃が里崎の左胸を襲った。その瞬間、里崎は左手で継父の手首を掴み、右手で継父の手のひらを万力のような力で握りつぶした。継父の悲鳴が響いた。

「いてえ～！」

驚いた警官が二人がかりで継父を取り押さえ、暴行の現行犯で逮捕した。

里崎は、自分の左胸から床に落ちたナイフをしばし呆然と見つめていた。羽毛がふわりふわりと舞っている。すぐに我に帰ると、左胸に痛みがないことに気がついた。防刃チョッキが里崎の命を守ったのだ。しかし、分厚いダウンジャケット、作業着、セーター、防刃チョッキの表面の生地には、大きな穴が空いてしまっていた。里崎は、チョッキを着用していなかったら今頃は死んでいたかもしれないと思うと、下腹から首筋にかけてぶるぶると震えるような恐怖を覚えるのであった。

継父と実母が警察に連行されたすぐ後に、救急車が到着した。弘志は救急隊員によって担架に乗せられ、公立桜川病院に直行した。救急車に同乗した中山は、弘志の手をしっかりと握りしめながら、傍らに座って優しく声をかけ続けた。

「弘志君、偉かったね。本当によく辛抱したね。もう大丈夫だよ。もう誰にも酷いことは絶対にさせないって、先生が約束するから、安心してね。美味しいものたくさん食べて早く元気になって、また学校に行こうね。おばあちゃんも楽しみにしてるよ」

里崎たちも、救急車の後について病院に向かった。その車中、里崎はザックリ裂けた自分のダウンジャケットの左胸をまじまじと眺めながら、改めて児童相談所の業務の過酷さを実感していた。まさに、命懸けの仕事であると。里崎がふと時計を見ると三時ちょうどだった。あれほど長く感じた時間が、実はたったの四十五分間だけだったのである。ほんの四十五分という短い時間の中に、防刃チョッキを着ているものは命を繋ぎ、着ていなかったものは命を落とすという両極の運命が潜んでいたのだという事実を里崎は噛みしめていた。弘志の運命も同じである。もし、継父がギャンブルをしない、金にきっちりした男だったとしたら、実母が祖母に金の無心の電話をすることはなかったであろう。だとしたら、弘志は死んでいたはずである。

継父がギャンブル好きで金にルーズな、どうしようもない性格だったからこそ、実母が祖母に金の無心の電話をして、弘志は命を繋いだのである。一見すると欠点以外の何ものでもない継父のだらしない性格のおかげで、弘志は生きのびたことになる。人の人生において、何が仇となり、何が幸いするかなど、わからない。必ずしも正しいことが正しい結果を生むとは限らないのだ。

児相が関わる影の世界の住人たちは、きっと何をやっても、誰と関わっても常に結果が仇となった人たちなのだろう。そしてこの両極端の運命は、得てして些細なことが原因でどちらの極にでも傾くものだということを里崎はしみじみと実感していた。

人の人生、いや、人の精神のなんと儚く、脆弱なことか。里崎はこれまでのところ影の世界に傾いていない自分の人生の幸運に感謝していた。そして、幸運だからこそ、今日も死なずに済んだのだろうと、裂けたダウンジャケットと、傷ついた防刃チョッキを愛おしげに撫でながら、窓の外の雪景色をぼんやりと眺めていた。今日がクリスマス・イブだということなど、記憶のどこにも残ってはいなかった。


一時間後、一行は病院に到着した。山形ドクターは救急搬送用の入り口で待っていてくれた。

「里崎さん！　こっち、こっち。あれ、どうしたの、そのジャケット？」

「あっ、ちょっと。ははは。ドクター、今日は無理言いました。お世話になります」

「こ、こりゃ酷いな。よく間に合ったもんだね。奇跡的なタイミングだったかもしれないよ。ともかく診察室に。弘志君だね、もう大丈夫だよ。先生が必ず元気にしてあげるからね」

診察室に走りながら、保健師の石橋がドクターに弘志の様子を報告した。

「早速、ブドウ糖の点滴から始めよう。脳にこれ以上負担がかかると良くないからね。じゃあ、里崎君診察してから診断書も書くね。報告書みたいなものほしい？」

「はい、多分二十八条の申し立てが必要なケースですから、報告書いただけると資料になって助かります」

「わかった、じゃあ、それも作るわ。しばらくゆっくりしててよ」

里崎たち六人は、人気のない夕方の総合病院のロビーの長いすにぐったりともたれかかって診察が終わるのを待った。心も、体も限界まで疲労しているのがわかった。

里崎は囁くように司馬に言った。

「司馬さん、間に合って良かったですね。生きててくれて本当に良かった」

「ほんとだね。かなりやばかったと思うけど、よく生き続けてくれてたよね。中山さん、弘志君を最初に見たときの印象は？」

「ちょっと驚いたわね。こんなこと言っていいのかわからないけど、前に見たホロコーストの写真が頭を過ったのよ。アウシュヴィッツの収容所の写真だったと思うけど。弘志君のギョロッとした眼が忘れられないわ」

「アウシュヴィッツか……」

「それにしても、石橋さんに来てもらったのは正解だったわね、里崎さん。さすがに保健師さんよ。一切動じず、淡々と身体のチェックをしてたもの。私も側にいてすごく安心できたわ。あんな酷い状態の子どもを見るのはさすがに初めてだったから、私だけじゃどうしていいかわからなかったと思うのよ」

中山は石橋の対応に賛辞を送った。石橋は恥ずかしそうに中山を見ながら言葉を返した。

「そんなあ、もう必死でしたよ！　気が動顛してましたし……。でも、皆さんの仕事って本当に大変なんですね。すごく感動しました。直向きで、まさに命懸けで」

「毎度毎度立ち入り調査なんてしてませんよ。こんなことしょっちゅうあったら、こっちが死んじゃいますからね。うふふふ……」

中山の笑い声が暗いロビーに明るく響いた。

一時間後、診察室のドアが開いた。

「里崎さん！　終わったよ。こっちに入ってくれる、部屋狭いから。あと、司馬さんと中山さんだけなら入れるわ」

「ドクター、弘志君は？」

「うん、寝ちゃったよ。疲れたんだろう。それに地獄から解放されて安心しただろうしね。点滴も効いたみたいだし。今は病室でベッドに寝てるよ」

「そうですか。本当にありがとうございます。それで容体は？」

「本当に奇跡的なタイミングだったよ。あと一週間、もしかしたらあと五日遅かったら本当にやばかったと思うよ。極度の栄養失調状態だ。髪もかなり抜け落ちてるし、背中の褥瘡も酷いし尖足もあるしね。二か月以上ほとんど寝たきりじゃないのかな？」

「二か月以上も……。本当に危なかったんですね」

里崎の背中に冷たいものが走った。

「それと体中の痣は、日常的な虐待を物語ってて四色全部揃ってるね。たばこによる火傷も五十か所以上。この傷は消えないから、思春期にはずいぶん悩むだろうな。どんな奴がやったのか知らないけど、人間じゃないね。鬼畜生だよ、まったく」

いつもはジェントルな山形ドクターが、怒りの言葉を口にした。

「レントゲンも撮ったけど、骨折はないね。ただ右腕の上腕部の骨にひびが入ってる。このひびは最近だと思うよ。動けない子どもに、よくもまああんな酷いことができたもんだね」

「寝たきりの弘志君を激しく殴ったってことですか。何て卑劣な奴だ……」

　里崎は、怒りがマグマのように湧いて来るのを感じていた。

「風呂は今の状況では当然無理だけど、体を拭いてもあげてないから、全身に白癬菌系の皮膚病ができてるし、爪も伸び放題だったよ。ただ、幸い脳の機能には問題が及んでない様子で、僕の話しかけも十分理解はできてるみたいだったね。もともと健常児なんだよね」

「はい、すごく勉強もできた健常児です」

「そっか、それじゃあ、育てる上でも苦労がある子じゃなかったわけだ。うちに発達相談に来てるお母さんなんて、知的障害があって手のかかる子どもでも、目の中に入れても痛くないほどに本当に大切にかわいがってるのに。何なんだろうね、この現実は……」

「先生、回復にはどのぐらいの時間が……」

「そうだな、身体的な問題は二か月強で回復すると思うよ。あとは心理面でのフォローが絶対必要だね。ここにいる間は、うちの臨床心理士にやらせるから、退院後は児相でフォローしてあげてよ。ね、司馬さん」

「もちろんです。おばあちゃんのところに引き取られるか施設に入るか微妙ですけど、いずれにしても児相でフォローします」

「里崎さん、ある程度回復したら県立三和病院に転院してもらおうか？　その方が都合いいでしょ」

「いえ、折角(せっかく)慣れてきたところで転院するのは辛いでしょうから、ちょっとぐらい時間がかかっても、僕の方でこっちまで来ます」

「ふ〜ん、相変わらず優しくて熱いね。了解。じゃあ、うちで精いっぱいやっていくわ。とりあえず今日のところはそんなもんかな。経過はまた里崎君に連絡するよ」

「はい。ドクター、本当に今日は時間外なのにありがとうございました。弘志君のことよろしくお願いします」

里崎たちは、桂山土木事務所で車を乗り換え、保健師の石橋を下ろすと事務所への帰路に就(つ)いた。

七時過ぎ、事務所に着くと、田丸が里崎の席に座っていた。

「何偉そうに人の席に座ってるんだよ」

「ずいぶんな挨拶(あいさつ)ね。女神様がわざわざ人間里崎の仕事ぶりを見に来てあげてるのに」

「何馬鹿なこと言ってるんだよ。それで、何しに来たの？」

「何しに来たのって何よ！　心配して来たに決まってるでしょ！　そっちこそ馬鹿じゃないの！」

「もう疲れてるんだから、がみがみ言うなよ！」

「がみがみ言わさないでよ！　こっちだって疲れてるのよ！　県庁から児相までチャリで飛ばしてきたんだから」

「意味が違うだろ、意味が！　誰が体力的な疲れを言ってるんだよ。こっちは精神的に疲れてるの！　まあ、立ち入り調査のご経験がない真理子先輩にはわからないかもしれませんけどねえ」

「まあ。それだけ憎(にく)まれ口叩(たた)けるんなら心配ないわね。あれ？　里崎君どうしたの？　ダウンジャケットが破れて羽毛が出てるよ」

「ああ、これ？　うん、ナイフで刺されたんだよ」

「ええ！　ちょっと大丈夫なの？　怪我してないよね！」

急に田丸が泣きそうな顔で里崎に近づいてきた。

「怪我したさ」

「ええ！　病院行ったのよね！」

「まあ、怪我したのは防刃チョッキだけどね。ほら」

「ん〜もう〜！　馬鹿〜！　言っていい冗談と悪い冗談があるでしょ！」

「ごめん、ごめん。そんなに怒らなくても。疲れてるからちょっと笑いがほしくてさ」

「笑えない！　でも、ほんとにナイフで刺されたのよね……。はあ〜、良かった〜、ほんとに怪我がなくて。大変だったね。お疲れ様」

「ああ、約束通り怪我せずに帰ってきただろ。褒めてもらわないとな」

「はいはい、褒めて遣わすぞ！　ふふふ……。ジャケット貸して。縫ったげるから」

そう言うと田丸は、バッグから小さな裁縫セットを取り出し、手早く裂け目を縫い始めた。

「お前、そういう女性的なことできるんだな」

「口も縫ってあげようか」

「遠慮しときます」

その時、警察から電話が入った。連行していった継父は、暴行容疑で事情聴取を受けており、実母は親権者でありながら、継父の虐待を放置していたということで、保護責任者遺棄致傷の疑いで事情聴取を受けているとのことだった。取り調べの様子も伝えられ、プレスリリースが明日だという情報提供が最後に付け加えられた。里崎が実母との面会が可能かを確認すると、取り調べの合間なら面会可能という答えが返ってきた。

里崎が電話の内容を中山係長に伝えると、中山係長は軽く頷き里崎の肩をポンと叩いた。

「お疲れ様。今日はもう帰って、ゆっくり休みなさい」

「わかりました。じゃあ、お言葉に甘えて」

田丸が含みのある笑みを浮かべながら里崎に近づいた。

「里崎君、明日は仕事になんないわよ」

「どうして?」

「マスコミ」

「取材ってこと?」

「電話が鳴りやまないわよ、きっと……。じゃあ、私帰るわ!」

「待てよ、送るよ。チャリは後部座席に積めばいいからさ。飯食ったのか?」

「食べてるわけないでしょ」

「飯、一緒に行く?　約束あるならいいけど」

「嫌味言ってるんじゃないわよ!　奢り?」

「またかよ!　わかったよ。奢るよ」

事務所を出ようとする二人に、司馬が眉を八の字にして茶化すように言った。

「あれ~。一緒に帰るの。デート?」

「ち、違いますよ！　そんなわけないでしょ！」

田丸が眉間（みけん）に皺（しわ）を寄せ、強く否定した。

「そんなにむきになるところがさらに怪しい」

「ち・が・い・ま・す！　司馬さん、とっとと席に戻って仕事して！」

司馬は背中越しに手を振りながら席に戻っていった。

「じゃあ、行くか」

「でも、今日空いてる店なんかあるのかな？　イブの晩だよ」

「あるんだな、それが。ジーザス・クライストとは関係ないいい店がね」

外に出ると、雪は止んでいた。里崎は車に積もった雪をどけると、助手席のドアを開けた。運転席から田丸がシートベルトをつけるのを確認するとエンジンをかけ、ワイパーでフロントガラスに残った雪を飛ばした。田丸は寒そうにコートのポケットに手を入れていた。吐く息の白さが二人の距離を妙（みょう）に近づけた。

「それにしても寒いわね。唐石山は余程寒かったでしょう」

「それがさあ、あまり寒くなかったんだよ。必死だったせいかな」

「お疲れ様。良かったね。生きててくれて」

「ああ。良かった……本当に」

里崎は静かに車を発進した。道路上では幾重（いくえ）にも踏みつけられた雪が変わり果てた悲しい姿を曝（さら）して最後のときを待っている。街路樹は美しく雪を纏（まと）い、宝石のように輝くイルミネーションの光が雪を七色に染めている。

今日は、確かにクリスマス・イブなのだ。里崎は普通の世界に自分が戻っていくのを実感していた。繁華街まで車を走らせると、コインパーキングに車を止め、細い路地を右へ左へと進んでいく。徐々に店が少なくなってくると、人気のない暗い路地の奥に明かりが見えた。小さな店の入り口では、赤と白のレンガが織りなす洒落たアーチが二人を待っていた。肉の焼けるとてもいい香りが漂っている。

里崎は、行きつけのトルコ料理店に田丸を連れてきた。ガラガラだった。

「ほらね、空いてるだろ。こっちは、アッラーだからね」

「なるほど、イスラム教だもんね、トルコは」

「でも、旨いんだぜ、トルコ料理は。世界三大料理の一つだからな。何食べたい?」

「任せる。わかんないから。ただし、おいしいのよ!」

「わかった。ええと、イスケンデル・ケバブとシシ・ケバブ、それからタルハナチョルバーにキョフテ。それから、ボフチャ・ボレイ、デザートはライス・プディング。以上でお願いします」

「なんの料理かさっぱりわかんないけど大丈夫?」

「任せろ。旨いから」

「まあ、任せるしかないんだけどね」

里崎は、じっと田丸の顔を見つめていた。

「何よ。なんか顔についてる?」

「いや、そうじゃないさ。さっき、事務所に帰ってきたとき、お前がいたのを見て不思議な気がしたんだ」

「どうして？」

「ナイフで刺されるときにさ、もう駄目だって思った瞬間に、なんでかわかんないけどお前の笑顔が脳裏に浮かんできたんだよ。普通、死ぬかってときにはさ、過去の記憶が走馬灯のように浮かぶとかいうだろ。違ったんだよ」

「ははあん。惚れたな、里崎。この女神に。参ったなあ。私って、ほんと罪な女よね。こんな朴念仁の里崎君にさえ女性を愛する喜びを教えてしまうなんて」

「惚れてないから」

「惚れてるわよ」

「惚れてない」

「深層心理では惚れてる」

「深層心理でも惚れてない。お前こそ、心配して見にくるぐらい俺のこと好きじゃないのか？」

ふふふふ……」

「好きじゃない」

「好きだろう」

「好きじゃない。深層心理でも好きじゃない。心の中のどこをどう探しても好きな心は見当たらない！」

「そこまで否定しなくても……。あっ、来た来た。イスケンデル・ケバブ。牛肉の串焼きだぞ。さあ、食べて食べて」

「おっ、おいしい、これ！」

「だろう、もっと食えよ、もっと」

さっきまでの殺伐とした時間が嘘のように楽しい時間が過ぎていった。

里崎は、ほんの数時間前までは、弘志の生死を憂い、極限まで追い詰められていた自分が、今、田丸と何事もなかったかのように楽しく食事をしていることを思い、自分の鈍感さに半ばあきれていた。

しかし、同時に、この鈍感さを持っているがゆえに、人は生きていけるのだと実感していた。確かに、人間の精神は、儚く、脆弱である。だが、一方で、恐ろしいまでに強靭な鈍感さを併せ持っているのだ。それ故に、悲しみ、恐怖、憂鬱に押し潰されそうになりながらも、それらを克服して生きていけるのだ。

「ご馳走様。おいしかったよ、トルコ料理。送ってくれてありがとう。明日から大変だと思うけど頑張ってね」

「わかった。頑張るよ。じゃあ、おやすみ」


翌日、田丸の予想どおり、マスコミから取材の電話が殺到した。個々に対応していては全く仕事にならない状況となったため、所長、次長、長谷部課長がマスコミ対応をすることになり、やっと、児童相談所のケースワーカーは平静を取り戻した。

マスコミ対応窓口を集約したことで平常業務ができるようになった里崎は、弘志の祖母である木山佐智子に電話をした。そして、弘志が無事であること、母と継父が警察で事情聴取を受けていることを伝えた。母が事情聴取を受けていることは祖母にとってショックだったようだが、弘志の容体を聞くと、仕方ないと感じた様子であった。容体が良くなれば面会もできると伝えると祖母は喜んでいた。

それから、熊崎市の春野小学校にも電話をし、弘志の無事を伝えた。担任は弘志の無事を聞いて、とても安堵した様子だった。

その日の午後、里崎は中山係長と一緒に実母と面会するために桜川警察を訪問した。取調室での面会が許可された。

「お母さん、今日は弘志君の施設入所のことで話しに来ました。今回の弘志君に対する虐待の状況や、お母さんの対応から判断して、児童相談所は、弘志君をお母さんの下には返せないと判断しています。それで、弘志君の施設入所あるいは里親委託に関して、お母さんに同意してもらいたくて、今日は会いに来ました。これが、その同意書です。サインしてもらえませんか？」

「嫌よ！　なんで自分の子どもを施設なんかに！　ましてや里親委託なんてまっぴら御免だわ！あの子は私の子よ。誰にも渡さないわ！」

「どうしてですか？　かわいがってたわけでもないでしょう。あんなに酷い目に遭わせていたのに。なんの目的で同意しないんですか？　愛情なんてないんでしょ。今は」

「あんたに何がわかるのよ！」

「わかりませんよ。わかりたくもないですね。虐待してしまった母親には何人も会ったけど、みんな苦しんでた。母親自身も苦しんでいたんだよ。でも、あなたは違う。佐藤と一緒に弘志君を虐待して楽しんでたんだ。あなたみたいに冷たい氷のような人は初めてだ。せめて、施設入所に同意するぐらいの良心はないんですか。あなたに弘志君の母親を名乗る資格はないでしょう」

里崎の声は少し感情的になっていた。

中山が二人の間に割って入った。

「お母さん、里崎さんはこんな言い方してるけど、本心はそうじゃないのよ。里崎さんはね、寂しそうな目をした子どもをたくさん見てるから、弘志君をそんな悲しい子どもにしたくないのよ。いつか弘志君にお母さんが必要な時期がきっと来る、そう思ってるからこそ、お母さんに気持ちを奮い立たせてもらおうと思って、あえて厳しい言い方してるのよ」

「大きなお世話よ、そんなこと！」

「このまま施設入所に同意しなかったら、私たちは家庭裁判所に施設入所承認の申し立てをしないといけなくなるの。お母さんや佐藤さんの今の状況じゃ、当然裁判所も承認するわよね。裁判所が承認したら簡単に弘志君に会えなくなるのよ。それだと、お母さんが辛いだろうって思ってるから、昨日の今日でこうやって会いに来てるのよ。わかってよ、お母さん」

「勝手に会いに来て、恩着せがましく言わないでよ」

「ねえ、あんな酷い男とはきっぱり関係を断ち切って、おばあちゃんと一緒にやりなおそうよ。そしたら、弘志君とまた一緒に住める日も来ると思うよ。もちろんすぐではないけれど、必ずその日は来ると思うから。お母さん次第なのよ、それは。弘志君を大事に思ってるなら、私たちも協力するし、いつかまた一緒に住めるはずよ」

「ふん、何言ってんのよ、あんた、馬鹿じゃないの！　私は佐藤とは絶対に別れないわよ。私は佐藤なしじゃあ駄目なのよ。佐藤と別れるぐらいだったら死んだ方がましだわ！」

「どうしてよ、お母さん？　弘志君にあんな酷いことをした男なのよ。なのにどうして？」

「あの人はね、私にはとても優しいのよ。弘志が殴られるのは、あの人に懐かないから悪いのよ！　あの人も最初はかわいがろうとしてくれてたのに。あの子が懐かないからいけないのよ！」

　母と中山のやり取りを聞いていた里崎が、最後に懇願するように言った。

「お母さん、せめて、施設入所にだけは同意してくれないかな」

「嫌よ！　とっとと帰ってよ！　裁判所にでも何にでも言えばいいじゃないの！　私はあの子と住むために佐藤と別れたり絶対しないからね」

　全く話にならない母親であった。里崎も中山も怒りを通り越して呆れていた。

「どうしてあんな屑みたいな男のために自分の子どもを犠牲にできるんですかね？　まったく理解できませんよ。それと中山さん、僕は本心から文句を言ってたんですからね。あんな母親のためなんてこれっぽちも考えてませんから」

「わかってるわよ、そんなこと。でもね、同意させなきゃ施設に行くのも遅くなるし、学校に行くのも遅くなるでしょ。だから、ともかく同意させたかったのよ。母親が出てきて親権振りかざしてガタガタ言ってきたら、その時はもう一度職権の一時保護をやって、今度こそ二十八条の申し立てを裁判所にすればいいんだからさ。あ〜あ。あそこで泣かせれば上手く行くと思ったんだけどな〜。感情の針がピクリとも触れなかったわね、あの母親。悲しい人ね……。もう少し強い人だったら……」

「やっぱり中山さんて狡猾ですよね」

「うるさい！　帰るわよ」

「は〜い」

その日のうちに里崎は早速二十八条の申立書を作り始めた。まさに、弘志の母親に対する怨念のこもった申立書で、一文字一文字に里崎の怒りがこもっていた。申立書は里崎の怒りの強さに比例して、あっという間に出来上がった。しかし、肝心なことが残っていた。弘志が何を望むかが確認できていなかったのである。こればかりは弘志の回復状況と相談しながらでなければ、進めることができない問題だった。

里崎は五日ごとのペースで弘志に会いに行った。

弘志は驚くべきスピードで回復していった。抜け落ちていた髪もみるみる生え始め、骸骨のようだった顔にもどんどんふくよかさを取り戻していった。その様は、あたかも骸骨に復顔術を施して、生きていたときの顔を再現していく作業に似ていた。弘志の顔は会うたびに子どもらしい顔になっていった。

そして、二か月後。弘志はすっかり元気になった。リハビリの結果、足首も完全に曲がるようになり、自由に歩けるようになった。精神的にも、司馬を中心とした児童心理司が定期的に関わり、順調な回復を見せていた。そして、ついに病院を退院し、児童相談所の一時保護所に移ってきたのだ。

いよいよ、弘志の気持ちを確認する日がやってきた。里崎と中山は一時保護所に向かい、弘志と面接した。中山が優しく話し始めた。

「弘志君、本当に元気になったね。良かったね。先生すごく嬉しいよ。昨日から一時保護所に変わってきたけど、何かしんどいこととかない？」

「大丈夫だよ。楽しいよ、先生みんな優しいし」

「そう、良かった。今日はねえ、ちょっと大事な話をしたいんだけどいいかな。あんまりおもしろい話じゃないんだけどいい？」

「うん、いいよ」

「そう、ありがとう。あのねえ、弘志君。今日はねえ、先生に弘志君がこれからどんな生活をしたいって考えてるのか教えてほしいのよ。たとえばね、おばあちゃんと一緒に住みたいとか、そんな具合に。弘志君が今、どうしたいのかを正直に話してほしいんだけどいいかな？」

「いいよ。でもね、おばあちゃんとは住みたくないんだあ」

とても意外な言葉だった。里崎も中山も、弘志はきっと祖母と一緒に住みたいと言うだろうと踏んでいたからだ。

「ええ、どうして？　あんなに優しいおばあちゃんなのに。病院にも面会に来てくれたじゃない。どうしておばあちゃんと一緒に住みたくないの？」

「だってえ、おばあちゃんは好きだけど、おばあちゃんと一緒だと絶対お母さんが来るもん。お母さんにはもう絶対に会いたくないいんだ、僕。おばあちゃん、きっと僕と一緒にいること、お母さんに言っちゃうと思うんだよな。そしたら、お母さんと一緒にまたアイツまで来るもん。だから、おばあちゃんとは一緒に住めないよ」

「そっかあ。佐藤のおっちゃんだけじゃなくて、お母さんにも会いたくないの？」

「うん、お母さんにも絶対会いたくないよ。お母さんとは親子の縁を切りたいよ」

「ずいぶん難しい言葉知ってるのね。親子の縁か。じゃあ、もう一生お母さんに会えなくてもいいの？」

「一生会いたくないよ。二度と会いたくない」

わずか十二歳の子どもが、これほどはっきり親との決別を決断している。そのことは、里崎に強い衝撃を与えた。そして、この少年が心に受けた底知れぬ恐怖と、母親に対する深い絶望感を知ったとき、言葉にできないほどの悲しみを感じずにはいられなかった。死線を跨いできたこの少年にとって、母親とはもはや自分を産んだ動物といった、記号のようなものにすぎないのだ。世の中にこれほどの悲劇があるのだろうか。里崎は胸が押し潰されるような思いだった。

「本当にそう思うの？　しばらくしたら会いたいと思うんじゃないかな？」

中山の確認に弘志はきっぱりと答えた。

「そんなこと絶対に思わないよ。絶対に思わない。だから中山先生、お母さんやおばあちゃんと一緒に住まなくてもいいようにしてほしいんだよ、僕は。そんなことってできないの？　ここでずっと生活したら駄目なの？　どこでもいいんだ。三和じゃなくても、遠いところでもいいからさ。お母さんに会わずに生活できるところに連れていってよ。親子の縁も切ってほしいよ。お願いします」

「そっか、わかった。親子の縁を切る方法はあるのよ。もちろんお母さんがいなくなるわけじゃないけど、法律上親子じゃなくなるのよ。弘志君のお母さんには法律上の親としての権利があるんだけど、その権利をなくすことができるの。でも、そこまでしなきゃ駄目かな？」

「先生、絶対にそれをやってよ。お母さんが親じゃなくなるんでしょ。だったらもう僕に近づけなくなるんでしょ。そしたら僕も安心できるもん。だから、先生、その、法律上親子じゃなくなるやつやってよ。ねえ、先生、お願い！」

「わかったわ。でも、それをするには弁護士の先生にお願いしなきゃ駄目だから、先生が頼んでみるね。弁護士の先生からも、本当にそれでいいのか何度も聞かれると思うよ。それにね、裁判所っていうところの調査官からも、何度も何度もしつこいぐらいに、お母さんとの縁を切っても本当にいいのかって聞かれたりするけど大丈夫？」

「うん大丈夫。弁護士に聞かれても裁判所に聞かれても、僕平気だよ。僕の気持ちは変わらないもん」

「そう、わかった。里崎先生と一緒に考えてみるね。弘志君、ありがとう。正直な気持ち教えてくれて」

中山は悩んだ。しかし、中山の経験からしても、今日の弘志の気持ちが変わるとは思えなかった。絶対に一時の気の迷いではないと思われた。弘志は確かに母との決別を誓っている。もう二度とあの地獄には帰りたくないという強い意志の表れだと思った。そして、十二歳の子どもにあそこまできっぱりと母との決別を決心させるほど、弘志が経験してきた虐待は壮絶で悲惨なものだったのだと改めて認識させられたのである。

中山は決心した。

「里崎さん、前山次長を通じて中村弁護士とコンタクト取ってちょうだい。実母との親権喪失手続きを踏むしかないわ。中村弁護士に裁判所への親権喪失の手続きを委任しましょう」

「親権喪失って、日本じゃ年に数件あるかないかですよ？　ほんとにやるんですか？　認められますかね？」

「わからない。でも本人があれほど強く希望してるのよ。私たちが誘導したわけでもないのに、あれほど強く希望してるの。やらないわけにはいかないでしょ」

「そうですね」

「弘志君がおばあちゃんと住むことを選択した上で、母親の親権喪失の申し立てをやっても裁判所は認めないかもしれない。でも、母と決別するためには、祖母も切るって、あの子、そこまで言ってるのよ。好きなおばあちゃんと会うことを捨ててまで、母との縁を切りたいと思ってるのよ。ほんとに気持ちの強い子だわ……。違う、違う、それだけ母や佐藤に対する恐怖心が強いってことよ。だから、親権喪失の手続きをしてあげないと駄目よ」

「わかりました。話を進めます」

　一時保護されてからの弘志の姿勢はとても立派だった。中でも圧巻だったのは、弁護士、家庭裁判所職員に対して見せた揺るぎない姿勢だった。弁護士、家庭裁判所の調査官と何度も面接を行ったが、終始一貫して実母の親権喪失を強く望んでいることを訴え続け、自分がどれほど酷い目に遭ってきたのかについても詳らかに説明を続けた。

　本人のこのしっかりとした信念には、家庭裁判所も舌を巻いた。

　二か月後、家庭裁判所から実母里美の弘志に対する親権が喪失された旨、通知が届いた。

　弘志の強い信念の勝利であった。

　実母の親権が喪失されたことで、里崎が作った裁判所への二十八条の申立書は、またしても日の目を見ることがなくなった。

そして、弘志が最終的に選んだ選択は、里親との養子縁組であった。施設入所や里親委託という制度もあると里崎たちは何度も説明したが、弘志が望んだのは新しい家族の再構築であった。わずか十二歳の少年は過去の人生をきっぱりと捨て、振りむこうとはしなかった。

自らの意志で、自分の新しい人生を、新しい家族とともに紡(つむ)いでいくことを選んだのである。地獄から抜け出した弘志が、新たな人生を摑(つか)んだ瞬間であった。

思春期前の子どもの里親との養子縁組はとても微妙で心配なことが多い。しかし、弘志に関しては、そんな心配は必要ではなかった。弘志は自ら描いたストーリーが実現されたことが嬉(うれ)しかったのだろう。里親との関係も本当に良好で、順調に新しい家族はできていった。

一か月後に里崎と中山が里親宅を家庭訪問した際には、すっかり弘志は里親宅の子どもになっていた。

「こんにちは。中央子ども家庭センターです」

家の中から弘志が走って出てきた。その表情は見違えるほど明るく、子どもらしい良い笑顔だった。里崎は、心が熱くなるのを感じた。

「あっ！　里崎先生！　中山先生！　来てくれたの。お母さん！　里崎先生と中山先生が来たよ。早く、早く」

「ええ、誰が来たって？」

「だから、児相の里崎先生と中山先生だってば！」

「あら、そうなの。まあ、まあ、先生方、いらっしゃい。どうぞ中へ」

普通の家族の光景がそこにはあった。実の親子でないとは想像できないほど、自然な親子関係が目の前にしっかりと存在していた。

いや、弘志にとっては、ここが本当の家族なのだ。実の親子かどうかなどは問題ではない。そこに愛があるかどうかが問題なのだ。その意味では、里母と弘志の関係はまさに本当の母子関係であることを誰が否定できるだろう。

この親子は大丈夫だ。里崎は、そう確信した。もちろん、この先いろいろ問題は起きてくるだろう。しかし、それは里親と養子だからという理由で起こってくる問題ではないだろう。どこにでもある普通の家庭の中で、普通に起こる家族の問題にすぎないのだ。そして、弘志と里親は、それを家族として乗り越えていくだろう。里崎の目には弘志の明るい未来が見えていた。

「良かったですね、中山さん」

「本当にうまくいったわね。いろいろ心配して損しちゃった。あの子は私たちの想像をはるかに超えていったわね。本当に強い子ね。幸せになってほしいって心から思うわ」

「狡猾(こうかつ)な中山さんでも、やっぱりそう思いますか?」

「うるさい、狡猾言うな! ふふふふ……」

「だって、狡猾ですよ、中山さんも児相も。子どもの幸せな未来を手にするためには手段を選びませんからね。やっぱり狡猾ですよ、いい意味でね。ははははは……」

最悪の状況でスタートした弘志のケースは、今、一転して最高の状況で再スタートした。

これこそ、児童相談所の業務の醍醐(だいご)味(み)なのである。不幸な状態で家族と出会い、七転八倒、苦心惨憺(さんたん)しながらも、決して諦(あきら)めずに家族の未来、将来のビジョンを見据(みす)えて行動を続ける。そして、少しでもいい状態で家族を再スタートさせる。不幸な出会いを幸福な旅立ちに変える仕事。それこそがまさに、児童相談所の目指す仕事の本質なのだ。だからこそ児童相談所の職員は、どんなに踠き苦しみながらも、決して諦めはしない。

だが、テレビからは、今日も痛ましい子どもの虐待死についてのニュースが流れてくる。

そして、殺された子どもの近所の住人たちがテレビのインタビューに答えている。

「そりゃあもう、いつも怒鳴られたり、叩かれたりして、酷い泣き声でね。本当にかわいそうでしたよ。あんなに酷い目に遭わされてねえ～。酷い親だよ」

里崎は心の中で呟いていた。

偽善者め。あんたたちも共犯じゃないか。子どもが虐待されてることを知っていながら、匿名で電話することすらしなかったじゃないか。あんたたちは、この子を見殺しにしたも同然だ。助けを求めて必死に泣いていたこの子を。一体、日本人の正義感はどこへ行ってしまったんだろう？　未来ある子どもをみんなで守り育てていこうという正義感は。やれ、プライバシーだ、個人情報保護だと騒ぎたて、自分のことしか考えず、他人のことには目もくれず、ただでさえ核家族化の進行で弱体化している地域社会を急速に崩壊へと向かわせている。

たった一本の電話で救われる命があることを理解せず、自分たちで自分たちの社会をどんどん住みにくいものへと変貌させ、自分たちの首を自分たちで絞めつけていることにも気づかない。虐待されている子どもを見ていながら、児童相談所に電話をかけることもしない住民で溢れるこの国で、虐待死する子どもを減らすことなどできるんだろうか？　でも、諦めちゃいけないんだ。早期発見がいかに大切で、無関心がいかに残酷なことなのかを訴え続けるしかないんだ。決して諦めずに。

　里崎の心は悔しさで溢れていた。人々の無関心によって失われていくたくさんの小さな命。すぐには変えようもない社会の構造を前に、自分の無力さを感じ、心が押し潰されるような思いがしていた。だが、それでも里崎は諦めてはいなかった。いや、諦めるわけにはいかなかった。児童相談所に諦めて嘆いているだけの人間など一人もいなかったからである。

「里崎さ〜ん！　桧谷保育所から虐待通告入ってますよ。電話回しま〜す」

「ええ！　また虐待！　ちょっと休ませてよ。もしもし、ケースワーカーの里崎です。はい、はい。顔に大きな痣ができてるんですね。本人は父親に叩かれたって言ってるんですか。わかりました。今すぐ伺います。じゃあ、二十分後に。長谷部課長！　桧谷保育所の子どもが顔に大痣作ってきたらしいんで、行ってきます」

「了解。一人で大丈夫？」

「はい、とりあえず状況確認してきます。一応職権の一時保護とかも念頭に置いといてくださいね。また、現場から連絡します」

「了解、運転、気をつけて、行ってらっしゃい！」

「じゃあ、行ってきます」

　児童相談所の業務に終わりはない。

　一つのケースが終わっても次々と新たなケースがやってくる。相談所のメンバーが入れ替わったとしても仕事はずっと引き継がれ、継続していくのだ。

いつも、そして、これからも児童相談所の電話が鳴りやむことはない。

電話を取った瞬間から救いを求める人々との不幸な出会いが始まる。そして、同時に幸せなゴールを目指しての航海が始まる。

海は荒れている。しかし、荒れた海の先に穏やかな凪（なぎ）があることを疑う職員はいない。穏やかな凪の海を目指して、職員たちは、クライアントと一緒に船に乗る。

嵐が来ても漕（こ）ぐことをやめない。決して櫂（かい）を離しはしない。凪の海にたどり着くまでは。

求められれば、どこまでも走っていく。出会ったクライアントとともに、一歩、また一歩と前に進む。時にはゆっくりと歩き、時には全力疾走をして、それぞれのゴールを目指す。

さあ、今日も走れ！　里崎！

走れ！　児童相談所！

子どもたちの未来のために。

おわりに

　児童相談所で扱うケースは、この物語で登場したケースのように、いつもうまく運んでいくわけではない。いやむしろ、うまくいかないケースの方が圧倒的に多いというのが実情である。

　それでも、ケースワーカーは決して諦（あきら）めることはない。どんなにうまくいかないケースでも、あらゆる方向から状況を見つめ直し、少しでも現状が好転するように努力を続ける。それは、彼らケースワーカーが揺（ゆ）るぎない性善説に立っているからだろう。生まれながらに悪い人はいない。環境によって人の性格や行動は、大きく左右されてしまう。酷（ひど）い虐待をしてしまった親たちを悪党だと非難することはたやすい。しかし、ケースワーカーの仕事とは、本来、虐待されている子どもを守るだけではなく、虐待してしまった保護者を救うことでもあるのだ。

ケースワーカーは、人が環境に左右されやすい弱い生き物だということを知っている。同時に、人は自分のことを本当に心配して支えようとしてくれる人に出会ったとき、とても強くなれることも知っている。だから彼らは、決して諦めず、一歩一歩、前へ前へとケースワークを進めていく。

だが、増え続ける虐待への対応策として児童相談所にあまりにも多くのことを求めすぎた結果、児童相談所は、今や福祉の専門機関としての本来の機能を徐々に奪われつつある。つまり、彼らが長年にわたって培ってきたクライアントと丁寧に向き合うケースワークの実践が困難になってきているのだ。児童相談所の本来の機能を有効に生かすためにはどうすればいいのか、現場の声にしっかりと耳を傾け考えるべき時期にきている。

そして、何よりも大切なのは、この社会の一員である、一人一人が児童虐待を自分たち自身の問題として考えることである。つまり、私たちは、どんな人間でも、状況が整ってしまえばいつでも虐待の加害者になってしまうということを肝に銘じる必要があるということだ。決して他人ごとではなく、いつ自分が虐待をする側に回っても不思議ではないということを理解しなければならない。

そうすれば、児童虐待がテレビの向こうの遠い世界の他人ごとなどとは決して思えないだろうし、身の回りで起こっていることに今ほど無関心ではいられなくなるはずである。

ほんの少しでいい。ほんの少し、自分の気持ちの僅かな部分を、周囲の人々のために使うことができれば、この世界はもっと優しい住みやすい世界になるのではないだろうか。そして、虐待で命を落とす子どもの数も、ずっと少なくなっていくのではないだろうか。

この物語に登場するケースワーカーたちのクライアントに向ける温かい眼差しが、あなた自身が他人に向ける眼差しを少しでも見つめ直す機会になったとすれば、これほど嬉しいことはない。

二〇一六年七月

安道　理

［著者プロフィール］

安道　理
（あんどう　さとし）

現役の公務員で元児童福祉司。安道理はペンネーム。

一般行政職（事務職）として地方公共団体に入庁。いくつかの部署を経て、児童相談所に異動。そこで業務内容の特殊性、危険性、そして、過酷な状況に曝（さら）される子どもたちの現実を目の当たりにし、強い衝撃を受け、人生観が一変する。異動後、ケースワーカーとして必要な面接技能等の研修を受けながら、児童福祉司免許を取得。過酷（かこく）な現実に心を痛める一方で、立ち直っていく家族の感動的な姿にも触れたことで、児童相談所を最も過酷で最も感動的な職場と感じるようになる。その本当の姿を広く伝えることで、児相の職員や、福祉をめざす若者を勇気づけ、さらに悩める親子を児童相談所に導くことに繋（つな）がると考える。

なお、現在は児童相談所から一般行政職に異動になっている。それに伴い肩書きも「元」児童福祉司とした。

改装版　走れ！児童相談所

2022年3月1日　初版発行
2023年10月1日　第2版発行

著　者　安道　理
発行者　岩本 恵三
発行所　株式会社せせらぎ出版
https://www.seseragi-s.com
〒530-0043
大阪市北区天満1-6-8　六甲天満ビル10階
TEL. 06-6357-6916　FAX. 06-6357-9279

印刷・製本　モリモト印刷株式会社

ISBN 978-4-88416-301-3 C0036